부자가 되고 싶은
당신이 지금 창업을
해야 하는 이유

당신이 지금 **창업**을 해야 하는 **이유**

개정 1판 1쇄 발행 2017년 10월 2일

지은이 이선영 / **펴낸이** 배충현 / **펴낸곳** 갈라북스 / **출판등록** 2011년 9월 19일(제2015-000098호) / 경기도 고양시 덕양구 중앙로 542, 903호(행신동) / **전화** (031)970-9102 **팩스** (031)970-9103 / **홈페이지** www.galabooks.net / **페이스북** www.facebook.com/bookgala / **전자우편** galabooks@naver.com / **ISBN** 979-11-86518-16-8 (03320)

이 도서의 국립중앙도서관 출판예정도서목록(CIP)은 서지정보유통지원시스템 홈페이지(http://seoji.nl.go.kr)와 국가자료공동목록시스템(http://www.nl.go.kr/kolisnet)에서 이용하실 수 있습니다. (CIP제어번호 : CIP2017023317)

※ 이 책의 내용에 대한 무단 전재 및 복제를 금합니다. / 이 책의 내용은 저자의 견해로 갈라북스와 무관합니다. / 이 책은 『1인 창업이 답이다』의 개정판입니다. / 갈라북스는 ㈜아이디어스토리지의 출판브랜드입니다. / 값은 뒤표지에 있습니다.

부자가 되고 싶은

당신이 지금 창업을 해야 하는 이유

이선영 지음

갈라북스

당신도 '1인 기업가'가 될 수 있다

'능력자'들의 세상이다. 눈을 돌리면 많은 사람이 대학은 기본, 석·박사에 각종 자격증까지 우수한 능력을 뽐낸다. 다양한 분야의 공부도 끝없이 한다. 어학·마케팅·기획·IT·사회생활 등 학생들은 스펙 쌓기용으로, 직장인들은 생존을 위해 이것저것 닥치는 대로 배운다. 실로 '자기계발'이 유행처럼 번지고 있다.

그런데 나는 왜 제자리일까? 가끔 궁금하고 불안하다. 나 역시 남들만큼 열심히 공부하고 노력하는데 자꾸 뒤처지는 것 같다. 왜 그럴까? 이유는 '진정 원하는 것'을 찾지 못했기 때문이다.

어릴 때부터 영어유치원에 각종 학원을 다녔지만 관심은 없었다. 그저 엄마가 시켜서 '스펙 쌓기식' 공부에 주입식 학교 교육까지, '내'가 주체가 된 교육은 받아 보지 못했다.

'내가 누구인지, 무엇을 원하는지'를 아는 것이 중요하다. 그래야 주체적인 공부가 가능하다.

지금부터라도 '나'를 위한 공부를 해보자. 명품을 걸친다고 자신이 명품이 되진 않는다. 명품 가방에는 목숨 걸면서 왜 본인의 인생은 특별하게 살려고 하지 않는가?

내면의 나와 소통되지 않은 채 타인의 기준이나 세상의 시선 아래 산다면 인생은 결국 방향을 상실하게 된다. 진짜 내가 하고 싶은 일을 하며 특별하게 살자.

이제는 '1인 기업 시대'다. 누구나 '경험'과 '아이디어'라는 선물이 있다. 이것을 어떻게 '잘 풀어내느냐'에 따라 사업이 될 수 있다.

자신의 소중한 경험과 아이디어를 단지 '과거의 추억'으로 회상하기에는 너무 아깝다. 조금만 눈을 돌리면 경험과 아이디어를 기반으로 사업을 할 수 있는 아이템은 널려 있다.

먼저, 내가 좋아하는 일을 부업으로 시작해보자. 바로 본업을 중단하고 내 사업을 확장하면 위험부담을 안고 시작해야 한다. 그보다는 부업으로 안정적인 시작을 해보자. 부업이 본업과 연결된 일이라면 더욱 좋다. 부업에서 얻은 경험과 지식이 본업에 도움을 줄수 있다. 또한 본업이 부업에도 영향을 준다.

성공은 혼자서 가는 것이 아니다. 함께 나누었을 때 기쁨은 배가 된다. 내가 쌓아온 경험과 노하우를 함께 공유하면서 발전해 나간다면 이보다 더 좋은 일이 있을까?

우리는 특별하고, 독특하고 천재적인 것들만 성공하고 대단하다고 느낀다. 그러나 그 특별함은 평범한 일상 속에 숨겨져 있다. 그 특별함을 찾는 것이 바로 우리의 몫이다. 바로 발밑에 내가 가장 잘 할 수 있는 '나만의 무기'를 숨겨 놓고 전 세계를 돌아다니며 찾아다니는 어리석은 짓은 더 이상 하지 말자.

이 책에는 평범한 주부인 내가 컨설팅 분야로 1인 창업해 특별한 사업가가 된 노하우가 모두 담겨 있다. 그리고 그 노하우를 바탕으로 '1인 창업으로 성공하는 9가지 법칙'을 정리했다.

평범한 당신도 '1인 기업가'가 될 수 있다. 그러기 위해서는 먼저 '나'를 찾아야 한다. 내가 진짜 사랑하는 일을 찾아서 하루에 단 10분이라도 투자해보자. 때론 명확한 목표를 세우는 것보다 실행이 답이다. 한 살이라도 더 젊을 때 창업하라!

PART 03 그들은 어떻게 성공했을까

PART 04 1인 창업으로 성공하는 9가지 법칙

PART 05 배움을 돈으로 바꿔라

현대판
노예로 사는
당신에게

"죽기 전에 못 먹은 밥이 생각나겠는가?

아니면 못 이룬 꿈이 생각나겠는가?"

_ 네이버 웹툰 『무한동력』 중에서

CHAPTER 1

사표! 던질 것인가?
말 것인가?

김 대리는 늘 사표를 품에 안고 다닌다. 여차하면 던지고 나올 생각이지만 한 번도 던진 적이 없다. 던져버리고 싶은 생각은 굴뚝같다. 하지만 집에서 기다리고 있을 아이와 아내 얼굴을 생각하며 마음을 다잡는다.

가끔 일이 생각대로 잘 흘러가면 뿌듯할 때도 있다. 그러나 대부분은 하기 싫은 일을 억지로 하고 있다. 일요일 웃는 얼굴로 개그콘서트를 보면서 주말을 마무리하지만 머릿속으로는 월요일이 오는 것에 진저리를 친다.

월요일은 아침 일찍 회의를 하기 때문에 다른 날보다 일찍 집을 나서야 한다. 그래서 일요일 저녁은 평소보다 일찍 잠을

청한다. 칭얼거리는 아이를 달래주고 싶지만 휴식을 취해줘야 다음날 제대로 근무를 할 수 있기 때문이다.

김 대리는 하기 싫은 일을 위해 하루 최소 8시간은 회사에 구속돼 있다. 거기다 '윗사람들' 눈치를 보느라 이미 할 일을 끝냈는데도 인터넷 기사를 들락거리며 시간을 때우다 보면 어느새 퇴근 시간을 훌쩍 넘기는 경우가 태반이다. 하루 8시간, 1주일에 40시간 근무라는 근로기준법은 거리가 먼 이야기다. 새벽에 자다가도 전화가 오면 일어나서 출근해야하고 오너가 떴다하면 비상사태에 돌입해 하루 24시간 내내 붙어있어야 할 때도 있다. 주말에 약속이라도 잡으려고 하면 귀신같이 알고 할 일이 있으니 출근하라고 한다. 월요일에 해도 될 일을 눈치를 주는 통에 할 수 없이 약속을 취소한다.

일을 하기 위해 지옥 철에서 출퇴근 시간을 낭비하고, 하기 싫은 일을 위해서 휴식을 취하고 잠을 잔다. 집에 있는 시간조차도 모두 근무를 위한 시간이다. 주말에도 아이들과 놀아줄 수 없을 정도로 피곤해서 늦잠을 자고 침대에서 뒹굴 거린다. 그렇게 하기 싫은 일을 위해 자신의 시간을 오롯이 사용하고 있는 것이다.

일을 연구하고
분석하라

하루24시간, 1년 365일 내내 하기 싫은 일을 위해서만 산다면 얼마나 끔찍한가? 그렇게 산다면 행복할 수가 없다. 그러나 아직 많은 사람들은 "어쩔 수 없다"라고 말한다. 하기 싫은 일을 억지로 하며 살다가는 나중에 후회만 남게 된다.

네이버 웹툰 『무한동력』에는 이런 말이 나온다. "죽기 전에 못 먹은 밥이 생각나겠는가? 아니면 못 이룬 꿈이 생각나겠는가?"

각박한 현실 속에 우리는 우리도 모르게 '꿈' 보다는 세상이 원하는 성공의 기준인 아파트 평수, 대기업이라는 간판, 연봉이라는 '밥'에 연연해 왔다. 이제는 남들 시선을 의식하지 말고 죽기 전 '후회 없는 삶을 살다가 간다'라고 생각하고 가야하지 않겠는가?

사표를 던질 것인가, 말 것인가 고민하고 있는가? 늘 사표를 품에 안고 있지만 집에서 기다리는 사랑하는 아내와 아이 때문에 망설여지는가? 그렇다면 더욱 더 회사를 떠날 준비를 해야 한다. 누구든지 조직에 속해 있다면 언젠가는 조직을 떠나야 한다. 서로의 합의하에, 필요 하에 조직에 몸담고 있는 것이므로 어느 한쪽에서든 그 필요성이 없어지게 마련이다.

그때를 대비해서 준비하자. 회사에 있는 동안 준비해야 한다. 구조조정이나 퇴직 후에 생각한다면 이미 끝난 게임이다.

『생활의 달인』이라는 TV프로그램을 보면 한 분야에서 남들보다 뛰어나게 일을 잘하는 사람들이 나온다. 그들은 남들이 한 가지 일처리를 할 때 2배 이상 빠르고 정확하게 일처리를 한다. '1만 시간의 법칙'이라는 말이 있다. 1만 시간을 투자하면 그 분야의 전문가가 될 수 있다는 말이다. 하루 8시간씩 4년을 일하면 1만 시간을 일하는 것과 같다. 달인들은 하루 8시간씩 일하면서 그냥 일을 하는 것이 아니라 철저하게 분석하고 빠르고 정확하게 처리할 수 있는 방법을 연구했다. 그 결과 손목의 스냅만으로 달걀 오믈렛을 뒤집기와 말기를 한꺼번에 하기도 하고, 현금인출기의 돈세는 소리만 들어도 얼마인지 정확히 맞추는 귀신같은 감각을 가지기도 한다. 단순히 오랫동안 한 분야에 몸을 담는다고 달인이 되는 것은 아니다. '어떻게 하면 더 빨리, 더 정확하게, 더 좋은 방법으로 할 수 있을까?'를 늘 생각하며 연구하고 개발해 내 것으로 만드는 것이다.

설렁탕 달인은 고기의 잡냄새를 잡고 구수한 맛을 살려주는 방법을 연구했고 결국 쌀뜨물이 효과가 있다는 것을 알고 적용했다. 1만 시간 동안 탕수육 맛을 연구한 달인은 쫀득한 떡에 싸먹는 듯한 식감의 찹쌀탕수육을 개발했고 지금은 '이비가 짬뽕'으로 하루 매출 1,000만원을 올리고 전국에 가맹점도 생겼다.

달인들은 하기 싫다고 징징대며 포기하지 않았다. 오히려 어떻게 하면 사람들의 입맛에 딱 맞는 음식을 만들 것인지, 어떻게 하면 좀 더 편하게 일을 할 수 있는지를 생각하며 치열하게 고민하고 개발한다. 하루8시간, 아니 그보다 더 많은 시간을 투자했기에 그 분야에서 최고가 될 수 있었다.

일단 지금 일하고 있는 곳에서 최고가 돼보자. 어떤 분야든 하찮은 것은 없다. 맞춤형 커피를 타다가 어느 순간 최고의 바리스타가 돼 있을지도 모르는 일이다.

직장을
성공의 디딤돌로

나는 처음 서울에 올라왔을 때 매일 울었다. 첫 개원한 병원이라서 매일 2시간씩 초과 근무하는 것은 기본이고 해야 할 일이 산더미였다. 몸이 힘든 건 견딜 수 있었다. 정말 참기 힘들었던 것은 실장과 1년차 직원이 나를 따돌렸던 것이다.

내가 가장 먼저 출근해서 문을 열고 정리를 하고 기다리면 직원들은 뒤늦게 출근해서 다과를 즐기며 노닥거렸다. 원장님이 출근하는 시간이면 마치 오래전부터 기다렸던 것처럼 반기고 내가 지각을 한다며 거짓말을 했다. 글러브가 없어지면 내가 훔쳤다고 말했다. 기구 세척이나 빨래는 모두 내 차지였다. 점심시간에는 나만 빼고 나가서 밥을 먹었고, 내가 말을 걸면 무시했다. 원장님은 개원하면서 데리고 온 직원들 말만 듣고 나를 나쁜 사람으로 오해했다. 당장 사표를 던지고 싶었지만 '여기서 못 버티면 다른데 가서도 못 버틴다'는 생각에 견뎠다. "확실하게 내 실력을 보여주고 날 붙잡게 하고 말테다!"라고 다짐을 하고 이를 악물고 버텼다.

결국 그들의 악행을 알게 된 원장님이 내게 사과를 하고 모두 퇴사시켰다. 어려운 일을 겪으면 더 돈독해진다고 했던가? 나는 26살이라는 어린나이에 실장이 됐고 원장님의 전폭적인 지지를 받으며 성장했다. 원장님은 내게 더 멀리 볼 수 있는 눈을 키워주셨고 도전하는 삶을 살 수 있도록 도와주셨다. 그때 참지 못하고 나와 버렸다면 아직도 이리저리 일자리를 찾아 돌아다니고 있을지도 모를 일이다.

불합리한 조건이라도 일단 버텨보는 것도 괜찮다. 그냥 버티는 것 말고 내가 할 수 있는 최선의 노력을 해서 내 실력을 확실히 보여줘야 한다. "내가 사람 잘못 봤구나. 정말 멋진 사람이구나"라는 말을 들을 수 있게 말이다. 직장에서 확실히 내 위치를 다져놓으면 어딜 가든 성공의 디딤돌이 된다.

'사표를 던질 것인가? 말 것인가?'를 고민할 시간에 일단 내가 진짜 하고 싶은 것을 고민해보자. 그리고 그 일이 지금 내가 다니는 회사에서 어떻게 활용할 수 있는지를 찾아보자. 작은 것 하나라도 있다면 치열하게 하자. 없다면 찾아서 하라. 그리고 결국 내 것으로 만들어라. 만약에 작은 부분 하나라도 없다면 과감하게 사표를 던져라. 앞으로 내가 살아가야할 시간이 살아온 시간보다 더 길다. 좀 더 길게 보고 미래에 투자하라.

사표 던지기 전 체크리스트

● 하기 싫은 일에 자신의 시간이 얼마나 투자되는가?

● 남들의 시선을 의식하지 않을 수 있는가?

● 조직 생활을 성공의 디딤돌로 활용하고 있는가?

● 직장에서 자신의 위치가 확고한가?

● 하찮은 업무도 최선을 다하고 있는가?

● 현재 업무를 진짜 하고 싶은 일과 연관시키고 있는가?

● 길게 보고 미래에 투자할 준비가 돼 있는가?

CHAPTER **2**

젊은 나이에도
은퇴할 수 있다

보통 사람들은 50~60대에 은퇴한다. 정년 60세가 의무화가 되었지만 직장인들의 체감 정년은 50세 정도에 불과하다. 취업포털 잡코리아에서 최근 남녀직장인 1,405명을 대상으로 '체감 퇴직연령'에 대해 설문조사한 결과 남성은 51.7세, 여성은 49.9세로 나타났다. 특히 대기업, IT, 디자인 직종에 종사하고 있는 직장인들의 체감 퇴직연령이 공기업54.8세보다 낮은 48.8세로 나타났다. 직장인 1,477명을 대상으로 '희망하는 은퇴연령'을 조사한 결과 평균 60.3세를 보면 10년 이상 차이가 난다. 직장에서의 정년퇴직은 꿈으로만 그치게 된 것이다.

더 이상 미래를 보장해주지 않는 직장에서 언제까지 '기다리기만' 할 것인가? 은퇴는 젊은 나이에도 할 수 있다. 직장 다니는 지금, 바로 은퇴를 준비해야 한다. 이제 평생 직장은 사라졌다. 언제 그만둘지 모르는 불안감 속에 전전긍긍하며 직장 생활을 해야 한다. 그럴수록 더욱 은퇴준비를 철저하게 해야 한다. 현시점에서 은퇴 후 사망할 때까지 노후 생활을 하는데 평균적으로 약 4~5억원의 소득이 필요하다고 한다. 안전한 직장생활만으로는 절대로 모으기 힘든 금액이다.

나는 서른이 되기 전에 하고 싶은 일을 하며 살고 싶었다. 몇 년 전부터 알고 지내던 원장님 병원에 교육을 나가면서 꿈꿔왔던 병원 컨설팅 일을 하기 위해 스물아홉이 되던 해에 오랫동안 인연을 맺어온 병원 일을 그만뒀다. 바로 내 회사를 차리고 싶었지만 경험이 부족했기에 컨설팅 회사에 취직했다. 갓 만들어진 회사라서 아직 체계가 잡혀있기 전이라 내가 하나하나 만들어 가면서 직접 부딪히며 배웠다. 1년 여간 몇 십 군데의 병원을 컨설팅 하면서 경험과 노하우를 쌓았고 그것을 내 것으로 새롭게 탄생 시켰다. 가만히 머물러 있지 않고 세미나도 활발하게 참여하면서 거기서 얻은 지식을 결합해서 나만의 특별한 무기로 만들어 나갔다. 그렇게 철저한 사전 준비와 배움으로 무장하고 '이만하면 됐다' 싶을 때 과감하게 사표를 던지고 창업의 첫걸음을 내딛었다.

처음 몇 달간은 홍보가 안 돼서 한 달에 100만원도 못 벌 때가 많았다. 내가 번 돈은 그대로 차비와 세미나비로 써버렸고 생활비나 적금, 각종 세금은 남편 몫이었다. 그럴 때마다 미안한 마음에 다시 직장에 들어가 매달 들어오는 월급에 기대고 싶을 때가 한두 번이 아니었다. 그러나 내 시간을 투자해서 다른 사람 배를 불려주는 일은 그만하고 싶었다. 시스템을 만들어 하루라도 빨리 자유롭게 사는 것이 꿈이기에 힘들더라도 하나하나 내손으로 만들었다.

모르는 것은
전문가에게

블로그를 개설하고 카페를 만들고 처음에는 아무것도 몰라서 책을 사서 따라하고 세미나를 들으며 공부했다. 시간이 걸리더라도 내가 해보고 싶어서 하나하나 만들어나갔다. 그러다보니 시간이 오히려 더 없어졌다. 시간을 벌려고 한 일인데 시간이 더 없어지다니? 내가 세운 비전과 맞지 않은 방향으로 흘러가자 다시 전략을 짰다. '할 수 없는 일은 돈을 주고 맡기자'라는 생각에 블로그 대문을 전문가에게 맡겼다. 6만원에 뚝딱 멋진 블로그가 완성됐다. 내가 끙끙 거리며 며칠을 매달려도 마음에 드는 대문 하나 못 만들었는데 역시 전문가는 달랐다. 카페도 전문가에게 맡겨버리고 게시판을 정리하고 새롭게 탄생시켰다.

카페 관리비법과 카카오스토리 마케팅도 거금을 주고 세미나를 들으며 공부했다. '배워서 나 주자'는 생각으로 성공자들의 스토리를 파고들었다. 새로운 사업 구상도 하고 눈을 높이니 사람들을 많이 만날 수 있었다. 메디컬 분야의 1인자이신 분도 만나고 개원컨설팅 분야의 포문을 연 대표님도 만났다. 내가 부족한 부분인 경영컨설팅 분야의 대표님도 만나 함께 협력도 맺었다. 그렇게 인맥을 쌓으면서 대외 활동을 하니 컨설팅 의뢰가 하나 둘 들어오기 시작했다.

의뢰가 들어오면 신나서 직접 찾아가서 모니터링을 하고 부족한 부분과 채워져야 할 부분을 알려드리고 변화시킬 부분을 설명 드렸다. 원장님과 얘기하면 당장이라도 컨설팅으로 이어질 것만 같지만 대부분 중간관리자와 실장의 벽에 막혀버린다. 원장님은 변화를 원하고 도움을 받고 싶어 하지만 중간관리자는 자신의 자리를 뺏길까봐 노심초사 하면서 나를 의심의 눈초리로 바라본다. 결국 중간관리자 때문에 컨설팅이 이루어지지 못한 경우도 몇 번 있었다.

계약이 안 되면 씁쓸하지만 더 좋은 기회가 생길 것이라 생각하고 나를 다독인다. 언젠가는 필요하다고 생각되면 나를 찾을 테니 말이다. 실제로 나중에 중간관리자가 퇴직하고 새로 직원을 세팅하면서 처음부터 관리를 부탁하는 병원도 있었다. 중요한 것은 진심을 보여주는 것이다. 정말 제대로 변화시켜 출근이 즐거운 병원을 만들고 매출향상에 도움을 주려는 진심이 전달되면 한 바퀴 돌아서라도 찾아오게 돼 있다.

벌써 3년 가까이 컨설팅과 솔루션을 제공하며 관리해주는 병원도 있고 계약은 끝났지만 실장님과 좋은 인연을 맺어 한 달에 한 번씩 찾아가 놓친 부분을 잡아주고 교육해주는 곳도 있다. 일회성으로 끝나는 것이 아니라 시스템 정착으로 꾸준히 변화가 이어지기 때문에 컨설팅이 끝나도 소개로 이어지는 경우가 많다.

처음에는 무작정 아무 병원이나 찾아가서 문을 두드렸다. 새로운 강의 프로그램을 만들면서 일도 벌려 봤다. 하지만 오히려 역효과로 돌아왔다.

서두르지 않고 마음을 비우고 진심을 보여주니 편해졌다. 한 병원에서 인연을 맺은 봉직원장님이 새로 오픈하면서 연락이 오기도 하고, 컨설팅의 변화를 톡톡히 느낀 원장님이 지인 병원에 소개해주기도 했다. 그렇게 연결이 되면서 지금은 수익이 월급 받을 때의 4배 이상 올랐다.

가슴속에 꿈틀대는 꿈이 있는가? 회사에서 이룰 수 없는 그 꿈을 1인 창업으로 이루고 싶은가? 그렇다면 당장 준비하라. 지금 당장 회사를 때려치우라는 말이 아니다. 회사를 아무 생각 없이 다니면서 시간을 버리지 말고 지금 거기서 준비를 하라는 것이다. 지금도 늦지 않았다. 가슴속에 오랫동안 묻어둔 꿈이 있다면 이제 꺼낼 차례다.

새로운 것에 대한 도전은 늘 불안하고 설렌다. 이제 당신의 꿈에 배팅하라. 그리고 젊은 나이에 은퇴하라!

CHAPTER **3**

당신이 가난한
진짜 이유

많은 직장인들이 아침 7시에 일어나서 출근준비를 한다. 5분 차이로 끔찍한 출근길 정체를 겪으며 1시간가량 시달린 후 겨우 회사에 들어선다. 그리고 아침 9시부터 저녁 6시까지 정해진 시간동안 일을 한다. 물론 중간 중간 SNS로 회사 동료들과 점심메뉴를 고르고 인터넷 뉴스를 보며 상사 몰래 게임도 한다. 어차피 일은 집중하면 몇 시간에도 끝낼 수 있다. 6시 땡 하고 집에 갈수 있는 것도 아니고 상사의 눈치를 보며 시간을 채워야 하기 때문에 딴 짓하며 시간을 보내는 것이다.

　회사에서는 일을 '질적'으로 평가받는 것이 아니라 '양적'으로만 평가받는다. 정해진 시간만큼 채워야 '일 좀 하네'가 된다. 4시간 만에 집중해서 일을 끝내고 쉬고 있으면 '놀고 있다' 는 의심을 받을 수 있다. 빨리 끝낼 수 있는 일도 최대한 길게 끌어서 시간을 채워야 하는 것이다.

우리가 승진을 바라보고, 성공을 위해 아등바등하는 이유는 무엇일까? 아마 많은 사람들이 "노후에 행복하기 위해서"라고 말할 것이다. '미래'를 위해 '현재'의 즐거움을 버리고 하기 싫 은 일에 모든 시간을 쏟고 있다. 결국 그 미래가 왔을 때는 못 이룬 꿈을 떠올리며 후회한다. 분명히 행복해지기 위해서 하 기 싫은 일도 참아가면서 버텼는데 오히려 주객이 전도된 것 이다.

평생을 '오지 않은 미래'만 바라보며 '하기 싫은 일'에 매 달려 살 것인가? 일에 평생의 시간을 투자하지 말아야 한다. '일을 위한 일'이 되지 않도록 하고 최대의 효과를 얻기 위해 필요한 최소의 일을 해야 한다. 그러기 위해서는 '자신만의 일' 을 가져야 한다. '회사를 위한 일'이 아닌 진짜 '나를 위한 일' 말이다.

진짜
'나를 위한 일'

대부분 사람들은 새로운 일을 시작하 기를 꺼려한다. 어떻게 될지 알 수 없는 불투명한 사업에 뛰어들기보다는 현재의 안정적인 회사에 남아있길 원한다. 그러나 이같은 생각으로는 부자가 되기는 어렵다.

가난한 사람은 매사에 부정적이고 조급하다. 남들이 벤츠를 타고 다니면 어떻게 가지게 됐는지는 생각하지 않고 "저 사람 운이 좋았네" "무슨 짓을 해서 저만큼 번거야?"라며 깎아내리기 급급하다. 그리고 빨리 결과물이 나오지 않으면 조급해 한다. 특히 '시간이 없어' '돈이 없어' '나는 못해' 등의 변명을 달고 다니며 자신 스스로를 '안 돼'라고 세뇌시킨다.

무엇보다 당신을 가난하게 만드는 것은 '하루 8시간씩 주 5일을 일하고 주말은 회사에서 피곤하지 않게 푹 쉬는 것'을 반복하며 당연하게 받아들이고 있는 태도다.

『나는 1주일에 4시간 일하고 1000만원 번다』의 신태순 저자는 대학교 때까지 소위 말하는 '모범생' 소리를 들으며 늘 안전한 길만 걸어왔다. 그러다가 졸업 후 주위의 반대를 무릅쓰고 자신만의 삶을 살기로 결심한다. 남들이 기대하는 정규직을 차버리고 기본급도 없는 보험의 세계에 뛰어들어 자신을 상품화하고 파는 방법을 배웠다.

그는 배움이 최대 자산이라고 생각해 한 달에 몇 십 권씩 책을 읽고 좋다는 세미나는 모두 섭렵했다. 천만 원이 넘는 고가의 세미나도 대출을 해서 들었다. 그리고 그것을 모두 활용해 강의 콘텐츠를 개발하고 사업 아이템을 만들었다. 지금은 자신의 회사 대표로 책 제목처럼 '1주일에 4시간'만 일하며 억대의 수익을 올리고 있다.

하기 싫은 일을 하기 위해 회사에 출근하기 싫다고? 관점을 바꿔라. 회사는 내가 하고 싶은 일을 하고 공부할 수 있게 돈을 주는 곳이라고 생각하라. 그리고 배움에 투자하라. 1주일에 4시간만 일하며 내가 하고 싶은 일을 하고 가족들과 즐거운 시간을 보내도 부자가 될 수 있다는 생각을 하라. 내 생각과 관점을 바꿨을 때 진짜 부자가 될 수 있다.

생각과 관점을
바꿔라

혹시 지금 활동하고 있는 커뮤니티가 있다면 자신의 닉네임을 찬찬히 들여다보자. 혹시 그냥 내 아이디인 영어로 돼 있지는 않은가? 아무렇게나 쓴 뜻도 없는 단어는 아닌가? 그렇다면 닉네임부터 바꿔보자. 나를 잘 표현할 수 있는 그런 닉네임을 생각해보자.

우리는 이름에 미래가 담겨있다고 말한다. 그래서 아이가 태어나면 여러 철학관을 다니며 이름 짓는데 고심한다. 한자의 뜻을 분석하고 부르기 쉬운 이름인지 소리 내어 읽어보기도 하며 주변사람들에게 의견을 묻기도 한다.

이름도 이렇게 깊이 생각하고 고민하는데 왜 당신을 나타내는 닉네임을 함부로 짓는가? 나는 강사로 활동하기 시작하면서 '명품강사'로 닉네임을 바꿨다. 그전에는 커뮤니티에 가입을 해도 활동을 하지 않았고 닉네임을 쓸 일이 없었지만 강의를 하다 보니 나를 나타낼 무언가가 필요했다. 그래서 명품강사로 수식어를 표현했다. 진짜 명품강사인 것처럼 강의를 했고, 외모를 가꿨다. 사람들은 보이는 것을 진실로 믿기 때문에 내가 보이고 싶은 대로 나를 다듬고 관리해야 한다.

책을 쓰면서는 닉네임을 '명품작가'로 바꿨다. 사람들이 "명품작가님"이라고 불러주니 책 한번 써보지 못한 초짜가 닉네임 하나로 명품으로 다시 태어났다.

지금은 '드림덴탈메신저'라는 닉네임으로 활동하고 있다. 치과에서 일하는 모든 사람들에게 꿈과 비전을 심어주고 그들이 커리어를 쌓을 수 있게 도와주는 메신저로서의 삶을 살고 싶었기에 SNS에 선포했다. 그리고 지금 진짜 그렇게 살고 있다.

되고 싶은 것, 하고 싶은 것이 있다면 꿈과 비전을 담은 닉네임을 만들어 보자. 당신의 가치는 당신이 평가하는 것이다. 회사에서 주는 월급이라는 잣대에 나를 맞추지 말고 학교에서 평가하는 점수라는 기준에 나를 가두지 마라. <u>타인이 평가하는 나의 가치에 좌절해 하지도, 만족해하지도 말자. 자신의 가치는 자신이 결정하는 것이다.</u> 남과 비교하는 가난한 마인드를 버리고 진짜 나를 찾아서 부자마인드로 재무장하자.

CHAPTER 4

공무원이 성공 인생이라
착각하지 마라

불안정한 고용시장에서 안정적인 공무원 열풍이 불고 있다. 월급은 적지만 정년이 보장되고 퇴직 후 연금을 받으며 편안하게 살 수 있다는 장점 때문에 너도 나도 공무원 시험에 뛰어들고 있다.

해마다 45만 명의 사람들이 몰려들어 진풍경을 이룬다. '공무원을 만나 결혼하면 인생 핀다'는 말부터 '장래희망이 공무원'이라는 말까지 공무원에 대한 사랑이 식을 줄 모른다. 정말 공무원이 그만한 매력이 있고 가치가 있는 것일까? 공무원만이 이 시대의 정답지일까? 막상 그들 속에 들어가 보면 마냥 편하지만은 않다.

부부공무원 S와 M이 있다. 그들은 교육행정 8급 공무원으로 아내는 3년째, 남편은 5년째 근무하고 있다. 이들 부부의 월급여 실지급액은 아내가 145만원, 남편은 160만원이다. 그마저도 신혼집 때문에 대출을 받고 아내가 육아 휴직을 하면서 실제 쓸 수 있는 금액은 135만원이다. 이 돈으로 월세, 관리비, 보험료, 공과금, 생활비 등을 써야 한다. 곧 태어날 아이까지 생각하면 세 가족이 생활하기에 굉장히 빠듯한 살림이다. 주위 사람들은 "공무원 연금이 있지 않느냐"며 부러워한다. 하지만 그건 나중 문제다. <u>지금 당장 먹고 살기가 힘든데 '노후에는 행복할 거야'라고 위로할 수 있겠는가?</u> 공무원은 투잡도 할 수 없어 더 막막하기만 하다.

중학교 선생님인 K는 학교 선생님이 된 걸 후회한다. 안정적인 직장이면서 방학도 있어 남들의 부러움을 안고 있지만 K는 "몰라서 하는 소리"라며 혀를 내두른다.

물론 연금을 받으며 편안하게 사는 것도 좋다. 그러나 도전하지 않는 삶은 재미가 없고 안정적이지만 부자는 될 수 없다. 9급 공무원이 30년을 근무를 해야 연금으로 월 102만원에서 122만원을 받는다고 한다. 급수가 높을수록 연금은 올라가겠지만 그만큼 연금만을 바라보며 30년을 투자하기엔 금액에 비해 시간이 너무 아깝다. 그 시간에 내가 하고 싶은 일에 투자했다면 30년 뒤 즐겁게 일하면서 연금보다 훨씬 더 많은 돈을 벌 수 있을 것이다.

공무원이 됐다고 인생이 성공하는 것은 아니다. 자칫, 생각 없이 살아가는 조직형 인간이 될 수 있다. 많은 공무원은 성부라는 든든한 버팀목이 있기 때문에 그저 자리를 보전하는 것에만 급급하다. 전문기술을 요구하는 것도 아니다 보니 힘들게 도전하지 않아도 된다.

일반 기업의 경우에는 새로운 시스템을 도입해서 경쟁력을 강화시키기 위해 노력한다면 공무원은 관료적인 체제를 유지하기를 원한다. 새로운 변화에 익숙해지는 것도 힘들고 변화되지 않아도 불이익이 없기 때문이다. 그러다보니 자연스레 배울 수 있는 기회도 줄어들고 그 자리에서 맴돌게만 된다. 막상 퇴직을 하면 갈 곳을 잃고 헤매게 되는 것이다.

결국 조직은 떠나야 한다

때로는 고개를 숙일 줄도 알아야 하고 차디찬 냉대도 견뎌내야 하는 순간이 온다. 그러나 공무원은 '갑'의 입장에서만 살아왔기 때문에 적응하기가 더욱 더 힘들다.

고위직 공무원으로 30년 동안 승승장구 하면서 승진 가도를 달려왔던 L씨. 늘 대접받는 생활을 하다가 퇴직하면서 한 순간에 모든 것이 사라지자 허무해졌다. 은퇴하면 연금을 받으며 운동도 하고 소일거리를 하며 자유롭게 살겠다던 생각은 온데간데없이 사라지고 은퇴증후군에 시달리고 있다. 매일 집에 있을 때마다 가족들의 눈치가 보이고 밖을 나가면 아는 사람을 만날까봐 두렵다. 우연히 아는 사람이라도 만날라 치면 슬쩍 자리를 피해버린다.

"요즘 뭐하고 지내냐?"는 질문이 가장 두렵다는 L씨는 누가 볼까봐 쓰레기를 버리러 갈 때도 밤늦은 시간을 택한다. 고위 관리직에 있을 때는 지시만 내리면 됐는데 막상 나오니 할 줄 아는 것이 아무것도 없었다. 동료 중에는 현직에 있을 때부터 준비를 하더니 퇴직 후 본격적인 강연가로 활동하고 있는 경우도 있다. 하지만 자신은 집에서 TV 채널만 돌리는 것 외에 딱히 할 일이 없다. '이럴 줄 알았으면 미리 준비할 걸' 후회해 보지만 이미 늦었다.

공무원으로 일하건, 대기업에서 일하건 결국 조직을 떠나야 할 때가 온다. 퇴직 후 할 수 있는 일이 없다면 생계 유지를 위해 폐지를 줍든, 경비 일을 하든, 무슨 일이든 해야 한다. 그게 싫다면 미리 준비해야 한다. 내 인생의 5년, 10년 후를 생각하며 무엇을 하면서 평생을 살지 계획하고 차근차근 탑을 쌓아야 한다.

P는 대학교 컴퓨터공학과 졸업반이다. 컴퓨터 프로그래머 쪽으로 진로를 생각하며 공부를 해왔다. 그런데 부모님은 스

물일곱은 적지 않은 나이라며 취업이 쉽게 되지 않을 거라고 말한다.

"현실을 직시해. 컴퓨터 프로그래머? 요즘 그걸로 제대로 밥 벌어 먹고 사는 줄 아니? 여자가 하기에는 힘든 일이야. 그냥 공무원 공부나 해."

하고 싶은 일이 있는데 부모님은 막무가내다. 공무원이라고 무조건 좋은 것도 아니고 적성에 맞아야 일이 즐거운 건데 부모님은 현실을 운운하며 이상에서 그만 빠져나오라고만 말한다. P는 '취업난'이라는 현실에 맞닥뜨리면서 부모님 말을 따라야만 하는지, 자신의 꿈을 좇아야 하는지 고민하고 있다.

공무원은 아무런 스트레스도 없고 '매일 정시 퇴근 보장에 안정적인 삶을 살 것'이라는 것은 착각이다. 그것도 보직이 어떠냐에 따라서 다르고 급수에 따라서도 달라진다.

공무원도 사람과 일하는 곳인데 당연히 싫은 사람도 있을 것이고 스트레스 받는 것도 마찬가지다. 30년 어떻게 잘 견디느냐에 따라 안정적인 연금을 받을 수 있지만 그러기 위해서 버려야할 시간이 너무나도 길다.

이제는 공무원만 되면 성공한 인생이라는 착각에서 빠져나와야 한다. 진짜 내가 하고 싶은 일을 해야 한다.

진짜
하고 싶은 일

작가이자 동기유발 강사인 이승용 씨는 원래 경찰공무원이었다. 17살 때부터 찾아온 지독한 가난으로 인해 25살에 꿈을 버리고 안정된 직장인 경찰공무원을 택했다. 직장이 멀어서 매일 지하철과 버스를 갈아타며 2시간 가까이 시간을 소비했다. 직장에 도착해서도 하기 싫은 업무에 매달려야 했다. 경찰이기에 불규칙한 밤샘 근무는 기본이었고 가족들과 제대로 된 식사 약속을 지켜본 적이 없었다. 그러던 중 책 쓰기 강연을 듣고 충격에 빠졌다. '나도 더 큰 세상에 나아가 내 꿈을 펼쳐야겠다!'라고 생각한 그는 곧바로 사표를 던지고 작가가 되는 길을 택했다. 그리고 『청춘의 끝에서 만난 것들』『버킷리스트2』『책을 쓴 후 내 인생이 달라졌다』 등 3권의 공저를 집필했다. 지금은 책 쓰기 코치로서 활발하게 활동을 하고 있다.

철도공무원인 30살 P씨는 영어와 일본어를 번역하는 일을 하고 있다. 처음에 주변 지인들의 부탁으로 시작한 일이 커지면서 지금은 소정의 금액을 받고 있다. 번역 커뮤니티에서도 활발하게 활동하면서 정보를 제공하고 커리어를 쌓고 있다. 재미가 있어 시작한 일이 지금은 제 2의 직업이 될 만큼 성장하고 있다. 번역을 하다 보니 통역에도 욕심이 생겨 비즈니스 영어도 열심히 공부하고 있다. 든든한 직업인 철도공무원이지만 미리 인생 2막을 준비하고 있는 그는 지금 너무 행복하다.

<u>단언컨대 당신의 사업을 가져라! 당신의 이름 세 글자에 길이 있고 미래가 있다.</u> 당신이 걸어온 한걸음 한걸음의 경험은 모두 소중하다. 그것만으로도 이미 당신은 영향력 있는 존재이고 성공할 수 있다. 혹시 지금 생각만 해도 가슴이 두근거리는 무언가가 있는가? 그것이 바로 당신이 가야할 길이다. 내면의 소리에 귀 기울이고 그 소리를 담아 일단 시작해보자. 언제까지 끌려가는 삶을 살아갈 텐가? 지식과 경험, 노하우를 사람들에게 들려주는 대신 수익을 올리는 메신저의 삶을 살아가자. 철밥통은 조직에서 주는 것이 아닌 바로 '나' 자신이 만들어서 주는 것이다. 이제 당신이 삶을 이끌어갈 차례다.

CHAPTER 5

한 살이라도 젊을 때
부자가 돼야 한다

창업을 하는데 있어 나이는 사실 상관없다. 하지만 창업부터 억대 자산가로 성공하기 위해서는 시간이 걸리기 마련이다. 따라서 한 살이라도 젊었을 때 창업의 길로 들어서야 성공할 확률도 높아진다. 명확한 목표의식과 비전을 가지고 제대로 된 아이템을 만들려면 머뭇거리지 말고 지금 당장 해야 한다.

『부의 추월차선』의 저자 엠제이 드마코MJ DeMarco는 30대에 억만장자가 됐다. 리무진 운전사로 일을 하던 그는 리무진 예약서비스를 창업해 부를 창출하는 시스템을 만들었다. 그는 '부의 추월차선'으로 달리는 자만이 젊은 나이에 '부'를 누릴 수 있다고 말한다. '천천히 부자 되기'는 시간을 소모시키고 결국에 실패하게 만드는 게임이다.

하루 10시간씩 1주일에 5일을 일하며 월급 일부를 저금하고 펀드에 투자하는 성실한 삶은 오히려 천천히 부자가 되는 지름길이다.

'젊은 부자'가 되는 방법은 간단하다. 월급쟁이가 아니라 창업을 하는 것이다. 돈을 버는 시스템을 만들어서 기하급수적으로 벌어야 한다. 그는 5가지 형태의 추월차선 전략을 제시한다.

첫째, 임대시스템을 활용한다. 부동산을 사서 임대를 놓으면 세입자가 열심히 일해서 가만히 앉아있는 나에게 매달 임대료를 준다.

둘째, 컴퓨터, 소프트웨어 시스템을 개발한다. 개발한 프로그램은 계속 복사해서 판매할 수 있기 때문에 부가적인 돈이 들지 않는다.

셋째, 콘텐츠를 개발한다. 내가 잘 할 수 있는 것, 내가 좋아하는 것이 많은 사람들이 원하는 것이라면 콘텐츠의 값은 천정부지로 솟는다.

넷째, 유통시스템을 활용하는 것이다. 맥도날드나 스타벅스처럼 전 세계에 프랜차이즈를 내면 전 세계 직원들이 나를 위해 열심히 일을 한다.

다섯째, 인적자원 시스템이다. 나 대신 일할 직원을 고용하고 관리하는 것이다.

이중 우리는 콘텐츠 개발에 집중하자. 나머지는 실제로 내게 돈이 어느 정도 있거나 뛰어난 프로그래밍 실력을 갖춰야만 가능하다. 물론 인적자원을 활용하는 방법도 있지만 가장 접근하기 쉬운 방법은 세 번째다. 돈을 아끼고 모으는 것보다 더 중요한 것은 수익을 창출하는 방법을 만들어 내는 것이다. 당신의 최고 자원인 시간을 활용해서 콘텐츠를 제작하고 마케팅하라. 부자가 되기 위해서는 끊임없이 노력해야 한다.

콘텐츠를
개발하라

CEO 마이클 더빈Michael Dubin은 '달러 쉐이브 클럽Dollar Shave Club'에서 저렴한 가격의 면도기를 원하는 남성들을 위한 새로운 유형의 판매방식을 개발했다. 면도기 가격은 파격적이다. 월 1달러, 배송료를 포함해서 3달러만 내면 2개의 양날 면도날이 들어있는 면도기 한 개와 5개의 면도날을 구입할 수 있다. 가격도 놀랍지만 홍보방식도 놀랍다. 본인이 직접 광고를 찍어 기존 면도기, 면도날 시장의 문제를 신랄하게 비판한다. 면도 거품이 가득한 얼굴로 테니스를 치고 춤을 추는 모습을 담은 유튜브 동영상을 공개하면서 폭발적인 시청률을 기록했다. 400만 건 이상의 조회 수를 기록하고 웹사이트를 오픈한지 48시간 만에 1만2,000여 명의 회원을 확보했다. 사람들의 고민을 해결해줌으로써 부를 창출한 것이다.

『네 안에 잠든 거인을 깨워라』의 저자 앤서니 라빈스Anthony Robbins는 『거인의 힘 무한능력』『거인이 보낸 편지』 등 '거인' 시리즈로 1,000만 부 이상 팔린 베스트셀러 작가이자 NLP 신경언어학 프로그램의 대가다. 그는 11살에 아버지가 집을 나가고 지독하게 가난한 환경에서 자랐다. 정규학력이 변변치 않은 그는 고층건물 외곽 청소를 하며 생계를 이어나갔지만 책 한권으로 인생 역전을 했다. 그의 강연을 듣기위해 수많은 사람들이 비싼 강의료를 지불하고 찾아온다.

『메신저가 되라』의 저자 브랜든 버처드Brendon Burchard는 수많은 사람들이 모인 큰 강연장에 헬기를 타고 들어가서 강연을 한다.

이들 모두 젊은 나이에 부자가 됐다. 물론 처음에는 막노동, 음식점 종업원, 신문배달, 건물 청소 등 온갖 일을 전전했지만 가슴속에 큰 꿈과 비전을 갖고 있었기에 성공할 수 있었다.

인생은 짧다. 길어야 100년도 채 되지 못한다. 거기다 학교에서 15년 정도는 하기 싫은 공부를 한다. 학교를 나와서는 남들이 좋다는 회사에 취직한다. 20대에는 직장에 자리 잡고 술 한 잔 하면서 회사생활에 적응하느라 정신이 없다. 30대에는 내 집 마련과 결혼 때문에 다른데 눈길을 둘 정신이 없다. 그러다가 40대가 돼서야 저축을 시작한다. 좀 더 일찍 저축을 시작한다고 해도 사정은 달라지지 않는다. 그렇게 저축만해 서는 60대가 돼도 부자는커녕 남는 건 집 한 채뿐이다. 모든 것을 포기하고 재테크에만 관심을 가진 결과가 이것이라면 얼마나 허무하겠는가? 이제 내가 주도하는 진짜 부자의 삶을 살아야 한다.

자신의 경험을 상품으로 만들어 팔아보자. 경험과 지식을 나누며 세상을 위해 가치를 창출하고 부를 만들어내는 백만장자 메신저로 살아가자. 우리에게는 비전이 있고 뛰어다닐 두 다리와 나를 팔 목소리가 있다. <u>조금이라도 젊을 때, 인생을 즐길 수 있을 때 부자가 돼야 한다.</u> 백발을 휘날리며 람보르기니를 타고 다니고 좋지 않은 관절 때문에 걷기도 힘든데 세계 일주를 할 수 있겠는가? 바로 지금 튼튼한 두 다리로 세계 여행을 하고 사랑하는 가족과 맛있는 음식도 먹고 즐거운 시간을 보내자.

공짜
점심은 없다

나는 병원생활 8년 만에 은퇴하고 드림덴탈메신저로 활동하고 있다. 치과에서 일하는 사람들이 사명감을 갖고 꿈과 비전을 가질 수 있도록 돕는다.

많은 사람들이 자신의 꿈은 잊고 당장 앞에 닥친 일만 처리하기에 급급하다. 얼굴에는 표정이 없고 생동감 없이 지친 얼굴로 환자를 맞이한다. 변화 없는 삶은 매너리즘에 빠지게 한다. 나는 그들이 진짜 자기 꿈을 갖고, 그 꿈을 위한 커리어를 쌓는 방향을 알려주고 방법을 제시해준다. 그들이 즐겁게 일하며 부를 창출할 수 있도록 돕는 것이 내 콘텐츠이자 시스템이다. 그러기 위해서 수많은 책을 읽고 세미나를 쫓아다니며 여러 가지 분야의 공부를 하고 있다. 공짜점심은 없다. 가만히 있으면 돈이 들어오지 않는다. 돈이 들어오는 시스템을 만들기 위해서는 그만큼의 노력이 필요한 법이다.

한번 고민해보자. 주변의 아주 작은 것에 귀기울여보자. 아주 작은 것 하나라도 사람들이 원하고 불편해하고 고민하고 있는 것이 있다면 그게 바로 사업거리다. 그게 내게 잘 맞고 내가 잘 할 수 있는 일이라면 금상첨화다. 지금 미래를 준비하자. 미래의 시간을 사서 지금 당장 부자가 돼야 한다.

"늙어서 휠체어를 탄 부자는 소용없다"라고 말하는 엠제이 드마코의 말을 기억하자. 이제 당신이 부의 추월차선을 탈 시간이다.

CHAPTER 6

지금 생활에 만족한다면 하던 일이나 계속하라

당신은 월급이 무엇이라고 생각하는가? 일하는 만큼 받는 보수? 내 노동력의 대가? 모두 틀렸다. 월급은 마약이다. 우리는 마약에 중독된 노예다. 한 달에 25여 일, 아침 7시부터 저녁 7시까지 회사에 매여 있는 우리. 이 엄청난 스트레스를 풀기 위해 술값으로 흥청망청 월급의 대부분을 쓴다. 그리고 월급날 단 하루, 마약 같은 월급을 받는 날은 하늘을 나는 것 같고 행복하다. 그러나 그 즐거움은 순간이다. 각종 세금, 카드 값, 집세 등 모두 내고나면 남은 통장 잔고는 0원이다. 담배가 백해무익하다는 것을 알면서도 끊지 못하는 이유가 무엇일까? 중독됐기 때문이다. 지금 마약 같은 월급에 중독됐는가? 도저히 끊을 수가 없는가? 이제 편안하게 대충 일해도 들어오는 월급에서 빠져나와야 한다.

월급은
마약이다

강의를 하러 가면 열심히 듣는 사람이 있고 잠을 자거나 딴 짓을 하는 사람이 있다. 물어보면 딴 짓하는 사람들은 십중팔구 상사가 시켜서 왔다. 별로 중요성을 모르는데 상사가 배우고 오라고 등을 떠미니까 할 수 없이 온 것이다. 황금 같은 주말을 듣기 싫은 강의를 들으며 앉아 있으니 불평불만이 가득할 수밖에…. 얼른 이 시간이 지나가고 놀러갈 생각만 머릿속에 가득하다. 그런 사람에게는 아무리 양질의 강의를 제공해도 받아들이지 않고 듣는 자세도 나쁘다. 나중에 강의 평가서를 받아보면 강의 내용에 대한 말은 없고 '간식이 부족해요' '여기 화장실 시설이 별로'라는 등 외부적인 요소에 대한 불만만 가득하다.

나 또한 그런 사람들 중의 한 명이었다. '여기는 왜 이렇게 의자가 딱딱하냐' '방석을 준비해라' '다양한 다과를 준비해 달라' 등의 요청을 하면서 강의 외적인 것에 관심을 쏟았다. 수많은 세미나를 참여하면서 나도 모르게 체득되는 지식들이 있다는 사실을 모르고 자꾸만 힘든 것만 시킨다고 생각했다. 한 달에 한 번 밤 10시까지 남아서 단체 세미나를 할 때면 입이 툭 튀어나와서 불만의 말을 토해냈다. 환자를 보다가 시간을 넘겨서 점심시간을 놓치거나 퇴근시간이 연장되면 속상해서 울기도 했다.

그랬던 나도 실장으로 관리자가 되면서 바뀌었다. 나는 처음에 말도 잘 못하고 체계적으로 관리는커녕 일을 효율적으로 분배할 줄도 몰랐다. 직원들이 청소를 잘하지 않아서 '내가 하면 알아서 잘 따라와 줄 것'이라고 생각하고 열심히 걸레를 들고 다녀도 "저건 실장님이 하는 일"이라며 자기들끼리 하하호호 웃고 놀았다. 나보다 나이 많은 사람들도 많았고 처음 사람을 관리하는 일을 맡다보니 스트레스가 극에 달해서 매일 울었다. 유능한 실장이 되려면 직원관리를 제대로 해야겠다는 생각에 강사과정에 등록했다. 강사라는 직업을 원해서 한 것이 아니라 리더십을 제대로 배우기 위해 시작한 것이다. 그렇게 강사과정을 거치고 1년여 동안 수많은 직원들이 바뀌고 그들과 부딪히다 보니 자연스레 직원관리는 어떻게 해야 하는지 감이 잡혔다.

가장 어려운 것이 직원관리다. 착하기만 해서도 안 되고 강압적으로 해결해서도 안 된다. 그들의 마음을 헤아리고 다독일 줄 알아야 한다. 전부 다 이해해주어서도 안되고, '안 되는 건 안 된다'고 할 수 있는 단호함도 있어야 한다. 마치 어린아이처럼 칭찬할 때는 과감하게, 지적할 때는 왜 안 되는지 이유를 설명해주고 더 잘 되기를 바라는 마음을 담아서 말해야 한다. 그러면 화를 내도 '내가 잘못한 것이니 당연히 혼날만하다'라고 생각하게 된다.

자리가 사람을 만든다고 한다. 직원과 환자, 병원내부 시스템이 이 자리에 서니 모두 한눈에 보이고 전체를 아우르게 되는 방법을 배웠다. 남들보다 일찍 시작했기에 일찍 독립할 수 있었다. 한 직장에 오래 머무르다보면 편안해지고 나태해진다. 일도 편하고 월급도 많이 준다면 누가 나가고 싶겠는가? 점점 편안해지는 병원 생활에 매너리즘을 느낀 나는 실장 생활 4년을 채우고 나와서 병원 컨설턴트로서 단계를 밟아 나갔다. 흔들릴 때는 명확한 비전과 목표를 세우고 그 비전을 따라가며 나를 채찍질했다.

자신을
과소평가하지 마라

사람은 자기 자신을 과소평가하는 경향이 있다. 사실 알고 보면 한 명, 한 명 굉장한 스토리를 지닌 멋진 사람인데 자신은 못할 것이라고 생각한다. 지금 일하고 있는 직장에서 엄청난 성과를 올리고 사람들에게 인정받고 있으면서도 '이건 당연한 것'이라는 생각을 하며 자신을 낮춘다.

<u>자신을 감추고 낮춰서는 절대 성공할 수 없다. 자신을 과감하게 내비쳐야 한다.</u>

1인 창업으로 무엇을 해야 할지 모르겠다면 자신에게 질문을 해보자. 당신은 죽기 전에 어떤 사람으로 기억되고 싶은가? 잠시 책을 덮고 생각해보자.

지금 책을 읽는 것보다 더 중요한 것은 당신의 미래를 찾는 일이다. 죽기 전 기억되고 싶은 사람에 대한 답을 찾았다면 그렇게 기억되기 위해서는 어떻게 살아야 하는 걸까? 지금 당장 해야 하는 일이 무엇일까? 그렇게 질문에 질문을 꼬리를 물고 가다보면 아주 심플한 답변이 나올 것이다. 그게 바로 내가 하고 싶은 일이다.

당신은 롤 모델이 있는가? 내가 되고 싶은 그 누군가가 있을 것이다. 우리는 왜 롤 모델에 열광하고 소망할까? 바로 내 안에 그 모습이 담겨 있기 때문이다. 그 사람을 롤 모델로 선택한 이유가 있을 것이다. 그 이유를 찾으면 그게 바로 내가 잘할 수 있는 것이다.

사람들은 흔히 롤 모델은 내가 결핍된 부분을 채워주는 사람이라고 생각하지만 그렇지 않다. 내면에는 나와 닮은 부분이 분명히 있다.

나의 롤 모델은 분야별로 다르지만 한 명 꼽자면 1인 창업으로 메신저의 삶을 사는 권동희 작가다. 처음 내가 책 쓰기 특강을 들으러 갔을 때 만났던 평범한 사람이었다. 하지만 내가 1년 동안 고민만 하고 시간을 낭비하는 동안 그녀는 첫 책『당신은 드림워커입니까』를 냈고, 그 책으로 전국의 롯데 백화점 매장과 여러 대학교에 강의를 하러 다녔다. 상고를 나와서 바로 취업전선에 뛰어들어 다른 사람들처럼 월급이라는 달콤한 마약에 빠져 평범한 날을 보냈던 그녀가 책 한 권으로 인생 역전한 것이다. 시급은 '한국 책 쓰기·성공학 코칭협회'에서 책 쓰기 강의를 하고 동기부여가로 활동하면서 빠르게 성공하는 방법을 알려준다.

나 역시 그녀를 보고 자극을 받아 바로 책 쓰기 과정에 등록했고 공저한 첫 책『버킷리스트3』를 펴냈다. 그리고『20대 발칙한 라이프! 쫄지말고 당당하게』를 내서 베스트셀러 반열에 올랐다. 치과위생사가 책을 쓴 것은 처음이었기 때문에 수많은 치과와 치위생과가 있는 대학교에서 러브콜을 받았다. 내 스토리를 듣고 싶어서 강의료를 지불하고 책을 사보고 블로그를 찾아왔다. 롤 모델인 권동희 작가를 보고 '그녀니까 가능한 거지. 나는 안 돼'라고 생각했다면 나는 그 자리에 머물러 있었을 것이다. 나 또한 가난과 부모님의 이혼, 장녀로서의 가족에 대한 책임감 등으로 힘든 삶을 살았지만 빛나는 꿈이 있기에 책을 썼고 지금은 강의와 교육, 컨설팅을 하며 즐겁게 살아가고 있다.

'나는 아무것도 아니다' '그 사람은 특별하니까 가능한 것이다' '나는 할 수 없다' 등의 생각은 버려라. 옷에 얼룩지우는 방법, 침대매트 청소하기, 깔끔하게 정리하는 비법 등 아주 사소한 것들도 블로그나 유튜브에 올리면 지식이 된다. 당신의 내면에는 이미 많은 것으로 가득 차 있다. 할 수 있는 일이 무궁무진하다. 거인을 그대로 잠재우면 나는 계속 그 자리에 머물러 있게만 된다. 내 안의 거인을 흔들어 깨워라.

인생 2막의 새로운 길에서 갈팡질팡 하고 있는 지금 1인 창업은 이제 더 이상 남의 얘기가 아니다. <u>계속 필요한 사람으로 살고 싶다면 오래 일하고 즐길 수 있는 방법을 찾아야 한다.</u> 큰 물방울은 작은 물방울을 끌어당기고 부자는 더 부자가 된다.

남들에게 끌려 다니는 인생 말고 내가 끌어가는 삶을 살자. 내가 자석이 돼야 한다. 내 경험과 지식을 남들에게 알려주는 메신저로서의 삶을 산다면 당신에게 감동받은 사람들이 나에게 끌려온다. 내가 이룬 꿈이 다른 사람의 꿈이 될 수 있다.

지금 생활에 만족한다면 절대 이룰 수 없는 그 꿈을 위해 도전해보자. 당신의 내면에는 이미 꽃이 될 수 있는 씨앗이 품어져 있다. 이제 그 씨앗을 꽃피울 시간이다.

CHAPTER 7

부자가 되는 길에는
엘리베이터가 있다

돈을 아끼고 저축하고 재테크 하는 것도 물론 중요하다. 하지만 그것보다 더 많이 번다면? 억대의 수입을 번다면 저축하고 아끼지 않아도 된다. 지금 당신이 만나고 있는 다섯 사람을 떠올려보자. 그 다섯 사람은 긍정적인 사람인가? 부정적인 사람인가? <u>사람은 만나는 사람 다섯 명을 보면 알 수 있다고 한다. 그리고 그 사람들의 평균 수입이 당신의 수입이다.</u> 부자가 되고 싶은가? 그렇다면 먼저 지금 만나는 사람부터 바꿔라. 부자가 되고 싶다면 부자를 만나야 한다. 성공하려는 사람이 가난한 사람을 만나고 가난한 생각을 한다면 절대 성공할 수 없다.

세계화전략연구소 소장 이영권 박사는 SK에서 최연소 이사로 재직 중 미국 톱5에 들어가는 자동차 세일즈맨 조지 브라운을 직접 만나러 갔다.

지금까지도 이영권 박사의 멘토인 조지 브라운은 매일 새벽 4시 50분에 일어나서 운동을 하고 고객, 친구, 가족 등 자신이 아는 모든 사람들에게 직접 편지를 쓰면서 하루일과를 시작한다. 그의 주차장에는 그가 파는 모든 종류의 자동차가 구비돼 있다. 벤츠를 팔러 갈 때는 벤츠를 타고 마티즈를 팔러 갈 때는 마티즈를 타고 간다. 고객의 눈높이를 맞추는 것이다.

더 굉장한 것은 조지 브라운은 자동차 세일즈를 하면서 항상 퇴근 후 세미나를 다녔다는 것이다. 늘 공부하고 자격증을 따며 배움에 투자했다. 그가 딴 자격증 중 하나가 1급 자동차 정비 자격증이 있는데, 그는 자격증을 딴 후 새 차가 나오면 분해해서 직접 확인을 한다. 자신의 차고를 자동차 정비소처럼 꾸며놓고 모두 분해해서 그 차의 특성을 분석 후 리포트를 작성해 회사에 제출한다. 단순히 팔기만 하는 것이 아니라 자신이 파는 물건에 관련된 자격증을 따고 지식을 쌓고 고객에게 자신이 직접 경험한 얘기를 해주는 것이다. 자신의 분야에서 완벽을 추구하는 그에게서 진정성이 느껴진다. 그는 하나를 위해 그것과 관련된 모든 공부를 하는 진짜 전문가다. 그를 직접 만나서 성공요건을 들은 이영권 박사는 더욱 더 승리할 수 있었다. 이미 최연소 이사로 최고의 직장에서 최고의 권위를 누리고 있었음에도 자신을 낮추고 배움의 자세를 갖췄다.

부자가 되려면
부자를 만나라

아무리 나보다 못한 사람이어도 배울 것은 분명히 있다. 내가 몸담고 있는 곳이 최고의 기업이고 상대방은 거래처 사장이라는 작은 명함을 달고 있다고 해도, 회사를 나왔을 때는 거래처 사장보다 못할 수도 있다. 회사라는 겉껍질에 속아서 내면을 놓치지 마라. 부자가 되기 위해서는 내면에 귀를 기울일 줄 알아야 한다.

부자가 되기 위해서는 부자처럼 생각하고 부자처럼 행동해야 한다. 진정한 부자는 단순히 돈을 많이 벌어서 되는 것이 아니다. 일반인과 전혀 다른 생각과 행동을 하기 때문에 부자가 된 것이다. 부자가 되는 길에는 엘리베이터가 있다. 그 엘리베이터를 타는 5가지 비법을 알아보자.

첫째, 내가 나를 고용해야 한다. 가난한 사람은 누군가의 밑에서 일을 하고 싶어 하고 회사라는 시스템에 기대려고만 한다. 그렇게 소속된 회사와 직업을 얻는다. 남들이 이미 만들어 놓고 이루어 놓은 대열에 합류해, 이것이 내가 속한 직업이라고 말한다. 하지만 회사를 나왔을 때는 명함에는 내 이름 석자만 남을 뿐이다. 부자는 스스로 자신을 고용한다. 내가 잘하는 일에 집중하자. 그것을 잘 활용해 스스로 고용하고 월급을 주자. 내가 나를 가장 잘 안다.

둘째, 돈을 좇지 말고 배움에 투자하며 일에 집중하라. 가난한 사람은 이직을 하면서 몸값을 높이려고 한다. 조금이라도 돈을 더 주는 곳이 있으면 퇴사하고 그 곳에 간다. 부자는 돈을 보지 않는다. 자신이 하고 싶은 일이라면 배움에 투자하고 실력을 키우는 데 집중한다. 영업직을 맡았다면 영업의 달인이 되기 위해 일하고 회계업무를 맡았다면 회계를 제대로 배우기 위해 일한다. 하기 싫다고 징징대며 대충하지 않고 그 업무에서 만큼은 최고가 되겠다는 생각으로 임한다. 그렇게 그 분야의 탁월한 전문가가 되고 능력을 활용해서 나만의 독특한 브랜드를 만들어내는 것이다.

셋째, 부를 창출하는 시스템을 만들어라. 시스템은 복잡하다고 좋은 것이 아니다. 단순하고 심플해야 한다. 스티브 잡스도 "미친 듯이 심플하게 살라"고 말하지 않는가? 아나운서보다 아나운서가 되는 방법을 알려주는 사람이, 스튜어디스보다 스튜어디스가 되는 방법을 알려주는 사람이 돈을 번다. 직장인 보다 직장인 생활백서를 알려주고 연애를 하고 싶은 사람들에게 연애를 잘하는 방법을 알려주는 사람이 더 성공한다. 부자는 사람들이 올라가려고 하는 건물에 엘리베이터를 만든다. 모두가 매력을 느끼고 엘리베이터에 달려들 때 엘리베이터 사용료를 받으며 돈을 번다. 가난한 사람들이 회사에 취직하기 위해 뛰어다닐 때 부자는 세상을 돌아다니며 부를 창출하는 파이프라인을 만든다.

넷째, 남들 시선을 신경 쓰지 말고 가치에 집중하라. 가난한 사람들은 2층 단독주택에서 꿈꾸는 멋진 정원을 꾸미고 벤츠나 아우디 같은 외제차를 타고 다니길 원한다. 샤넬 백을 들고 다니며 사람들이 알아봐주길 바란다. 그걸 갖기 위해서 허리띠를 졸라매고 일을 한다. 그러나 부자는 물건에 관심이 없다. 무엇을 갖고 싶어서 돈을 버는 것이 아니라 자신의 비전을 따른다. 남들에게 보여주기 위함이 아닌 시간을 벌고 진짜 내가 하고 싶은 일을 하며 자유롭게 살기위해 진짜 돈을 갖는다. 가난한 사람은 수입의 50%를 투자해서 갖고 싶은 것을 사지만 부자는 수입의 5%를 투자해서 필요한 것을 산다. 굳이 좋은 차, 좋은 집으로 자신을 자랑하려고 하지 않는다. 허름한 옷을 입고 있어도 그것만으로도 그들은 부자기이 때문이다. 좀 더 빛나 보이려고 애쓰지 마라. 자신의 길을 묵묵히 가는 당신의 뒷 모습은 이미 빛이 난다.

다섯째, 명확한 목표를 세우고 가라. 무식한 사람은 용감하다. 무조건 될 것이라는 막연한 자신감과 낙천적인 생각으로 달려들면 절대 성공할 수 없다. 머릿속에 그림으로 생생하게 그릴 수 있을 정도로 목표를 구체화해야 한다. '만약 내가 돈이 많다면' '만약 내가 그럴 수만 있다면'이라는 생각은 버려라. 그런 약한 마음으로는 절대 부자가 될 수 없다. 억대부자가 되겠다고 처음부터 허황된 목표를 세우는 것 보다는 '이번 달은 300만원을 벌겠다' '다음 달은 500만원' '그 다음 달은 700만원' 이렇게 목표를 점차 넓혀 나가야한다. 그래야 작은 성공을 맛볼 수 있고 그 성공에 힘입어 더 큰 목표를 향해 뻗어나갈 수 있다.

생각하는 대로
실현된다

"생각을 조심하라, 말이 된다. 말을 조심하라, 습관이 된다. 습관을 조심하라, 성격이 된다. 성격을 조심하라, 운명이 된다. 우리가 생각하는 대로 우리는 실현된다." 영화 『철의 여인』에서 나오는 마가렛 대처 전 영국 수상이 한 말이다.

지금 생각하고 행동하는 모든 것들이 부자가 되는 길로 안내해주는 지름길이다. 정말 성공하고 싶다면 내 생각부터 잡아야 한다.

부동산 114에서 '전국 아파트의 전세시세와 통계청의 지난해 도시근로자 가구 소득'을 비교한 결과 서울에서 아파트 전

세 값을 모으려면 월급 250만원을 받는 근로자가 11년 동안 단 한 푼도 쓰지 않아야 가능하다고 한다. 지금부터 한 푼도 안 쓰고 숨만 쉰다고 해도 집 한 채 구하기 어렵다는 말이다. 현재의 행복을 저당 잡힌 채 미래의 행복을 위해 노력을 했는데도 미래가 없다면 얼마나 슬픈 일인가? 그런 미래를 바라고 놀아달라는 아이의 손을 뿌리친 채 회사로 달려가는 것은 아닐 것이다. 이제 세월을 벌어야 할 때다.

왜 1인 창업가가 되고 싶은가? "회사는 비전이 없어서요" "내가 하고 싶은 일을 하고 싶어서요"라고 답변하고 있는가? 물론 그런 이유도 있을 것이다. 하지만 아주 솔직히 한번 말해보자. 부자가 되고 싶어서 아닌가? 성공하고 싶고 부자가 되고 싶기에 1인 창업가가 되고 싶은 것이다. 그렇지 않은가? <u>우리는 모두 돈을 많이 벌고 싶고 시간의 자유를 누리고 싶고 행복해지고 싶다.</u>

지금 당신 눈앞에 세 갈래의 길이 있다. 하나는 정상으로 올라가는 엘리베이터다. 또 하나는 계단이다. 마지막 하나는 산길이다. 당신이라면 어디로 올라가겠는가? 사람들은 눈앞에 빠르게 가는 엘리베이터를 놔두고 힘들게 돌아서 간다. 산길을 헤매고 늪에 빠지고 발을 헛디뎌 넘어지기도 하면서 목표를 향해 나아간다. 그마저도 포기해버리면 그 자리에 멈춰 서게 된다. 천천히 부자 되는 산길을 오를 것인가 아니면 초고속으로 빠르게 엘리베이터를 타고 오를 것인가?

당신은 이 지구상에 유일무이한 특별한 사람이다. 당신과 같은 사람은 지금까지 없었고 앞으로도 없을 것이다. 당신은 돈으로 환산할 수 없는 엄청난 가치의 소유자다. 이제 그만 당신의 가치를 무너뜨려라. 그리고 자신이 할 수 있는 특별한 것을 찾자. 그 길이 바로 정상으로 가는 가장 빠른 길이다.

부자 엘리베이터를 타는 5가지 비법

- 내가 나를 고용해야 한다.
- 돈을 좇지 말고 배움에 투자하며 일에 집중하라.
- 부를 창출하는 시스템을 만들어라.
- 남들 시선을 신경 쓰지 말고 가치에 집중하라.
- 명확한 목표를 세우고 가라.

CHAPTER **8**

끝이 보이는 직장
퍼스널브랜딩이 답이다

"내가 수십 년을 이 회사를 위해 몸 바쳐 희생했는데 결국 돌아오는 게 퇴직이라니!"

한 대기업에서 35년간 근무한 A씨는 불황에도 회사를 잘 이끌었다. 그리고 자신의 회사가 지금까지도 세계를 넘나드는 기술로 자랑하게 만들었다. 하지만 결국 '퇴직'이라는 거대한 늪을 비껴가지 못했다. 회사에서의 삶이 전부라고 생각하고 달고 있는 명찰이 자신의 모든 것을 대변해준다고 생각했던 그는 막상 은퇴하고 보니 냉혹한 현실 속에서 참담함을 느꼈다. 대기업에 있을 때는 거래처 사장이 굽실굽실하며 자신의 말을 다 들어주었는데 지금은 찾아가도 찬밥신세다. 거래처 사장은 나를 본 것이 아니라 내 뒤에 있는 회사 이름을 본 것이다. 든든한 회사라는 버팀목이 사라지자 자신은 아무것도 아니게 됐다. 회사에 목숨 건 결과가 결국 '팽' 당하는 것이었다.

이제 목숨은 회사가 아닌 자신에게 걸자. 나를 알리고 내가 잘하는 것을 파고들자. 지금은 뒤에 숨어있으면 아무도 알아주지 않는다. 앞으로 나서서 자신을 PR해야 한다. 국민MC 유재석, 피겨요정 김연아, 아트스피치 김미경, 공병호 소장의 자기경영, 구본형 소장의 변화경영, 로버트 기요사키의 『부자 아빠 가난한 아빠』처럼 나만의 콘텐츠를 만들고 브랜드화 해야 한다.

꼭 밖에서 브랜드를 만들려고 하지 않아도 된다. 회사에서도 나를 브랜드화 할 수 있다. "정리하면 김 대리지" "기획 분야는 이 과장을 따라올 자는 없지" 등 회사 내에서도 특정업무에서 내 이름이 오르락 내리락 한다면 그 자체도 브랜드가 될 수 있다.

『기획의 기술』의 저자 김희영 작가는 삼성전자 무선 사업부에서 기술전략을 담당하고 있다. 그녀는 7년 동안 기획업무를 담당하면서 "기획하면 김희영이지"라는 소리를 듣는 데서 그치지 않고 자신의 노하우를 담은 책을 썼다. 조직에서 인정받고 성공하기 위한 책을 펴냄으로써 완벽한 퍼스널브랜딩을 하고 회사에서도 탄탄한 기반을 구축했다. 회사를 그만둔다 해도 그녀는 두려울 것이 없다. 기획으로 업무 역량을 강화하려 하거나 취업준비생들에게 교육과 컨설팅을 제공할 수 있는 브랜딩이 됐기 때문이다.

진짜 자신을 위한
자기계발

회사를 위한 스펙 쌓기 식의 자기계발이 아닌, 나를 브랜딩 할 수 있는 진짜 자신을 위한 자기계발에 투자하자. 회사는 회식도 많고 모임도 많다. 그 모든 모임에 참여하고 술을 마시다보면 절대로 자기계발을 할 수가 없다. 술에 취한 머리로 무엇을 할 수 있겠는가? 물론 사회는 혼자 살아가는 곳이 아니다. 1인 기업이라고 해서 '혼자서 잘 먹고 잘산다'는 뜻이 아니다. 마음 맞는 사람들과 때로는 협력을 하고 동업을 해야 하는 경우도 많다. 중요한 것은 회사에서는 '일'에 집중하고 퇴근하고 나서는 '나'에게 집중해야 한다. 처음에는 동료들이 서운해 하겠지만 그렇다고 그 동료들이 내 인생까지 책임져주지 않는다. <u>회사가 잘되면 마치 나도 잘나가는 것처럼 착각하는 경우가 많다. '회사는 회사'고 '나는 나'다. 회사의 이름을 뺀 내 명함은 아무 의미 없는 종이쪼가리에 불과하다.</u>

회사에 있을 때는 물론 최선을 다해서 일을 하고 주도적으로 이끌어나가야 한다. 하지만 '회사의 발전이 나의 발전'이라는 함정에는 빠지지 말아야 한다. 회사에서의 내 직함을 밖에 나가서도 인정해준다는 착각 속에 빠져 있다 보면 나중에 퇴직하고 아무도 알아주지 않을 때 큰 좌절감을 맛보게 될 것이다. 사람들은 회사의 이름을 보고 당신을 추켜세우는 것이지 당신의 브랜드를 보고 대단하다고 말하지 않는다. 그렇기에 당신의 브랜드를 구축해야 하는 것이다.

모커리 한방병원이라는 곳이 있다. '목, 허리'를 소리 내어 발음한 것인데 사람들에게 쉽게 각인되고 잊히지 않는다. 거기다 보건복지부로부터 척추전문병원으로 지정받아 전문성을 높였다. 한방병원의 수많은 진료 과목 중 선택과 집중을 통해 진료브랜딩에 성공한 것이다.

거리 어디를 가든 꼭 하나쯤은 보이는 상가가 김밥집이다. 그러나 성공한 김밥전문집은 찾아보기 힘들다. 김밥천국, 김밥나라, 종로김밥, 할매김밥, 압구정 김밥 등 이름도 제각각이다. 김밥집의 메뉴도 다양하다. 분식부터 식사까지 30여 가지는 된다. 어떤 음식을 먹어도 특별히 맛있지도 맛없지도 않고 평범하다. 어떤 김밥 집에 가서 밥을 먹어도 저렴하면서 한 끼 식사로 때우기에 편리하다. 굳이 특정 김밥 집을 고집하지 않아도 동네 어디서든 쉽게 찾을 수 있다. 물론 맛을 차별화한 김밥집도 있다. 그러나 김밥외의 다른 음식은 평범하다. 맛의 차별화가 없이는 음식점 브랜딩을 할 수 없다.

사람도 마찬가지다. '모든 일을 다 그저 그렇게 잘하는 사람' 보다는 어떤 한 분야에 '특출하게 잘하는 사람'이 눈에 띄기 마련이다. 여기저기 문어발식으로 손을 담그지 말고 나를 표현할 수 있는 분야를 파고들자.

퍼스널 브랜딩이란 나만의 독특하고 특별한 가치를 보여주고 차별화하는 것을 말한다. 남들이 모르는 나만의 매력을 발굴해서 브랜드화 하는 것이다. 남들이 보기에 약점으로 보이는 것도 잘 활용하면 멋진 강점이 될 수 있다. 내 주변 사람들을 한번 떠올려보자. 그 사람을 생각하면 무엇이 떠오르는가? 그 사람에 대한 평판과 가치가 바로 퍼스널 브랜드다.

퍼스널브랜딩을 하기 위해서 가장 먼저 해야 할 일은 5년 뒤, 10년 뒤의 내 모습을 그려보는 것이다. 내 미래에 대해 진지하게 고민하고 깊이 성찰한 사람만이 진정한 나만의 브랜드를 만들 수 있다.

일단 자신이 생각하는 빅픽처를 그려보자. 생각에만 그치지 말고 직접 적어 보는 게 도움이 된다. 비전선언문을 만들어보는 것도 좋다. 아래 내 비전선언문을 공개하고자 한다.

● 꿈을 디자인하여 변화를 도와주는 기업, 체인지영컴퍼니의 비전으로 병원

뿐만 아니라 개인의 변화를 도와주어 그들이 행복할 수 있도록 돕는다.

- 드림메디칼메신저로 병원의 모든 사람들에게 꿈과 비전을 제시하고 커리어를 쌓게 도와준다.

- 병원 내부 시스템 정립과 Creative 고객경험 서비스 디자인을 통해 일하기 좋은 병원을 만들고 고객의 만족도를 높여 모두가 행복한 병원을 만든다.

- 병원전문 1인 기업 컨설턴트로 1인 기업으로 가는 방향과 방법을 제시한다.

- 북 카페를 만들어 대한민국 모든 사람들이 책을 읽고 1인 1책 쓰기를 할 수 있게 도와준다.

- 세계적인 베스트셀러 작가로 세계 곳곳에 내 책이 번역돼 나와 소통한다.

- 100억대의 자산가로 시간과 부의 자유를 얻어 부의 시스템을 만들어 하고 싶은 일을 하며 평생 산다.

- '이선영의 미친 쇼'로 세상 사람들에게 미친 꿈을 전달한다.

- 세상에서 제일 편한 바다가 펼쳐진 2층집에서 사랑하는 가족과 서로 꿈을 응원하고 도와주는 '꿈 가족'으로 행복하게 살아간다.

- 죽을 때 못 이룬 꿈에 대한 후회 없이 인생을 남김없이 살아간다.

이렇게 비전선언문을 적어보자. 비전선언문은 빅픽처를 말한다. 나의 최종 목표인 큰 꿈을 먼저 그리고 그다음에 큰 꿈을 이루기 위한 작은 꿈들을 실행해 나가는 것이다. 큰 꿈 없이 작은 꿈에만 매달리면 목표를 잃고 헤매게 된다.

비전선언문이 어렵다면 일단 버킷리스트를 작성해보자. 내가 하고 싶은 일들을 나열해보는 것이다. 100가지를 써보고 거기서 겹치는 부분은 간추리고 한 줄로 줄이면 그게 바로 비전선언문이 된다. 세상 사람들이 미쳤다고 손가락질을 할 정도로 미친 꿈을 적어보자. 그렇게 적고 나면 지금 내가 해야 할일이 떠오를 것이다. 나는 드림덴탈메신저의 삶을 살 것이고 사람들이 '병원컨설팅' 하면 나를 떠올리게 할 것이다. 이렇게 나만의 브랜드를 만들면 지금 내가 해야 할 일들이 정리가 될 것이다.

자신의
비전을 선언하라

목표를 위해 지금 내가 해야 할 일을 적고, 목표기한도 적어보자. 나는 북 카페를 만들고 지속적으로 역량을 강화하기 위한 공부를 할 것이다. 6개월에 한권씩 책을 쓰고 콘텐츠를 개발하고 시스템을 만들고 몰입독서를 할 것이다. 블로그에 매일 칼럼과 글을 써서 정보를 제공하고 동기부여를 할 것이다. 이때 장소와 날짜까지 자세하게 적어보자. 생생하게 그림이나 사진으로 시각화할수록 더 빠르고 정확하게 이뤄진다.

"지금부터 딱 1년 뒤 내 책은 11쇄를 돌파한 기념으로 광화문 교보문고 배움에서 강연회를 열고 강연장은 사람들로 가득

차서 뜨거운 열기가 피어오른다"라고 아주 자세하게 적어보자. 읽기만 해도 머릿속에 상상이 된다면 그것은 더 이상 꿈이 아닌 현실이 된다.

자, 어떤가? 퍼스널브랜드를 만드는 것이 조금은 쉽게 느껴지는가? 어렵게 생각할 필요 없다. 이제 그만 직장에서 내 능력을 썩히고 진짜 내가 하고 싶은 일을 하자. 그리고 내게 멋진 이름을 붙여주자. 부업 프로듀서, 안주전문가, 브랜드 네이밍 전문가, 한국사 정리의 달인, 스마트경영연구소 소장 같은 독특한 이름을 붙이자. 자신을 표현하는 가장 멋진 이름을 찾아보자.

아무도 인터넷의 글을 모아 짜깁기한 흔해 빠진 이력서를 보지 않는다. 퍼스널브랜딩이 세상에 나를 알릴 이력서다. 퍼스널 브랜딩이 답이다.

02

평범한 사람도 억대 수입이 가능하다

"당신의 부모님이 물려줄 돈이 없더라도

아무도 당신을 동정해주지 않는다."

_ 마윈

CHAPTER 1

고달픈 월급쟁이
역전을 준비하라

33세인 A씨는 전체 직원 수가 50명이 채 안 되는 중소기업에서 일한다. 그는 아침 7시까지 출근해서 저녁 7시에 퇴근한다. 주 5일 근무는 물론이고 토요일도 무조건 출근해서 5시까지 시간을 채워야 한다. 하루 12시간을 일하고 점심시간에는 그나마 숨통이 트이려나 했지만 그마저도 여의치 않다. 일의 능률이 떨어진다는 이유로 점심시간에도 자유롭게 휴대폰을 볼 수가 없다. 휴대폰 사용이 발각되면 무조건 해고 사유가 된다. 포괄임금제 계약으로 장시간 근로를 해도 제대로 된 보상을 받지도 못하고 연봉 2,200만원이 그가 받는 것의 전부다. 연장, 야간, 휴일근로 등 시간 외 근로에 대해서 미리 약정했기 때문에 따질 수도 없다. 굉장히 불합리한 조건에서도 정규직이라는 것 하나 때문에 매달려온 A씨는 결국 7년 뒤 회사를 나왔다. 나온다고 해서 뾰족한 수는 없지만 자신의 시간을 갖지 못하고 그저 일하는 기계로만 사는 삶에 지쳐버렸기 때문이다. 다시 취업 자리를 알아보지만 생각보다 쉽지가 않다고 한다.

비정규직만
못한 정규직

한번 회사를 나오면 재취업이 어렵다. 전문직이나 특별한 경력직이 아니고서는 30살이 넘으면 새로운 곳에 취직하기란 하늘에 별 따기이다. 그렇기 때문에 많은 사람들이 불합리한 대우를 받으면서도 참고 견디는 것이다.

바늘구멍 같은 취업경쟁을 뚫고 겨우 정규직이 돼도 대우는 비정규직과 크게 다르지 않다. 그렇다고 안정적이지도 않다. 정리해고와 희망퇴직이라는 괴물이 곳곳에 도사리고 있다.

알리바바의 창업자 마윈은 이렇게 말했다.

"35살까지 가난하면 그건 당신 책임이다. 당신의 부모님이 물려줄 돈이 없더라도 아무도 당신을 동정해주지 않는다."

지금 내가 고달픈 월급쟁이에 머물러 있는 이유는 부자 부모를 만나지 못했기 때문이라고 한탄하고 있어봐야 아무 소용

없다. 이미 부자 부모가 없는 당신은 스스로 일어서야 한다. 자신의 힘으로 이루었을 때 더 값진 것이다.

여기 탈모라는 콤플렉스를 극복하고 자신이 가장 잘 할 수 있는 일을 찾아 청년 CEO가 된 사람이 있다. 바로 종영한 『나는 남자다』 TV 프로그램에 출연해서 화제가 되었던 가발샵 'We can do it'의 대표 조상현씨다.

24살 때부터 탈모가 시작되면서 극심한 스트레스를 받은 그는 가발을 쓰기 시작했고 6년 동안 친구, 직장동료, 심지어 가족들까지도 모르게 완벽하게 스타일링했다. 6년 동안 속인 그 치밀함이 지금의 그를 있게 했다. 처음에는 자신에게 맞는 가발을 찾기 위해 여러 군데를 돌아다녔다고 한다. 하지만 자신의 마음에 드는 곳이 없어 직접 가발을 커트하고 스타일링하면서 노하우를 쌓았고 결국 자신의 경험을 토대로 가발샵을 차리게 된 것이다.

그는 자신이 직접 탈모라는 경험을 하고 있기 때문에 손님의 마음을 더 잘 이해하고 헤아려 그들이 콤플렉스를 극복하고 즐겁게 살 수 있도록 돕는다. 또 가발이라는 무거운 주제를 가볍고 유쾌하게 풀어 유튜브에 남자 가발 세척요령, 반전 스타일링, 쇼핑백으로 가발 쓰는 법, 패딩으로 가발 쓰는 법, 가발 쓰고 물속에서 셀카 등 기발하고 재미있는 영상을 올려 다른 가발업체와 차별화했다. 대부분의 가발업체가 50대 이상을 겨냥했다면 그는 당당하게 2,30대 젊은 남자의 탈모를 겨냥해서 틈새시장을 노렸다.

처음에는 한 달에 고작 한두 명의 손님만 방문하기도 했지만 지금은 직원을 쓸 정도로 손님이 많다고 한다. 지점을 내자는 제의도 들어오고 홈쇼핑 판매 제의도 들어올 정도라고 한다. 단점이 강점으로 승화된 최고의 모습이다. 성공은 멀리 있지 않다. 콤플렉스도 조금만 다르게 비틀어서 보면 장점이 된다. 0.1%의 작은 생각이 큰 차이를 만든다.

그도 처음에는 평범한 직장인이었다. 광고회사에 취직해 멋진 광고인으로 이름을 날리고 싶었지만 일방적으로 정해진 일정대로 움직여야 하고 매일 야근과 회사에 얽매여 사는 것에 염증을 느낀 그는 회사에 다니면서 차근차근 준비했다. 회사에서 받은 월급으로 미용사 자격증을 따고 가발 관련 교육을 들으면서 더욱 확신이 들었고 회사를 박차고 나와 본격적으로 가발업체를 돌아다니면서 공부했다. 평일에는 일하고 주말을 활용하며 다른 가발업체와 차별 점을 주기 위해 노력했다. 그처럼 직장에 있는 지금 작은 것부터 실천해야 한다.

우선 자투리 시간을 활용해보자. 시간이 없다고 징징대지 말고 아침 출근시간, 퇴근시간, 점심시간 단 10분이라도 투자하자. 점심시간 30분 동안 매일 운동을 한다면 멋진 복근에 탄력 있는 몸매를 만들 수 있다. 출근시간 30분 동안 책을 읽으면 1주일에 한권은 독파할 수 있다.

나는 병원에 근무할 때 10분 만에 점심식사를 했다. 그리고 남은 시간동안 자격증 공부와 강의 준비를 했다. 그렇게 치과 건강보험청구사 자격증을 딸 수 있었다. 직원들을 위해 점심 시간에 짧게라도 치과보험 교육을 했고 2달 뒤 전 직원 모두 3급 자격증을 손에 쥘 수 있었다. 시간이 부족할 때 두뇌는 더 빠르게 회전하는 법이다. 나는 부족한 자투리 시간에 최대한으로 힘을 끌어 모았고 사업을 위한 계단을 차곡차곡 쌓아올렸다.

집중력을
발휘하라

회사 동료들과 상사 욕하며 어제 본 TV드라마 얘기에 시간을 낭비하지 말고 그 시간에 책을 읽거나 1인 창업을 하기 위한 준비를 하자. 회사에서의 경험을 토대로 내 회사를 차린다면 지금 하고 있는 일을 완벽하게 내 것으로 만들어야 한다. 회사 곳곳을 돌아다니며 무슨 일을 하는지 제대로 파악하자. 내게 필요한 모든 자료를 수집하고 배워야 한다. 거래처 직원을 만나거나 내가 준비하는 사업에 필요한 사람을 만나자. 그게 진짜 내게 필요한 인맥이다. 회사에서의 자투리 시간을 어떻게 활용하느냐에 따라서 내 5년 뒤는 달라진다.

점심시간에 단 30분도 시간이 안 난다고? 시간이 없어서 도저히 못하겠다고? 자 그러면 이런 경우는 어떻게 할 것인가? 당신에게 6박7일 파리 여행을 위한 비행기 티켓과 최고급 호텔 숙박권이 들어왔다. 사랑하는 사람과 함께 갈 수 있게 두 장의 티켓이 들어있다. 당장 1주일 뒤에 떠나야 하는 상황. 너무나도 가고 싶었던 파리 여행이지만 회사에도 휴가를 내야하고 지금 처리해야할 일들이 산더미처럼 쌓여있다.

외국 바이어도 만나야 하고 거래처와도 약속이 잔뜩 잡혀있다. 하지만 파리로 떠나고 싶은 당신. 이때부터 머리를 굴리며 계획을 짜기 시작한다. 회사에는 일이 생겼다고 말을 하고 대신 모든 일을 완벽하게 처리하고 일주일동안 다녀오겠다고 말을 한다. 그동안의 성실성을 본 회사에서는 다행히 쉽게 허락해줬고, 몇 주를 해야 할 일을 단 3일 만에 해치워버렸다. 그리고 남은 시간동안 여행갈 준비를 하며 여유를 만끽한다. 아마 분명 당신은 파리로 떠나는 비행기 안에 편안한 미소를 지으며 앉아 있을 것이다. 그렇지 않은가?

그렇다면 왜 매일 매일을 이렇게 일하지 않는가? 당장 일주일 뒤, 3일 뒤 떠날 여행을 생각하면서 계획을 세워 일을 해보자. 여행을 위해 두뇌를 풀로 돌리며 초고도의 집중력을 발휘해 아주 빠르게 일처리를 할 것이다. 그동안 시간이 없어서 못했던 것이 아니라 계획을 세워서 체계적으로 하지 않았기 때문에 시간이 없다고 느낀 것뿐이다.

오히려 아주 바쁠 때 두뇌회전이 빠르게 되면서 일이 잘 풀리는 것을 느낀 적이 있을 것이다. 휴일에 집에서 무언가를 하려고 하면 이상하게 TV로 손이 가고 자꾸만 눕고 싶은 적이 많을 것이다. 결국 생각한대로 일처리를 다 못한 채 다음 날로 미룬다. 바쁘게 준비하고 회사를 가야 하는 날은 잠깐 읽은 책이 엄청난 집중을 발휘할 때가 있다. 얼른 읽고 빨리 출근해야

취업자 절반, 월급 200만원 이하

통계청에서 2016년 상반기 지역별고용조사 취업자의 산업 및 직업별 특성에 따르면 전체 취업자중 45.8%가 월급 200만 원 이하를 받고 있다고 한다. 200만원으로는 당장 생활하기도 빠듯하다. 매달 나가는 카드 값과 세금, 집세와 자동차 유지비까지 하면 적금 넣을 돈도 부족하다. 그 와중에 노후준비도 해야 하는 상황이니 불안할 수밖에 없다.

최근 벼룩시장에서 직장인 564명을 대상으로 직장인의 노후준비에 대한 설문조사를 한 결과 53.2%가 '노후 준비를 하고 있다.'고 했다. 노후 준비를 위한 수단으로 '예금, 적금, 연금가입'이 68.1%로 가장 높았고 노후를 위해 필요한 목돈의 규모는 '5억 이상 10억 미만'이 37.2%로 가장 높았다.

노후 생활의 행복을 결정하는 요소로 48.9%가 경제적인 여유를 꼽을 만큼 중요한 돈! 월급만으로는 집은커녕 전세도 못 구하는 지금 고달픈 월급쟁이에서 벗어날 시간이다.

하니깐 뇌에서 몰입을 하라고 명령을 하는 것이다.

쉬는 날도 잘 활용하고 싶다면 쉬는 날이라는 생각을 아예 머릿속에서 지워야 한다. 뇌에서 오늘도 출근하는 날로 인식을 하면 자연스럽게 일찍 일어나게 될 것이고 계획했던 운동과 공부, 자기계발을 제대로 할 수 있다. 시간을 동지로 만들어야 성공한다.

나의 주인은 바로 나 자신이다. 나 자신이 주인이 아닌 어딘가에 얽매인 노예가 될 때 가치를 찾지 못하고 방황하게 된다. 회사에서 내가 원하지 않는 삶을 살며 월급에 의존한 채 살고 있다면 자기 자신을 먼저 찾자. 그리고 시간을 내편으로 만들어라. 조금씩 준비하면 역전은 코앞에 있을 것이다.

CHAPTER **2**

전직도
전략이다

어떤 사람은 주변에서 좋다는 일류 대학에 들어가고 회사도
평판이 좋은 곳을 선택한다. 또 다른 사람은 점수에 맞춰 대
학에 들어가고 적성에 맞지도 않는 수업을 들으며 괴로워 하
다가 결국 회사도 연봉에 맞춰서 들어간다. 이중 어느 것에도
'나'는 없다. 등 떠밀려 들어간 곳에서 적성 찾아 삼만 리 여행
을 떠난들 과연 찾을 수 있을까? 그곳에서 찾을 수 없다면 과
감한 선택이 필요하다. 우물쭈물 하다가 시간만 버리지 말고
지금 하는 일이 맞지 않다고 판단된다면 과감하게 전직하라.

 직장인은 언젠가는 떠나야 한다. 당장 오늘 떠나야 할 수
도 있고 몇 년 뒤, 혹은 몇 십 년 뒤가 될 수도 있다. 내 회

사가 아닌 이상 결국은 떠나야 하는 것이다. 시간의 차이일 뿐 결국 떠나야 하는 건 마찬가지라면 지금 전직을 준비하자. 나와 맞는 일만 찾는다면 바닥에서부터 시작해도 즐겁다.

전직에 성공하기 위해서는 철저한 사전준비가 필요하다. 3년이나 5년 뒤 혹은 1년 뒤 여기서 모두 배워 나가겠다고 결심했다면 목표 날짜를 세우고 치열하게 준비해야 한다. 지금 하고 있는 일이 내가 하고 싶은 일과 연결된다면 가장 좋다. 그렇지 않더라도 회사를 내가 하고 싶은 일을 하기 위한 월급을 주는 곳으로 생각하자. 매달 받는 월급으로 세미나에 참석하고 자격증을 따고 공부하자. 새로운 아이디어가 생각나면 노트에 적고 일단 블로그부터 시작해보자. 지금 내가 하려고 하는 일의 명확한 콘셉트를 잡고 이름을 붙이고 매일매일 글을 써내려 가다보면 명확한 나만의 브랜드가 갖춰지게 된다. 내가 할 수 있는 작은 일부터 시작해 준비가 되면 바로 회사를 박차고 나와도 좋다.

결국 회사는
나와야 한다

『하루 10분 독서의 힘』의 저자 임원화 작가는 분당 서울대학교 병원 중환자실의 간호사였다. 3교대 근무를 하며 잠도 못자고 다람쥐 쳇바퀴 돌 듯 힘든 생활의 연속이었다. 가장 견딜 수 없었던 것은 어제 본 환자의 자리가 오늘 출근하면 깨끗이 정리돼 있는 것을 봤을 때다. 어제 나와 웃으며 인사했던 사람을 더 이상 볼 수가 없고 그런 일들이 비일비재하다는 사실을 알았을 때 견딜 수 없었다. 무엇보다 간호사 일이 적성에 맞지 않았다. 그때부터 그녀는 치열한 몰입독서를 시작했다. 살기위해 역경을 딛고 일어선 사람들의 성공스토리를 읽고 자존감을 높이는 책을 읽었다. 그녀는 거기서 멈추지 않았다. 언젠가 강의를 할지도 모른다는 생각에 병원내부 강사를 모집할 때 바로 지원했다. 바쁜 3교대 근무를 하면서 쉬는 날에는 마음 놓고 자고 싶을 텐데도 강의 준비를 하고, 일에 찌든 직원들의 마음을 녹여줄 강의를 했다.

그렇게 치열하게 살면서 '바쁜 직장인들이 어떻게 하면 시간을 효율적으로 관리할 수 있을까?'라는 생각을 체계화했고 몰입독서에 관한 책을 펴냈다. 그렇게 탄생한 것이 바로 『하루 10분 독서의 힘』이다. 이 책 한권으로 그녀의 인생은 180도 달라졌다. 많은 사람들의 선망의 대상이었던 분당서울대병원을 퇴사하고 '책꿈디자이너'로 사람들에게 '책으로 꿈을 디자인하는 방법'을 전달하고 있다. 벌써 책꿈프로젝트 19기를 모집하고 있을 정도로 반응이 뜨겁다. 새로운 사람들을 만나고, 그 사람들의 고민을 들어주고, 그 사람들이 책을 통해 스스로 꿈을 디자인하게 돕는 게 꿈이었던 그녀는 꿈을 이뤘다. 지금 그녀는 진짜 하고 싶었던 일을 할 수 있어서 즐겁고 행복하다고 한다.

라이프플래너 김승규 씨는 매일 출근하지 않아도 한 달에 1,500만원의 수익이 들어온다. 오전에 출근했다가 오후에는 책을 읽거나 자기계발에 투자하고 고객을 만나며 자유로운 시간을 누린다. 평일과 주말의 구분 없이 언제든지 여행을 다니고 후배를 양성하고 대학 강의를 다니며 행복한 나날을 보내고 있다. 처음에 그는 일본계 반도체 장비회사에 취업했다. 6개월 동안 회사 일을 배우며 정신없이 시간을 보내던 어느 날 문득 옆을 보니 자신의 사수가 주식을 하고 인터넷 검색을 하며 시간을 흘려보내고 있는 게 아닌가? 순간 흠칫 놀란 그는 고개를 들어 과장님을 봤다. 과장님 또한 인터넷 삼매경에 빠져있었다. 그 모습을 보는 누군가는 "누구는 힘들게 일하는데 과장이라는 사람은 인터넷하면서 놀고 있네"라고 말할지도 모른다. 하지만 그는 그들의 모습에서 5년 뒤, 10년 뒤 자신의 모습을 봤다. 아무런 꿈 없이 인터넷을 하며 그저 시간을 때우는 그들을 보고 '아! 이렇게 살면 안 되겠다!'라고 생각했다. 그리고 그는 자신의 꿈을 다시 한 번 생각하며 2007년부터 꾸준히 만들어온 보물지도를 다시 한 번 업그레이드 하면서 몰입독서를 시작했다. 그리고 바로 회사를 박차고 나와 라이프플래너 일에 뛰어들었다. 회사에 소속되는 것이 아닌 위촉직이라 자신이 일한 만큼 벌수 있다는 점과 다른 사람들이 보장을 받을 수 있도록 도와주는 일에 매료된 그는 늘 자기계발의 끈을 놓지 않는다. 매일 새벽 5시에 일어나 운동과 독서를 하고 자신의 꿈을 담은 보물지도를 점검하고 업그레이드 하며 자유로운 시간을 누린다. '일이라고 생각하지 않고 즐거운 놀이 같다'고 말하는 그는 꿈에 대한 이야기를 담은 책을 준비 중이다.

현업은
전직의 발판

전직을 하라고 해서 반드시 내 사업을 하라는 것은 아니다. 다만 평생 직업을 가지려면 언젠가는 내 사업을 가져야 한다. 일단 지금 몸담고 있는 회사에 최선을 다하자. 전직을 생각하는 사람들은 현직에 소홀한 경우가 많은데 이는 잘못된 생각이다. 지금 하는 일에서 나에 대한 평가가 다른 일로 향하는 징검다리 역할을 한다. 또한 현직에서 만난 다양한 사람들이 인맥이 돼 연결되는 경우도 많이 있다.

치과기공사로 기공소에서 일하던 K씨는 가만히 앉아서 손톱보다 더 작은 보철물을 만드는 일에 염증을 느꼈다. 새벽에 일찍 출근해서 별을 보며 퇴근하는 생활에도 지쳤다. 활발한 성격으로 사람들 만나는 것을 좋아하던 그는 일부러 치과로 보철물을 배달하는 일을 자처했다. 직접 치과에 찾아가서 보철물을 보여주고 수정할 부분이나 필요한 이야기를 해주곤 했다. 그렇게 치과직원들과 인맥을 쌓다보니 치과에 자주 드나드는 재료상 직원과도 친해지게 됐다. 우연히 임플란트 업체 직원과 대화를 할 기회가 생겼는데, 얘기를 듣다보니 그 일이 자신에게 천직이라는 생각이 들었다. 그 길로 그는 기공소를 그만두고 임플란트 업체에 취직했다. 힘든 점도 많았지만 제품 설명을 했을 때 자신의 노력과 진심을 알아주는 사람을 만나는 것이 무엇보다 행복했다. 치과기공사인 자신을 담당으로 지정하는 치과도 많이 늘었다고 한다. 치과 업무에 대한 이해도가 높기 때문이다. 그는 임플란트 회사에도 기공사로서 역량을 발휘해 새로운 아이디어를 제안하고 능력을 인정받고 있다.

내 꿈과는 정반대의 길을 가고 있다며 과감하게 글로벌 기업 골드만삭스에 사표를 던지고 나온 사람도 있다. 바로 『서른 살, 독하게 도도하게』의 저자 조예은 씨다. 그녀는 글로벌 기업 골드만삭스에서 세일즈 어시스턴트였다. 누구나 부러워하는 최고의 기업에 몸담고 있었으나 그녀는 행복하지 않았다. 자신이 하고 싶었던 일이 아니기 때문이다. 자유롭게 여행을 다니며 꿈꾸기를 좋아했던 그녀는 결국 골드만삭스를 박차고 나와서 사람들에게 동기부여를 해주고 라이프 코칭을 해주는 멋진 삶을 살고 있다.

언젠가는 나와야 할 직장이라면 진지하게 고민해보자. 여기서 제대로 승부수를 던질 것인지, 아니면 전직해서 내 꿈을 이룰 것인지 깊이 성찰해야 한다. 앞으로 100살 까지 살아야 하는데 스트레스 받으며 산다면 사는 게 재미없지 않겠는가? 삶의 대부분을 차지하는 일이 생각만으로도 즐겁고 행복하다면 인생도 즐겁다. 죽기 전 "한바탕 잘 놀다간다"라고 말할 수 있게 제대로 즐겨보자.

CHAPTER **3**

라면가게를 하더라도
사장이 되라

누구나 부자가 되기를 원하고 꿈꾼다. 그렇다면 얼마가 있어야 부자라고 할 수 있을까? 10억? 30억? 부자의 꿈이 과연 나와는 무관할까? 지금 회사에 몸담고 있다면, 앞으로도 계속 직장인으로 남겠다면 절대 부자가 될 수 없다. 직장인은 아무리 능력이 출중해도 연봉이라는 것에 묶이게 되지만 창업을 해서 내 회사를 가지게 되면 수입은 무한대가 된다.

　승승장구해서 임원이 되면 다 해결 될 거라고 생각하는 사람들도 많지만 그건 옛날 일이다. 오히려 임원이 더 불안정하다. 회사에서 주는 카드로 차도 사고 집도 사고 거래처나 회사에서 최고의 대우를 받는 임원이지만 인원을 감축할 때 가장

1순위가 연봉이 높은 임원일 수밖에 없다. 임원 한명이 나가면 평사원 4~5명은 거뜬히 살릴 수 있기 때문이다. 이제는 임원들이 앉는 높고 화려한 의자는 직장인의 로망이 될 수 없다.

어떤 회사도 평생직장이 될 수 없는 지금 회사에 목매지 말고 평생 직업을 갖자. 라면가게를 하더라도 사장이 돼야 한다.

물론 누구나 사장이 되고 싶어 하지는 않는다. 그저 회사에서 잘리지 않을 만큼만 일하면서 가늘고 길게 살겠다고 생각하는 사람도 많다. 하지만 그렇다고 해서 아무런 노력 없이 가만히 있어도 된다는 말은 아니다. 회사에서 경력이 쌓이고 연차가 높아지면 그에 맞는 역할을 기대한다. 그 기대에 부흥하지 못하면 돌아오는 것은 감봉이나 퇴직이다. 업무역량을 키우지 못하면 살아남을 수 없다.

전문가가 되라

공무원 K주무관은 내년에 5급 승진 대상자로 최종승진 명단에 오르기 위해서 역량평가라는 시험을 준비하고 있다. 보고서 작성과 프레젠테이션 능력이 부족한 그는 승진을 위해 고액과외를 받기로 결심했다. 과외비는 적게는 월 10만원에서 수백만 원까지 다양하다. 고액과외를 줄이기 위해 사이버강좌를 열기도 하지만 여전히 승진을 위한 과외를 받는 사람은 많이 있다. K주무관은 급수가 높은 만큼 치열한 역량평가에서 이기기 위해 월 100만원씩 2달을 배웠다. 다른 사람들도 모두 고액과외를 받고 있다고 해서 불안하지만 열심히 준비했으니 좋은 결과를 기대하고 있다. 이처럼 공무원도 살아남기 위해 고액과외를 받는 지금 회사에서 대충 일하면서 오래 살아남을 것이라는 생각은 버려야 한다. 업무 역량을 키우기 위해 자기계발은 필수다. 어차피 원하는 대로 가늘고 길게 살 수 없다면 회사에 평생을 바칠 시간에 내 사업을 준비하자.

사장이 되기 위해서는 일단 전문가가 돼야 한다. 라면가게를 하고 싶다면 세계 여러 나라의 라면을 모두 먹어보고 새로운 라면을 만들기 위해 매일 밤 실험하면서 라면계의 최강자가 돼야 한다. 강연 회사를 차리고 싶다면 강사를 많이 확보해야하고 강연에 대해 잘 알고 있어야 한다. 강연의 세계를 잘 알지도 못하면서 창업을 하면 뒤통수 맞기 십상이다.

<u>자본만 가진 사람은 너무나도 많다. 자본만 있으면 창업으로 성공한다는 생각은 버려야 한다.</u> 퇴직하면서 퇴직금으로 '이런 장사를 해야겠다' '저런 일을 해야겠다'라는 부푼 꿈을 안고 나오지만 결국 퇴직금을 모두 날리고 문을 닫은 사람이 수두룩하다. 제대로 된 아이템을 미리 철저히 준비하고 본

격적으로 시작하기 전에 시뮬레이션까지 마쳐야 한다. 무작정 창업해서 부딪히는 것보다 시뮬레이션을 통해 생길 수 있는 부작용들을 미리 경험하고 차단해야 성공할 수 있다.

한 대형미용실 인턴으로 일한 L씨는 하루 16시간 근무에 5년 노예계약을 했다. 5년을 채우지 못하고 나갈 경우 위약금 1,500만원을 물어야 하고 커트나 파마 교육을 받는 대신 한 개에 120에서 150만원 상당의 가위를 구입해야 한다. 교육 받을 때 지각을 하면 1분에 2,000원씩 벌금을 매기고 일주일에 홍보 글 하나당 댓글 몇 개를 달라는 강제적인 지침을 따라야 한다. 그렇게 1년 동안 노예처럼 일만하고 겨우 월급 120만원을 받고 생활했던 그녀에게 남은 것은 2,300만원이라는 청구서다. 도저히 견딜 수 없었던 그녀가 계약 전에 그만두겠다고 말했고 위약금 1,500만원과 교육비 800만원이 청구된 것이다. 당연히 한 회사의 인턴이라면 교육은 필수인데 교육비 명목으로 800만원이나 청구한 것이다. 함께 한솥밥을 먹으며 1년을 보냈는데 계약서에도 있지 않은 것을 들먹이며 그녀를 괴롭혔다. 그녀는 현재 부당청구를 한 미용실을 대상으로 법적소송을 하고 있다.

L씨처럼 주변에 부당착취를 당하는 사람을 공공연하게 볼 수 있다. 자신이 부당한 대우를 받고 있다는 것을 알면서도 쉽사리 빠져나오지 못한다. 그들의 말만 들으면 성공하기 위해

서는 따라야만 할 것 같기 때문이다. 그러나 가장 큰 이유는 자신에게 있다. 꿈과 비전 없이 주어진 삶을 살아가고 실패가 두려워서 자기 자신의 능력을 믿지 못하고 도전하지 않기 때문이다. 나폴레옹은 "오늘 나의 불행은 언젠가 내가 잘못 보낸 시간의 보복이다"라고 말했다. 이상한 곳에서 시간낭비하지 말고 진짜 내 사업을 해야 한다.

회사에서는 주어진 시간에 주어진 일만 하면 월급은 나온다. 하지만 그만큼 나를 나태하게 만든다. 나태해진 나는 결국 노후에 아무것도 이루지 못한 채 박스를 주우러 다니게 될지도 모른다.

직장 생활을 시작한 순간부터 번 돈은 모두 사업에 투자하자. 하고 싶은 사업을 위해 배우는데 월급을 아낌없이 써라. 남들이 외제차, 최신 노트북이나 휴대폰 등 없어지는 가치에 투자할 때, 억만금을 주고도 배울 수 없는 가치에 투자하라. 아주 작은 업무라도 사장의 마인드로 일한다면 월급쟁이에서 사장이 될 수 있다. 남들이 하기 싫은 일을 하고 힘들 때 더 열심히 하고 퇴근 후나 주말에도 일을 생각해야 한다.

'일'이 단순히 '일'이 아니라 내 삶의 일부분이 될 때 진짜 사업가가 될 수 있다.

CHAPTER **4**

직장 다닐 때가 가장
창업 준비하기 좋은 때다

혹시 지금 기계적으로 일어나서 회사에 출근하고 주어진 일을 하며 시계만 바라보고 있지는 않은가? 대충 일해도 주어진 일만 제대로 처리하면 월급이 나오기 때문에 열심히 할 필요성을 느끼지 못하고 있는가? 그렇다면 잘못된 생각이다. 남들은 모른다고 해도 자기 자신을 속이는 행동이다. 앞으로 3년 후, 5년 후를 생각한다면 안일하게 있어서는 안 된다.

몸은 회사에 있지만 회사에 소속된 것이 아니라 회사와 계약한 1인 기업이라고 생각해보자. 회사는 내게 대가를 지불하고 일을 의뢰한다. 나는 그 의뢰를 완벽하게 달성하기 위해 최선을 다하는 것이다. 이렇게 생각한다면 더 이상 회사에서의 생활이 지루하지만은 않을 것이다. 내가 주인이 돼 일을 하니 주도적으로 일을 하게 된다. 회사와 내가 동등한 입장이기 때문에 내게 맡겨진 일을 완벽하게 처리해야한다. 그렇지 않으면 불만이 쏟아질 것이며 마음 상한 의뢰인은 앞으로의 의뢰를 철회할 수 도 있다. 내가 의뢰를 제대로 잘 성사시킨다면 회사는 내게 더 높은 금액을 제시할 것이고, 새로운 의뢰를 맡으면서 경험도 쌓이게 된다. 회사 내에서 내가 가장 잘 할 수 있는 일, 내가 하고 싶었던 일을 찾아서 제안해보기도 하자. 의뢰인은 그동안 발견하지 못했던 내 안의 능력을 높이 살 것이다.

내가 하고 싶었던 일들, 내가 나중에 1인 기업가로 우뚝 섰을 때 필요한 모든 것들을 경험할 수 있는 곳이 바로 회사다. 의존적으로 시키는 일만 하는 게 아니라 주도적으로 일을 할 때 비로소 내 것이 된다.

<u>회사 내에서 시키는 일만 하는 사람이 있는가 하면, 시키는 일도 제대로 하지 못하는 사람도 있다.</u> 대충 구렁이 담 넘어가듯이 일을 해도 월급은 제때 나오기 때문에 아등바등 매달리고 싶지 않다. 그저 시간만 때우며 자리를 지킨다. 하지만 그런 습관들이 결국 1인 기업으로 독립했을 때 악영향을 미친다.

회사에서 대충 일하고 1인 기업으로 나와서 성공한 사람은

보지 못했다. 1인 기업으로 성공한 사람들은 회사 내에서도 마치 자기가 사장인 것처럼 생각하고 일을 한다. 어떻게 하면 좀 더 나은 시스템을 구축할 수 있는지, 손실을 줄이고 이득을 최대화 할 수 있는지를 생각하며 일한다면 그 분야에서 최고가 될 것이다.

회사에서 인정받는 사람은 나와서도 인정받는다. 회사에서 빈둥빈둥 시간을 때우며 대충 보낸 사람은 회사를 나와서도 인정받을 수 없다.

일하는
습관

나는 23살에 처음 치과에 입사했다. 처음에는 아무것도 몰라서 시키는 일만 했고 그조차도 제대로 못했다. 차츰차츰 익숙해지고 손에 익어 갈 때 쯤 1년이 지났다. 1년차와 2년차는 시간상으로는 1년의 차이지만 그 시간동안 무엇을 어떻게 했느냐에 따라 실력이 확연하게 벌어진다. 나는 시키는 일만 하지 않고 내가 할 수 있는 일을 찾아서 했다. 처음 입사했을 때 임플란트 팀에 들어갔다. 임플란트 팀장과 나 두 사람만 임플란트 팀으로 배정되었는데 어느 순간 환자가 하루 40명에서 100명으로 늘어나면서 임플란트 재료 관리가 잘 되지 않았다.

임플란트 재료는 아주 작고 조심히 다루어야 하는데 너무 많은 재료가 쏟아지니까 관리하기가 힘들었다. 임플란트 석고모델도 마찬가지였다. 임플란트는 진료가 끝나도 치아석고모델을 1년간 보관해야 하는데 제대로 정리가 돼있지 않아 뒤죽박죽이었다. 매번 환자의 모델을 찾다가 시간을 허비하고 결국 못 찾고 포기한 적도 허다했다. 아무도 정리할 생각을 하지 않고 그저 쌓아 놓기에 급급했다.

안되겠다 싶어 근처 마트에 가서 박스를 구해왔다. 박스에 네임펜으로 월별로 표시해서 구분하고 완전히 끝난 환자들 모델을 모아서 정리했다. 자주 찾지 않는 모델은 4층 복도의 별도로 마련한 장에 보관하고 자주 찾는 모델은 작은 박스로 분류해서 3층 챠트장에 같이 보관해서 이름까지 써서 찾기 쉽게 했다. 그렇게 분류를 해놓고 1년 마지막 달이 지날 때마다 새로운 박스를 들고 와서 정리하고 오래된 달의 모델은 정리해서 버렸다.

그렇게 그 일은 내 일의 한 부분이 됐다. 하다 보니 새로운 분류법을 개발하게 되고 좀 더 편하고 좋은 방법으로 개선해서 반영시켰다. 아무도 하지 않는 모델정리를 했더니 직원들이 굉장히 편안해 하며 내게 고마워했다.

우연히 이동식 서랍장에서 재료를 꺼내다가 서랍장 안이 얼룩덜룩 지저분해진 것을 봤다. 교합지라는 먹지로 인해 서랍이 온통 까맣게 돼 있었다. 나는 바로 정리에 돌입했다. 교합지가 흩어지지 않게 잘 잘라서 못 쓰는 작은 박스와 플라스틱 통을 활용했다. 바닥에는 다시 깨끗한 하얀 종이를 깔았다. 한지가 없는 조용한 시간에 다른 사람들은 스텝 실에 들어가서 쉬었지만 내게는 그때가 정리하기 딱 좋은 시간이다.

스펀지로 서랍장을 구석구석 깨끗하게 닦고 다시 새로운 종이로 깔끔하게 정리를 하면 기분까지 상쾌해진다. 바쁘다보면 재료를 마구잡이로 던져놓는 경우가 있는데 제자리에 정리해놓으면 나중에 쓸 때 찾기 쉽고 편하게 쓸 수 있다.

그렇게 내가 하나 둘 정리하기 시작하니 보고만 있던 직원들도 함께 도와주기 시작했다. 혼자만 하던 일에서 함께하니 새로운 방법에 대한 아이디어가 쏟아졌다. 새로운 아이디어를 접목한 정리기법을 활용해 항상 깨끗한 진료실을 유지할 수 있었다.

그렇게 아무도 손대지 않는 작은 부분들을 내가 찾아서 정리를 하다 보니 어느새 나는 '정리의 달인'이 돼 있었다. 회사에서 복사를 하는 일만큼 아주 작은 일이었지만 작다고 대충하지 않았기 때문에 인정받을 수 있었다.

일을 찾아서 한다고 월급을 더 주는 건 아니지만 나는 내가 회사에서 의뢰를 받았다고 생각했기 때문에 나를 위해서 완벽하게 했다.

회사를 창업에
이용하라

오너는 월급을 주고 직원을 고용했다. 월급을 받은 만큼 일을 하는 것은 당연한 것이고 누가 시키지 않아도 주도적으로 하는 것이 중요하다. 그때 배운 것들이 결국 모두 내게로 돌아오기 때문에 아주 작은 것이라도 도움이 된다. 정리를 하며 '어떻게 하면 좀 더 효율적으로 정리를 해서 일의 능률을 올릴 수 있을까?'를 늘 생각했기 때문에 나는 실장이 돼서도 치과관리를 제대로 할 수 있었다. 만약 그때 다른 직원들처럼 대충 시키는 것만 했다면 실장이 돼서도 작은 것은 보이지 않았을 것이다.

내가 회사의 직원이라고 생각하면 일은 싫어지기 마련이다. 안 그래도 하기 싫은 일인데 억지로 시키는 일이라고 생각하면 더 싫지 않겠는가? 내가 회사에 고용된 것이 아니라, 회사를 거래처로 선택한 1인 기업이라고 생각하자.

회사에서는 치열하게 나를 위해 배우고, 퇴근 후에는 본격적인 창업 준비를 해야 한다. 나는 주말에는 강사과정과 여러 가지 세미나를 섭렵했고 평일에는 퇴근 후 병원에 남아서 병원의 자료들을 활용해서 강의안을 만들었다. 치과스텝과 실장을 대상으로 하는 강의였기 때문에 모든 자료는 치과에 있었다. 아침 일찍 출근해 치과프로그램을 캡처하고 여러 가지 재료들 사진도 찍어가면서 강의 자료를 만들었다. 그렇게 강의 자료를 만들다보면 또 새로운 아이디어가 떠올라서 병원시스템에도 반영을 했다. 나를 위해 한 일들이 병원에도 도움이 돼 선순환이 이뤄졌다. 만약 내가 병원을 그만둔 상태였다면 강의는 시작도 하기 힘들었을 것이다.

회사 다닐 때가 가장 창업 준비하기 좋은 때다. 회사의 자원을 활용하여 마음껏 경험하라. IT회사를 다니고 있다면 프로그램개발에 참여해 새로운 프로그램을 만들어보고 새로운 기획이 있다면 일단 실행해보라. 화장품 회사에 있다면 화장품을 모두 써보고 장단점을 정리해 다른 회사 화장품과 비교분석해보자. 이 모든 것은 회사에 있을 때 가능한 일이다. 회사라는 큰 보호막이 있을 때 마음껏 깨지고 구르면서 경험해보라. 밖에 나오면 차디찬 칼바람에 다치지 않게 미리 따뜻한 방한복을 준비하라. 회사에 다니는 '지금'이 바로 '적기'다.

CHAPTER **5**

일단 투잡으로
시작하라

인터넷 포털 검색창에 '투잡'을 검색하면 관련 사이트가 460여
개가 나오고 카페 수는 4,920여개가 넘으며 기사와 질문 건수
도 엄청나다. 그만큼 직장인의 투잡에 대한 관심이 많다는 것
이다. 예전에는 경제적인 이유로 투잡에 뛰어든 사람들이 많
았다면 요즘은 미래에 대한 대비책으로 활용하거나 관심분야
를 창업하기 위해 준비하는 경우가 많다. 취업불황속에서 겨
우 직장을 구한다고 해도 언제 퇴직할지 모르는 위험이 늘 도
사리고 있는 이때 더욱 준비를 해야 한다.

직장을 그만두고 창업에 뛰어들려면 많은 위험부담을 감수
해야 한다. 일단 매달 정기적으로 나가는 카드 값과 휴대폰

비, 각종 세금들이 발목을 잡는다. 새로운 사업을 시작하려면 세미나도 가고 책도 읽어야 하는데 엄청난 돈을 충당하려면 돈이 들어오는 곳이 있어야 한다. 그럴 때 매달 꼬박꼬박 월급을 주는 회사는 달콤한 초콜릿과 같다.

그렇다면 회사를 그만두지 말고 일단 투잡으로 시작해보자. 창업을 하고 처음 얼마간은 바로 수입이 생기지 않을 수 있기 때문에 안정적인 직장을 유지하면서 새로운 일과 병행하면 위험을 최소화 할 수 있다.

창업 리스크
최소화하기

평일엔 직장인, 주말에는 한복디자이너의 삶을 살고 있는 사람이 있다. 바로 '아틀리에 사월에' 대표 정연 씨와 동생 채빈 씨다. 두 자매는 다른 사람들과 마찬가지로 '칼 퇴근'을 꿈꾸며 10년 넘게 직장생활을 하다가 문득 반복되는 생활에 염증을 느꼈다.

취업이 잘된다는 말에 선택한 회계학 전공으로 직장생활을 시작한 정연 씨는 무역일을 하며 해외생활에 대한 막연한 동경을 대신했다. 그렇게 10년이라는 시간동안 그저 주어진 일만 바라보고 달려오던 삶에 새로운 바람이 불어 들어왔다. 스스로 무언가를 창조하고 싶다는 생각을 한 것이다. 무엇을 할까 고민하다가 정연 씨는 그림을 그리기 시작했다.

35살, 조금은 늦은 나이에 시작한 그림은 처음에는 어색했지만 점점 실력이 늘어 주변사람들에게 칭찬을 들었다. 그러던 중 어느 파티에 참여할 기회가 와서 독특하게 입고 싶었던 그녀는 한복을 입고 가고 싶었다. 비록 실행에 옮기지는 못했지만 그때부터 왠지 모르게 한복에 관심이 가기 시작했다. 직접 한복을 입고 다니면서 한복을 제대로 알리는 사업을 해보고 싶다고 생각한 그녀는 그동안 쌓아온 그림 실력을 활용해서 한복디자이너가 되기로 결심했다. <u>회사를 다니고 있었던 그녀는 평일에는 일을 하고 주말마다 광장시장을 찾아가 한복을 배웠다. 취미로 시작한 그림이 한복과 만나는 순간이었다.</u>

직장생활을 하면서 주말마다 한복을 배우고 만드는 일은 쉽지 않았다. 퇴근 후의 자투리 시간도 모두 한복 공부에 올인하고 월급을 받는 족족 한복 재료에 투자했다. 한복은 다른 옷보다 사이즈가 크고 일반 가정용 미싱기가 아닌 공업용 미싱기가 필요하다. 그래서 출혈을 감수하고 넓은 방을 구해서 본격적으로 한복을 만들기 시작했다. 한복을 알리기 위해 두 자매는 직접 한복을 입고 인사동 거리를 걷고 북촌한옥마을과 민속촌에도 갔다. 선글라스를 끼고 구두도 신고 정장에 어울리는 백도 들었다. 한복 대여 이벤트를 통해 당첨된 사람들에게 한복을 직접 가져다주고 피팅해주며 함께 창경궁을 거닐기도 했다. 그런 그녀들의 노력을 알아주었을까? YTN의 한경진 기상캐스터가 추석 연휴에 그녀들이 직접 디자인한 한복을 입고 기상예보를 했다. 1년여의 노력이 결실을 맺는 순간이었다. 회사를 다니면서 한복에 올인했던 두 자매의 한복은 이제 번듯한 사업 아이템으로 확장되고 있다.

　나는 병원에서 일을 하면서 다른 치과 직원들 대상으로 강의를 했다. 평일에는 병원에서 일을 하고 퇴근 후에는 강의 자료를 만들고, 주말에는 외부로 나가 강의를 했다. 강의로 버는 수입은 크지 않았지만 강사의 꿈을 키우며 월급의 대부분을 세미나에 투자했다. 어느 정도 강사로 자리를 잡을 때쯤 아는 원장님이 개원을 하면서 도와달라고 하셨다. 쉬는 날마다 병원에 가서 전 직원 치과건강보험 교육을 해주고 진료기록부 작성법 등 컨설팅을 해줬다. 투잡을 넘어선 쓰리 잡까지 하게 된 것이다. 몸은 힘들었지만 하고 싶은 일을 하니까 즐거웠다. 아직 컨설팅에 대한 개념이 잡히기 전 여러 원장님을 도와주면서 2년여간 쌓인 노하우가 결국 내가 컨설팅 회사를 차릴 수 있는 디딤돌이 됐다. 단순히 도와주려고 한 것이 더 크게 내게 돌아온 것이다.

　지금도 나는 여러 가지 직업을 갖고 있다. 작가, 병원컨설턴트, 강사, 동기부여가로 네 가지 일을 하고 있다. 부업으로 무엇을 해야 할지 모르겠다면 내가 하고 싶은 일을 해보자. 수입은 적어도 괜찮다. 월급은 부업을 위해 투자를 하자. 투자를 한 만큼 내게 돌아올 것이다.

투잡의
목적

인터넷 포탈 검색창에 '투잡'으로 검색하면 굉장히 다양한 사례들이 많다. 그 중 사기성 짙은 홍보용 글도 많고 네트워크 사업으로의 유인성 글도 많다. 그런 글들에 현혹되지 말고 중심을 잡아야 한다. 투잡은 돈을 벌기 위한 목적으로 해서는 안 된다. 회사에서 안정적인 수입이 들어오는 지금 '진짜 하고 싶은 일'을 위한 준비 과정으로 활용해야 한다. 내가 생각한 콘텐츠가 잘 먹히는지 연습하는 시간이다. 막연히 잘 될 것이라고만 생각하고 회사를 나와 버리면 시작하기 힘들다.

나는 처음 강사 일을 시작할 때 어차피 배우기 위해 시작한 일이었기 때문에 돈에 연연하지 않았고 약 1년을 거의 무료로 강의했다. 강의할 기회만 있으면 언제 어디서든 달려갔다. 어떻게 무료로 강의를 할 수 있었을까? 바로 든든한 직장이 있었기에 가능했다. 돈을 벌기위한 '투잡'이었다면 흥미가 떨어져 즐겁지 않았을 것이다. 즐겁게 강의를 했고 수강생들과 진심으로 소통했기 때문에 강사로 클 수 있었다. 그리고 몇 년 뒤 직장을 나와 컨설팅 회사를 차리는 데 원동력이 됐다.

10년차 직장인 P씨는 취미로 바리스타 자격증을 땄다. 거피 만드는 일이 너무 재미있어서 쉬는 날과 주말에는 집근처 카페에서 아르바이트를 하면서 배우고, 라테아트와 핸드드립 관련 교육도 꾸준히 받고 있다. 퇴직금 받아서 키페를 창업했다가 전부 날리는 사람들 얘기가 심심찮게 들려오다보니 회사를 바로 그만두지 않고 차별점을 두기 위해 베이커리 관련 자격증도 땄다. 새로운 아이디어가 생기면 바로 적용해서 쿠키와 빵을 만들고 주변 지인들에게 무료 시식을 시켜주며 피드백을 받았다. 월급의 15% 정도는 항상 강의료나 책, 도구를 구입하는 데 사용하며 배움에 돈을 아끼지 않는다. 어느 정도 경쟁력을 갖추면 당당하게 회사를 나와 멋진 카페를 차리겠다는 그녀는 취미를 즐기고 있다. 회사라는 든든한 백이 있는 지금 차근차근 밟아나가면 사람들도 변화되는 그녀의 모습에 신뢰를 갖고 나중에 돈을 받게 되더라도 유명 마케팅회사 못지 않은 홍보단체가 된다. 아마추어일 때 미리 준비해야 전문가로 가는 길이 더 빨라진다.

투잡을 시작할 때는 이처럼 내가 평생 동안 하고 싶은 일을 염두에 두고, 그 길로 가는 발판이 되는 것부터 해야 한다.

M씨는 직장생활만으로는 부족한 생활비를 충당하기 위해

퇴근 후에는 음식점에서 일을 한다. 회사에서 6시에 퇴근하고 저녁 먹을 시간도 없이 바로 음식점으로 출근해 새벽 2시까지 서빙을 하고 청소를 한다. 집에 돌아와서 씻고 자면 새벽 3시가 훌쩍 넘는다. 4시간가량 자고 또 회사로 출근하는 날의 연속이다 보니 지갑은 두둑해졌지만 정신적, 육체적으로는 피폐해졌다. 친구나 가족과 함께 할 시간도 없고 재충전을 하지 못해 힘들었다. 좀 쉬고 싶어서 막상 그만두려고 해도 매달 들어오는 돈이 아깝다. 그렇게 6개월 넘게 생활을 하던 그는 결국 몸에 이상이 생겨 회사를 그만두고 병원을 다니며 쉬고 있다.

투잡은 무리하게 해서는 안 된다. 미래를 위한 준비도구로 활용해야 한다. 단기적인 수입에만 급급해서는 오히려 역효과가 나타난다. 생활리듬, 건강, 재미와 적성 등을 모두 고려해서 신중하게 접근해야 한다. 회사에서 받는 스트레스를 퇴근 후에도 풀지 못하고, 오히려 더한다면 투잡을 하는 것이 의미가 없다. 투잡은 미래 내 사업을 위한 무대로 생각하고 즐겨야 한다.

내가 잘하는 일, 좋아하는 일을 살려 투잡으로 미래를 준비하라. 투잡으로 경력을 쌓고 많은 경험을 하라. 신뢰를 쌓아 놓고 회사를 나왔을 때 당신은 진정한 경력자로 대우 받게 되고 사업은 승승장구 할 것이다.

CHAPTER **6**

억대 수입을
올리는 주부들

우리나라 여성 고용률은 60% 수준에 머물러 있다. OECD 국가 중 가장 낮은 수치다. 여성은 한창 직장 생활을 하다가도 결혼을 하고 출산을 하면 육아 때문에 어쩔 수 없이 일을 그만둬야 하는 경우가 많다. 출산과 육아로 경력이 단절된 채 몇 년이 지나고 다시 사회에 뛰어들려고 해도 길이 막혀있어 좌절하게 된다. 전문 기술이 있어도 사정은 별반 다르지 않다. 경력이 많으면 그만큼 챙겨줘야 하는데, 하는 일에 비해 월급이 너무 많이 나간다고 생각하는 것이다. 전문직종도 나이 많은 주부는 기피 대상인데 일반 사무직이나 회사에 취직하는 일은 더욱 힘들 것이다.

이럴 때 일수록 1인 창업을 해야 한다. 여성특유의 꼼꼼함, 육아와 가사로 인한 너그러움과 책임감, 성실함까지 주부이기에 발휘할 수 있는 능력이 있다. 이 능력을 잘 활용해서 누구 엄마, 누구 아내가 아닌 당당한 직업인으로서 명함을 내밀어야 한다. 자신의 능력으로 억대수입을 올릴 때 자존감과 자신감을 드높일 수 있다.

사업,
거창할 필요 없다

거창한 사업이나 기술이 아니어도 뜨개질이나 화분 꾸미기 같은 취미도 훌륭한 사업 아이템이 될 수 있다.

K씨는 돌잔치상과 100일상 상차림 재료를 대여하는 사업을 한다. 블로그를 통해 홍보하고 가까운 곳에는 직접 찾아가서 상을 차려준다. 예쁘게 꾸미기 위해 학원을 다니며 일러스트도 배우고 종이접기, 만들기도 책을 사서보고 세미나를 들으며 실력을 쌓고 있다. 주말에는 가까운 곳에 직접 가서 상을 차려주고 사회도 봐준다. 옷도 한복과 드레스, 나비넥타이까지 종류별로 갖추고 있다. 여동생과 동업하는 떡 케이크 공방에서 주문도 받는다. 일반 케이크와 달리 모양도 너무 예쁘고 독특해서 떡 케이크만 별도로 주문하는 사람도 많다. 떡 케이

크와 돌상이라는 독특한 아이템으로 한 달에 1,500만 원 이상 매출을 올리고 있다. 무엇보다 아이를 키우면서 할 수 있어 더 좋다고 한다.

오피스 공간을 제공하는 이든비즈의 대표이자 『두려워하지 마, 닥치면 다해』의 저자 안세연. 그녀는 15년 전 고시원을 시작으로 지금은 공간임대 사업의 1인자이자 전문가로 거듭났다. 운영하던 원룸텔을 한순간 화재로 모두 잃고 엄청난 빚에 허덕이며 보증금 1,000만 원짜리 월세 집을 전전하며 살아온 그녀는 자살을 생각할 정도로 힘든 시절을 보냈다. 힘든 시련 속에서도 그녀는 희망을 잃지 않았고 50대의 나이에 다시 한 번 과감하게 도전장을 내밀었다. 오피스 서비스업을 시작한 지 2년 만에 강남, 삼성, 선릉, 역삼 등지에 13개의 비즈니스 센터를 건립했고 이제는 세계로 뻗어나갈 준비를 하고 있다.

나이와 사업은 아무 상관없다. 늦었다고 생각할 때가 빠른 것이다. 아직 때가 되지 않았다고 생각할 시간에 하루라도 빨리 내 사업을 준비해야한다. 창업이 반드시 무언가를 팔거나 만들어야 할 필요는 없다. 여기 열심히 운동해서 자신의 몸을 만든 가꾸는 것만으로도 억대수입을 누리는 주부가 있다.

올해 나이 50인 몸짱의 원조 아이콘 정다연 씨는 자신이 개발한 운동법 피규어로빅스를 전파하고 트레이너를 양성하며 눈코 뜰 새 없이 바쁘게 지내고 있다. 그녀는 78kg에서 당당하게 다이어트로 성공한 20대 몸매의 소유자 37살의 아줌마로 2003년 당시 엄청난 몸짱 신드롬을 일으켰다. 2004년에는 일본 NHK 방송에서 정다연 특집을 방송했고『몸짱 다이어트』책은 출간되자마자 30만부가 팔리면서 베스트셀러로 자리매김했다. 2010년에『몸짱 다이어트 프리미엄』책은 일본에서 70만부가 팔렸다. 그녀의 책에는 40대의 주부가 나잇살을 제대로 뺄 수 있는 노하우와 자신의 경험이 고스란히 녹아 있다. 그녀는 지금도 한국, 일본을 오가면서 운동을 개발하고 계속 다듬는다. 일본인은 잘못된 자세로 걷는 사람이 많아서 그들의 자세를 교정하는 방법부터 맞춤형 운동을 개발하느라 하루에 4시간도 채 못 잔다. 최근에는 중국에서『5-Dance』책이 전체 서적 베스트셀러 1위에 오르는 기쁨을 누리고 있다. 전 세계적으로 자신이 개발한 운동법이 퍼지고 '정다연'이라는 브랜드만으로도 온갖 상품이 팔리면서 1,000억 원이 넘는 매출을 올리고 있다.

다이어트 하나로 자신의 몸도 건강하게 가꾸고 그것을 사업으로 연결한 정다연 씨. 그녀가 다이어트를 한 계기는 남들과 다르지 않다. <u>출산 후 그녀의 하루 일과는 누워서 TV보며 과자나 배달음식을 먹는 것이었다.</u> 매일 먹고 운동을 하지 않으니 점점 몸이 무거워지면서 결국엔 허리에 무리가 오게 됐다. 이러면 안 되겠다는 생각에 그때부터 다이어트를 하기로 마음 먹었다. 엄청난 노력 끝에 47kg의 누구나 부러워할 몸무게를 가지게 됐고, 37살 나이에 아름다운 얼굴과 20대의 몸매로 인생 2막을 열었다.

누구나 다이어트를 할 수 있다. 그리고 누구나 다이어트에 성공할 수 있다. 그러나 누구나 다이어트를 사업으로 연결할 수는 없다. 그녀는 남들과 똑같은 다이어트가 아닌 40대라는 나이에 맞는 자신만의 운동법을 개발했고 다이어트에 성공했다. 그리고 자신이 경험한 다이어트 비법을 많은 사람들과 공유했고 책을 썼으며 그것이 사업이 됐다. 그녀는 유명세를 업고 먹기만 해도 살이 빠지는 '마법의 물약' 같은 과장 광고를 하지 않는다. 오로지 "먹은 만큼 에너지를 소비해야 한다"며 운동으로 살빼기를 권한다. 몸에 좋은 음식과 운동을 권장하며 정석대로 가르치는 그녀의 책은 교과서에 실릴 정도로 신뢰를 얻고 있다.

함께
돕는 사업

결혼 21년차 전업주부 김혜진 씨는 5년 전 큰 아이가 중학교에 입학하면서 생긴 여유시간에 취미로 커피 로스팅을 배웠다. 그녀는 좀 더 진하고 맛있는 커피를 만들기 위해 집에서 직접 손으로 커피를 볶았다. 그렇게 만든 더치커피를 혼자 먹기 아까워서 지인들에게 나눠주면서 입소문을 타기 시작했다. 시중에서 파는 것보다 훨씬 부드럽고 진하다며 돈을 주고 사먹으려는 사람들이 늘어나면서 커피공방을 차렸다. 많은 사람들은 창업으로 커피숍을 생각하지만 그녀는 틈새시장을 노렸다. 직접 만든 커피를 팔고 만드는 방법을 교육해주는 공방을 차린 것이다. 마침 정부의 맞춤형 창업 지원 프로그램에 선정돼 5,000만 원의 보조금을 받아 제대로 도움이 됐다. 오랫동안 전업주부로만 살아온 김 대표는 처음에는 사업을 한다는 것에 망설였다. 아마 가족들의 도움이 없었다면 그녀는 포기했을지도 모른다.

주부 혼자서 창업 하기는 힘들다. 육아와 가사를 병행하면서 하기에는 감당해야할 일이 많다. 세금 문제와 자금관리, 마케팅 등 부수적인 일이 많기 때문이다. 이때 남편이 옆에서 조력자가 돼 준다면 함께 '꿈 친구'로서 윈 윈Win Win 할 수 있다. 김 대표의 남편도 마케팅, 세금 문제를 도와주며 옆에서 지지해줬다. 김 대표의 첫째 딸은 '혜진스 커피'의 브랜드와 로고 디자인을 직접 하면서 엄마의 사업을 응원해준다. 가족이 함께 도와주는 사업이 1인 창업의 기초가 된다.

혜진스 커피는 자신만의 로스팅 기술에 아라비카 생두를 블랜딩해서 '기다림'이라는 브랜드를 만들었다. 소량으로 만든 수제 로스팅에 진한농도, 완벽한 위생이라는 3가지 원칙을 고수하면서 커피 애호가들 사이에 입소문이 나 (주)코레일유통과 계약을 맺어 'cafe storyway'에 공급하고 백화점과 대형마트에도 판매할 수 있는 활로를 개척중이다.

주부경력으로 창업할 수도 있다. M씨는 집에서 아이들을 위해 빵을 만들다가 오븐이 아닌 '화덕을 이용하면 어떨까?'라는 아이디어를 떠올렸고 주부들이 좋아하는 팥이나 생크림이 들어간 빵을 화덕으로 만들어 파는 빵집 사장이 되었다. 월 순수익 600만원의 수익을 올리고 있는 그녀는 직접 메뉴를 개발하면서 주부경력을 제대로 활용하고 있다.

잉꼬부부로 소문난 K씨는 자신만의 '부부금술 좋게 하는 방법', '남편을 내 편으로 만드는 대화법'등의 콘텐츠를 제작해 자신의 카카오스토리에 올려 많은 팬을 보유하고 있다. 한참 카카오스토리 붐이 일어났다가 최근에는 주부와 육아 관련 업체만 살아남아 공동 판매 등으로만 이어지고 있는데 그녀 또한 그 물살에 합류한 것이다. 남들의 사례가 아닌 본인의 실제 경험담을 솔직담백하게 풀어내서 더 큰 인기를 얻고 있는 K씨는 현재 부부금술 컨설팅을 진행하면서 수입을 올리고 있다. 컨설팅 비용으로 많이 받지는 않지만 '마음껏 운동 할 수 있을 정도만 벌면' 된다는 그녀는 딱 그만큼 버는 지금 너무 행복하다고 한다. 처음에는 '이런 것도 과연 사업이 될 수 있을까?'를 생각했던 그녀는 주변 사람들의 끊임없는 1:1 면담 요청으로 관점을 바꾸었다. 지금은 낮에 딱 2시간 컨설팅을 진행하고 나머지는 운동과 육아에 전념하면서 가정과 돈, 두 마리 토끼를 모두 잡아 즐거운 비명을 지르고 있다.

혼자서 힘들다면 공동창업도 괜찮다. 유기농 반찬 가게인 '동네부엌'은 주부 8명이 함께 시작했고 영양사 출신 주부 박미현 사장이 운영을 맡았다. 현재 월 매출이 600만 원 정도로 억대 수입까지는 아니지만 '건강한 음식을 제공한다'는 마음으로 새로운 시장을 개척중이다.

혹시 지금 육아 때문에 꿈을 접으려고 하는가? 남들이 내 꿈을 비웃을까봐 걱정되는가? 경력 단절로 자꾸만 자신감이 없어지는가? 이제 그만 남의 눈치를 봐라. 그리고 진짜 내가 하고 싶은 일을 찾자. 내 꿈인데 왜 남의 눈치를 보고 있는가? '내 꿈의 주인은 바로 나'다. 내 꿈에 당당해지자.

1인 창업은 꿈같은 일이 아니다. 평범한 나도 충분히 할 수 있다. 아이 셋 엄마도, 전업주부로 몇 십 년을 산 아줌마도 가슴 속 꿈만 잃지 않는다면 이룰 수 있다. 아주 작은 것부터 시작해보자. 지금 기지개를 켜는 모든 일이 1인 창업으로 가는 길이다.

CHAPTER **7**

아이디어를
돈으로 바꿔라

대히트를 친 셀카봉. 여러 명과 사진을 찍을 때 누군가 한 명은 같이 할 수 없었다. 한 명은 사진을 찍어줘야 하기 때문이다. 셀카를 찍고 싶어도 여의치 않았다. 다른 사람에게 부탁하자니 민망하기도 했다. 셀카봉은 이런 문제를 해결해 줬다. 별것 없는 긴 막대기 하나가 고민을 해결해 준 것이다.

아이디어는 거창하거나 굉장한 것이 아니다. 불편함을 해결하기 위한 생각하나가 아이디어의 시작이다.

젖은 음식물 쓰레기를 비닐봉지에 담아 버리러 나가다가 국물이 줄줄 흘러 바닥청소를 해야 했던 주부 이희자 씨는 고민에 휩싸였다. "어떻게 하면 편하게 음식물 쓰레기를 버릴 수 있을까?" 그녀는 이같은 고민을 해결하기 위해 가정용 음식물 건조기를 만들어야겠다고 생각했다. 돈도, 기술도 없었지만 '바로 이거다'라고 생각했던 그녀는 바로 실행에 옮겼다. 많은 사람들은 '나는 기술도 없고 돈도 없으니까 못 하는 거야'라며 생각에 그치고 만다. 하지만 그녀는 '내가 기술이 없으면 만들 수 있는 사람의 능력을 사면된다'라고 생각했다. 그리고 남편 몰래 아파트를 담보로 대출을 받았다. 친구들에게 돈을 빌려 기술개발 직원도 고용했다. 그렇게 3년을 연구하고 개발해 음식물 쓰레기의 부피를 줄이고 악취를 제거하는 음식물 건조기를 만들었다.

그녀의 회사 '루펜'의 홈페이지에는 '루펜은 자연을 담습니다'라는 문구가 있다. 음식물쓰레기를 담는 것이 아니라 자연 친화적으로 접근해 '환경을 생각한다'는 발상이 지금의 그녀를 만든 것이 아닐까? 혹시 지금 나이가 많아서 머뭇거리고 있다면 루펜의 대표 이희자 씨를 생각하라. 그녀는 50을 바라보는 나이에 전업주부로만 살다가 사업에 뛰어들었다.

그녀는 가만히 앉아서 잘되기를 기다리지 않았다. '대량으로 납품하겠다'는 생각을 한 그녀는 무작정 롯데 건설 사장님을 찾아가 설명을 하고 진심어린 장문의 편지를 보내며 부탁을 했다. 간절한 마음이 전달된 것일까? 롯데 건설 사장님은 마음을 움직였고 '음식물 쓰레기 없는 아파트'라는 멋진 전략과 함께 '롯데 캐슬'은 크게 성공했다. 이를 기반으로 다른 곳에도 빌트인으로 들여놓으면서 루펜의 가치는 더 올라갔다. 독일, 러시아, 일본, 중동까지 수출하며 세계로 뻗어나가는 루펜은 아주 작은 아이디어에서 시작됐다.

새로운 시각으로
주변을 보라

아기의 기저귀는 신중하게 골라야 한다. 특히 갓 태어난 신생아라면 더욱 조심스럽다. 하루 24시간 착용하는 기저귀가 아기의 엉덩이를 짓무르게 한다면 속상하다. 그렇다고 천 기저귀를 사용하자니 너무 커서 빨고 널 때 자리를 많이 차지한다. 세탁도 번거롭다.

이에 땅콩을 먹다가 엉덩이 부분이 더 넓다는 것에 착안해서 땅콩 모양의 인체공학적 디자인으로 '순면 땅콩 기저귀'를 만든 사람이 있다. 바로 김은옥 대표다.

그녀는 방수 커버 안에 기저귀를 뗐다 붙였다 할 수 있게 만들었다. 또한 기저귀만 따로 분리해 세탁할 수 있도록 했다. 방수 커버가 있어 새지도 않고, 무엇보다 아이가 편안해 엄마들이 많이 찾는다. 그녀는 아이디어 하나로 한 달 매출 7,000~8,000만 원을 올린다. 그리고 평범한 주부에서 CJ몰, 롯데닷컴 등 대형 인터넷 몰에 납품을 하는 사업가로 자리 잡았다.

　10년 전 육아 때문에 직장을 그만두고 전업주부로 생활하던 오순옥 씨. 경단녀에서 탈출하려고 여러 번 시도했지만 번번이 실패하고 육아에만 집중하고 있던 어느 날 우연히 아이에게 약을 먹이다가 번득 아이디어가 떠올랐다 바로 휴대용 약품 보관용기이다. 아이들 감기가 오래 지속되거나 증상이 심해지면 항생제를 처방 받는데 냉장보관을 해야 하는 항생제를 받을 때가 있다. 이 경우 외출을 할 때 냉장보관 하기가 쉽지 않다. 어떻게 하면 차게 보관할 수 있을까 생각한 그녀는 아이디어를 떠올렸지만 육아에 치여 잊고 지내다가 우연히 '2015 생활 발명 코리아'라는 곳에 지원했고 당당하게 선정되었다. 그녀는 시제품을 제작하기 전에 당뇨병 환자 중 볼펜형 인슐린 주사 또한 냉장 보관해야 해서 불편함을 겪고 있다는 사실을 알고 인슐린 제약회사에 전화해서 볼펜형 인슐린 주사의 사이즈와 특성을 조사했다. 그렇게 완성된 시제품! 그리고 여러 번의 시행착오 끝에 '스마트 냉장약 보관기'가 완성됐다.

　지금은 더 나아가 캠핑족을 위한 음식 보관기, 여러 잔의 음료를 시원하게 즐길 수 있는 스마트 텀블러 등의 제품을 기획하고 있다. 이 모든 것들이 생활 속 아주 작은 불편에서 발견한 아이디어라는 사실! 아이디어는 멀리 있지 않다. 생활하다가 불편한 것을 느꼈다면 거기서 아이디어는 시작된다. 최근 지역별로 아이디어공모전을 시행하고 있어 언제든지 내 아이디어를 내고 제품을 만드는데 비용을 지원받을 수 있다. 아이디어는 있지만 자금 확보나 유통에 도움을 얻고 싶다면 여성발명협회나 여성기업협회를 통해 도움 받을 수 있으니 문을 두드려보자.

누구에게나 빛나는 아이디어는 하나쯤 있다. 그 아이디어를 '생각으로만 묻어두느냐' 아니면 '꺼내어 활용하느냐'에 따라 창업의 성공요건이 정해진다. 기존 제품에서 더 좋은 아이디어를 생각해낼 수 있고 고객의 욕구를 바탕으로 혁신적인 아이디어를 발견할 수 있다. 그러나 아이디어를 아이디어로만 남겨둔다면 절대 내 것이 될 수 없다. 아이디어가 빛을 발할 때는 실행력을 갖췄을 때다. 아이디어를 구체화하기 위해서는 다음 4가지를 기억하자.

첫째, 내 아이디어의 고객이 누구인지 생각해야 한다. 20대인지, 50대인지, 남자인지 여자인지, 어떤 특정한 직업군인지, 학생인지 주부인지 등 세밀하게 정해야 한다. 순면기저귀는 아이를 위한 것이지만 최종목표는 그 아이를 생각하는 엄마의 마음을 공략하는 것이다.

고객을 알아야 아이디어를 사업으로 만들 방법을 구체화 시킬 수 있다. 그들의 욕구가 무엇인지, 그들의 욕구를 충족함으로써 얻는 것은 무엇인지를 자세하게 써보자. 머리로 생각만 하는 것보다 글로 썼을 때 더 좋은 아이디어가 떠오른다.

둘째, 고객의 욕구를 충족시킬 방법을 찾아야 한다. 엉덩이가 자꾸 짓무른다면, 음식물쓰레기 처리가 곤란하다면 그 욕구를 어떻게 충족시켜야할까? 그들과 대화를 나누면 아이디어는 자연스럽게 떠오르게 된다. 신문기사와 책 속에서 찾을 수도 있고 직접 그들을 찾아가 설문조사를 통해 알 수도 있다. 중요한 것은 발품을 팔아야 한다는 것이다.

셋째, 내가 할 수 있는 일인지 파악해야 한다. 내가 할 수 없는 일이라고 하더라도 아이디어를 특허등록을 하거나 중소기업에 아이디어를 제공하고 만들 수도 있다. 개발자의 도움을 받아서 수익을 나누거나 아웃소싱을 주는 방법도 있다. 아이디어만 제공하면 만들 수 있는 기업을 연결해서 그 물건이 팔릴 때마다 수익을 제공하는 업체도 많다.

그 아이디어를 어떻게 활용하느냐에 따라 내가 대표가 돼 운영할 수도 있고, 아이디어만 판매해 수익을 창출하는 파이프라인을 만들 수도 있다.

넷째, 어떻게 알릴 것인지를 정해야 한다. 내가 대표가 된다면 홍보도 직접 해야 한다. 홈페이지나 카페를 만드는 것은 당연한 절차다. 홈페이지로 올 수 있게 만들기 위해서는 마케팅을 해야 한다.

페이스북이나 블로그 등 SNS를 활용해 스토리가 있는 지식을 전달하면 좀 더 신뢰감을 줄 수 있다.

창업 목표는
명확히

아이디어로 창업하기 위해서는 목표를 뚜렷이 해야 한다. 그저 "제가 아는 사람들이 음식이 맛있다고 한번 해보라고 해서요" "제가 하면 잘 할 것 같다고 주변에서 말하더라고요" "이 아이디어 진짜 대박이라고 꼭 하라고 해서요" 등 주변사람들의 말만 듣고 창업하면 목표가 없기 때문에 갈 곳을 잃어버리고 만다.

이 아이디어를 어떻게 활용해서 어떻게 진행할 것인지 확고한 목표와 비전을 세워야한다. 사람은 누구나 꿈이 있다. 가고 싶고, 갖고 싶고, 하고 싶은 것을 늘 가슴속에 품고 산다. 그러나 그것은 꿈이 아니라 희망이다. 간절함 없이 그저 '가지면 좋겠다' '갔으면 좋겠다'라는 생각으로는 절대로 꿈을 이룰 수 없다. '어떻게든 되겠지'라는 생각으로 창업해서는 망하는 지름길이다.

간절함으로 무장한 꿈을 향한 목표를 세우자. 그리고 당장 실행에 옮겨라. 당신의 작은 아이디어 하나가 명품으로 다시 탄생하게 될 것이다.

CHAPTER **8**

사소한 일상이
사업이 된다

일자리, 취업률, 실업률. 우리 사회의 끊이지 않는 화두다. 이런 화두 속에 던져진 1인 창업. 이제 회사에 매여서 일해야 하는 시대는 사라지고 있다. 우리 스스로가 사장이자 직원이 될 수 있다. 예전에 스타강사나 연예인, 스포츠 선수들만의 전유물이었던 '걸어 다니는 중소기업'이라는 말은 평범한 우리에게도 주어지고 있다.

아마 몇 년 안에 모든 사람들이 책을 쓰고 사업을 하고 1인 1잡이 아닌 투 잡, 쓰리 잡을 넘어 멀티 잡을 하고 있을 것이다. 직업이라는 울타리는 깨어진지 오래다. 한군데 머물러 있는 것이 아니라 끊임없이 변화하고 새로운 것을 창출해야 한다. 너무 빠른 속도전에 따라가기 힘들 수 있다. 굳이 따라가려고 하지 않아도 된다. 자신만의 페이스를 유지하면서 목표를 향해 전진하면 된다. 정보화시대와 지식시대인 지금 1인 기업은 불가피하다. 그 때를 대비해서 지금 준비해야 한다.

엄청난 무언가를 만들어내고 개발해야 하는 것이 아닌 아주 사소한 일상이 사업이 되기도 한다. 한국 문화로 익대수입을 올리는 외국인 유튜버Youtuber가 있다.

7년 전 한국에 온 캐나다인 영어교사 부부 사이먼과 마티나는 30대 동갑내기 부부다. 그리고 고향에 있는 부모님을 안심시키기 위해 한국 생활을 동영상으로 촬영해 유튜브에 올린 것을 계기로 엄청난 인기를 누리고 있다. 유튜브 채널 구독자 수는 100만 명이 넘고 동영상 누적조회수도 2억 건이 넘는다.

'잇 유어 김치 닷컴'이라는 개인 사이트에도 월 평균 방문객 수가 500만 명에 이른다. 처음에 한국의 음식과 생활을 올리며 사소한 일상 블로깅을 하다가 지금은 한국어, 한국교육제도, 케이팝까지 확대해서 업로드하고 있다. 낮에는 강사, 밤에는 비디오를 찍다가 지금은 전업 블로거로 활동하며 한국문화 콘텐츠를 끊임없이 개발하고 있다.

그들의 한국 이야기는 재미와 감동이 있다. 김치찌개를 먹는 모습, 버스 타는 모습, 홍어에 도전하는 모습, 식당 테이블의 벨, 세탁기 사용법등 소소한 일상들은 굉장히 흥미진진하다. 그러다보니 그들의 인기는 상상을 초월한다. 매일 전세계에서 팬들의 사랑이 담긴 선물이 온다.

그들은 팬들의 후원금으로 서울 홍대 인근에 스튜디오도 냈다. 직원도 채용해서 전업 유튜버, 전업 블로거에서 진짜 사업을 하고 있다.

일상의 기록이
사업 아이템

그 누가 한국의 생활이 돈이 될 것이라고 생각할 수 있었겠는가? 그것도 한국 사람이 아닌 외국인의 눈으로 바라본 한국인의 생활이 이렇게 인기를 끌게 될 줄은 몰랐을 것이다. 그저 내 생활을 부모님께 보여드리고 싶은 마음에 올린 영상이 사람들의 마음을 흔든 것이다. 지금 내가 스쳐지나가는 많은 일상들이 다른 사람들에겐 큰 희망이 되고 살아가는 용기를 얻게 해줄지도 모르는 일이다. 오늘 내가 한 일들을 기록해보자. 일기처럼 하나둘 써 내려 가다보면 그 속에서 큰 아이디어를 얻게 될 수 있을 것이다.

인터넷 임대형 솔루션 제공업체인 메이크샵과 해외직구 배송대행 업체인 몰테일로 유명한 '코리아센터닷컴'을 아는가? 아마 '코리아센터닷컴'보다는 메이크샵이나 몰테일이라는 해외직구 배송회사로 아는 사람들이 많을 것이다. 그만큼 회사

이름은 알려지지 않은, 그러나 굉장히 획기적인 사업을 하고 있는 코리아센터닷컴은 대표 김기록의 소망대로 전 세계로 뻗어나가고 있다. 『히든챔피언』이라는 책을 통해 스토리를 새미나게 풀어나가 친근감과 신뢰도 주고 있다. 이렇게 되기까지는 굉장히 많은 노력이 필요했지만 시작은 아주 사소한 일상에서 일어났다.

김기록 대표는 대학졸업을 하고 카드사에 취업했다. 원래부터 취업에 관심이 없었던 그는 6개월만 일하고 그만둘 생각으로 입사했다. 6개월만 하겠다는 마음으로 들어간 회사에서 선배에게 보증을 서면서 사기를 당하게 되고 그 돈을 갚기 위해 3년을 일했다. 안 그래도 하기 싫은 일이라 PC방에서 게임을 하며 시간을 보내던 그는 새로운 사실을 알게 됐다. PC방 주인보다 컴퓨터를 손쉽게 관리할 수 있는 프로그램을 만드는 사람들이 돈을 더 많이 번다는 사실을 말이다.

PC방 체인점과 점주에게 납품하고 프로그램을 유지보수만 하면서 집에서 내 시간의 자유를 갖고, PC방이 망해도 자기와는 상관없는 구조를 본 그는 "이거다!"라고 소리쳤다. 사소한 일상 속에서 찾은 새로운 아이템을 그는 우연으로 치부하고 넘기지 않았다. 바로 카드사를 그만두고 개발자 동생과 함께 향수 쇼핑몰부터 시작했다. 처음에 두 명으로 조촐하게 시작했던 그들은 작은 쇼핑몰에서 지금은 일본과 중국, 미국까지 진출한 큰 기업으로 성장했다.

우연히 목욕을 하다가 목욕탕에서 넘치는 물을 보고 순금인지 아닌지를 구분할 수 있게 된 아르키메데스의 유레카 일화도 사소한 일상에서 발견한 일이다. 우리가 커피나 음료를 마실 때 사용하는 끝이 휘어지는 주름 빨대는 몸이 아파서 누워 있는 아들의 간병을 하던 어머니가 '어떻게 하면 누워서 빨대로 마실 수 있을까'를 생각하다가 일상 속에서 탄생했다.

어느 날 한 주부가 우연히 어린 딸이 성인 종이 인형을 가지고 노는 것을 보았다. 딸은 아기 인형에는 관심이 없었고 성인 종이 인형에 옷을 갈아입히면서 친구들과 상황을 재현하고 스토리를 만들고 있었다.

지금이야 플라스틱 인형이며 종이인형이 많이 있지만 당시에는 아기 인형만 있었고, 성인 인형이라는 것은 상상도 할 수 없었다. 그녀는 딸이 노는 것을 보고 여자아이들이 이런 인형 놀이로 미래의 자신의 모습을 투영한다는 사실을 깨달았다.

그녀는 종이인형 말고 실제로 만지고 옷을 입힐 수 있는 플라스틱 인형을 만들어서 여자 아이들의 역할놀이를 할 수 있게 해주고 싶었다. 자신의 생각을 남편에게 얘기하자, 남편은 그녀를 비웃었다. 아기 인형이 아닌 성인 인형이라니? 말도 안 된다고 생각했다. 남편이 이러니 주변 사람들의 반응은 더더욱 싸늘할 수밖에 없었다.

그러나 그녀는 포기하지 않았고 딸 바바라의 이름을 딴 '바비 인형'을 만들어 냈다. 그녀가 바로 바비 인형의 창시자 루스 핸들러Ruth Handler다. 바비 인형은 순수한 아이가 아닌 에쁘고 섹시한 얼굴을 가진 성인 인형이다. 간호사, 파일럿, 우주비행사, 수의사 등 80개 이상 직업군의 옷을 입은 바비 인형이 출시됐다. 바비 인형은 연간 15어 달러를 넘는 매출을 올렸고 세계 150국 이상의 나라에서 판매되고 있다. 바비 인형의 가치는 미키마우스나 코카콜라보다 앞선다.

한 주부가 일상에서 관점을 전환해 탄생한 바비 인형 덕분에 많은 여자 아이들이 상상의 나래를 펼칠 수 있다. 아주 사소한 것도 관점만 바꾸면 비범해진다.

관점을
바꿔라

대학교 입학 뒤 성적이 가장 잘 나왔던 순간 여행을 결심하고 350만원으로 141일간 해외여행을 떠난 22살 당찬 청춘이 있다. 『악당은 아니지만 지구정복』『우리는 지구별 어디쯤』두 권의 책을 펴 낸 안시내 씨다. 그녀는 여행을 가기 위해 아침 8시부터 오후 5시까지 은행에서 일하고 오후 5시 30분부터 밤 11시까지 카페에서 일하고 주말에는 베이비시터를 하며 열심히 돈을 모았다. 그렇게 모은 돈 350

만원으로 무작정 떠난 여행.

집에서 걱정할까봐 여행 중의 소소한 일상들을 페이스북에 올리기 시작했는데 그게 지금의 그녀를 만들었다. 370만 명이 넘는 사람들이 그녀의 이야기를 보고 듣고 느끼며 울기도 하고 때론 웃고 박수를 치며 응원했다. 그녀는 자신의 글을 읽고 용기를 내고 떠나는 수 백 명의 사람들에게 감사의 인사를 받을 대마다 가슴이 벅차오른다고 한다.

그녀는 350만원으로 버티기 위해 잠들기 전 저가항공사 사이트에 접속해서 확인하고 현지인이 무료로 숙박을 제공하는 카우치서핑 사이트를 이용하며 정보를 모았다. 그곳에서 홀로 마주하는 모든 순간순간들을 SNS에 올려 소통했기 때문에 그녀의 스토리를 알릴 수 있었다.

책 출간 이후 여기저기서 강연 문의가 쇄도해 굉장히 바쁜 나날을 보내던 그녀는 많은 사람들의 관심에 보답하기 위해 '작은 거인의 아프리카 종단 프로젝트'를 시행했다. 약 두 달간 진행된 이 프로젝트는 크라우드 펀딩Crowd Funding을 이용했다. 크라우드 펀딩은 소규모 후원이나 투자등의 목적으로 플랫폼을 통해 다수의 개인들로부터 자금을 모으는 행위를 말한다. 많은 사람들의 후원을 받고 후원자 얼굴을 그림으로 그리거나 강연을 하는 등의 공약을 걸고 진행한 것이다. 많은 사람들의 관심과 사랑을 받으며 후원금으로 여행을 다녀와서 책을 썼고 그 책의 인세는 모두 기부했다. 앞으로도 글을 쓰는 여행가가 되고 싶다는 그녀는 일상 속에서 즐거움을 찾았다.

많은 사람들이 한해에 최소 한번은 여행을 떠난다. 그것이 해외는 국내든 여행을 떠나지 않는 사람은 거의 없을 것이다. 이때 여행에서 경험한 소소한 일상을 SNS에서 공유해보자.

맛 집을 찾았다면 '맛 집 여행기'라는 제목으로 올려보는 것이다. 당신이 점을 찍어가며 다닌 곳을 그대로 따라다니며 점을 찍는 사람들이 생길 것이다. 시작은 그렇게 하는 것이다.

자신의 경험을 팔아 1인 창업의 길로 뛰어든 사람이 있다. 책을 쓴 것도 아니고 특출하게 잘난 것도 없는 한 청년 K씨. 그는 세계일주를 떠나고 싶었지만 돈이 없어서 고민하다가 호주에서 일하면 많이 벌 수 있다는 말을 듣고 현금 200만원과 백팩만 챙기고 무작정 비행기에 몸을 실었다. 어학원을 끼고 간 것이 아니라 혼자 무작정 간 데다가 현금이 단돈 200만원뿐이라 절실했던 그는 호주에 도착하자마자 이력서 50장을 뽑아 보이는 모든 가게에 들어가서 "일자리 필요 없나요?"라고 물었다. 다음날도, 또 그 다음날도 50장을 뽑아 들고 무작정 들어가서 이력서를 돌렸다. 갔던 곳을 또 가기도 하고 심지어 하루에 한 군데 3번을 가기도 했다. 비가 오는 날은 비 맞은 모습을 보면 절실해 보여서 혹시나 뽑아주진 않을까 싶어서 일부러 비를 맞으며 갔다. 그 절실함이 빛을 발한 것일까?

처음으로 식당 설거지 일을 하게 되었다. 낮에는 설거지를 하고 밤에는 공장 일을 하다가 시급이 더 높은 하우스키핑을 구하게 되어 밤 12시~아침 8시까지 공장에서 일하고 아침 8시 반~오후 2시까지는 하우스키핑 일을 했다. 그렇게 일을 하니 일주일에 200만원을 받았고 한 달에 800만원이라는 돈을 벌게 됐다.

그렇게 번 돈으로 여행을 하다가 돌아온 그는 블로그에 자신의 경험담을 올렸고 많은 사람들의 관심과 질문을 받았다. 처음에는 한명, 한명 정성들여 상담해주다가 나중에는 너무 많은 문의글로 정신이 없어 호주워킹 홀리데이 카페를 만들었다. 그곳에서 정보를 제공하고 그의 경험이 담긴 강의도 만들었다. '별것 아닌 일상의 경험일 뿐인데 과연 이걸로 강의를 하면 사람들이 올까?'하고 반신반의 했던 그는 모집하자마자 많은 사람들이 와서 놀랐다. 첫 강의는 처음이라 너무 긴장했지만 두 번, 세 번 하면 할수록 강의 평도 좋아졌다. 한 달에 두 번, 2시간씩 총 4시간을 강의하고 100만원의 수익을 올렸다. 그렇게 자신의 경험담을 들려줌으로서 돈을 벌게 된 것이다. 그는 바로 사업자등록증도 내고 본격적으로 강의를 시작했다. 지금은 강의는 하지 않고 1인 창업 아이템이나 마케팅 관련 강의나 스터디를 진행하고 있지만 자신의 경험을 토대로 시작한 강의가 밑거름이 된 것이다.

책을 쓰거나 매스컴을 탄 것도 아니지만 블로그에 꾸준히 글을 올려 소통하고 카페를 만들어 자신의 경험과 정보를 공유하면서 자신의 팬을 만들 수 있다. 사람들이 무엇을 듣고 싶어 하는지, 무엇을 알고 싶어 하는지만 알면 이야기를 들려주는 것만으로도 사업 아이템이 될 수 있다. 누가 만들어 놓은 강의가 아니라 자체적으로 강의를 기획하고 만들어서 '행동' 해야 한다.

지금 열심히 쌓고 있는 스펙을 스펙으로만 머물러 있게 하지마라. 스펙은 경쟁의 산물이다. 스토리는 퍼스널 브랜딩의 필수 요소다. 스토리는 강력한 에너지를 갖는다. 이 에너지를 바탕으로 한 창업만이 성공할 수 있다.

<u>지금 경험하는 아주 사소한 일상이 곧 경험이고 퍼스널 브랜딩으로 나아가는 첫 걸음이 된다.</u> 내가 경험하는 일상에 스토리를 입히자. 나를 브랜딩해서 '나 주식회사'인 1인 창업으로 발돋움하자. 사소한 일상이 곧 사업이 된다.

그들은
어떻게
성공했을까

"불행하게 살기에는 인생이 너무 짧다."

_ 리처드 브랜슨

CHAPTER 1

취미를 돈으로
바꾼 사람들

내가 좋아하고 취미로 하는 일이 돈이 된다면? 상상만 해도 즐겁다. 요리와 독서, 음악 감상, 피아노 연주, 집안 청소가 수익성 높은 사업으로 연결이 될 수 있다.

월급을 아끼기 위해 옷 만들기를 시작한 사람이 있다. 그녀는 취미생활을 위해서 장비를 구입하고 학원을 등록하며 돈을 쓰는 다른 사람들과는 달리 취미생활을 마음껏 하면서 돈을 벌고 싶었다. 옷 만드는 데 아무 지식도 없었던 그녀는 일단 무모하지만 집에 가지고 있는 옷들을 닥치는 대로 분해했다. 옷을 분해하면서 하나하나 구조를 파악하고 잡지와 책을 보며 지식을 쌓았다. 학원을 다니면서 배웠다면 좀 더 빠르게 배울 수 있었을 텐데 그녀는 그런 사치를 부릴 틈이 없었다. 오로지 직접 부딪히면서 배울 수밖에 없었다. 수많은 옷들을 분해하고 직접 만들어 보면서 실력을 쌓은 그녀는 자신이 만든 옷을 입고 다닌다. 그녀가 입고 있는 옷이 소문이 나서 문의를 하는 지인들에게 선물을 주기도 하고 팔기도 한다. 지금은 홈패션까지 영역을 넓혀 활동하고 있다. 아나운서와 패션일 두 가지를 하는 그녀는 바로『여자의 습관』의 저자 정은길 아나운서다. 아나운서이기 때문에 협찬도 많이 들어오고 예쁜 옷을 입고 싶은 욕심이 있을 텐데 그녀는 자신의 취미를 살려 직접 만들어 입었다. 적게 벌어도 잘사는 비법을 설파하는 그녀는 취미를 잘 살렸다.

나의 멘토 원장님은 치과의사이자 패션디자이너다. 자신이 직접 옷을 재단해서 만들어 입는 것뿐만 아니라 친구의 유명 브랜드 옷가게에 만든 옷을 판매한다. 수작업으로 만들기 때문에 한정된 옷이라 매장에 진열하면 금방 판매될 정도로 큰 인기를 누렸다. 치과가 본업이면서 취미로 만든 옷이 용돈벌이로는 꽤 도움이 됐다. 원장님은 옷 만드는 방법을 제대로 배운 적이 없다. 하지만 패션에 관심이 많아 잡지나 책을 보며 지식을 쌓아왔다. 그리고 이제는 치과의사는 그만두고 본격적으로 디자인을 배우고 있다. 조만간 유명한 패션디자이너로 우뚝 설 것이라는 기대를 안고 있다.

어릴 때부터 만화가가 꿈이었던 A씨는 회사를 다니면서도 꾸준히 그림을 그렸다. 주변 친구를 관찰해서 그 특성을 살린 캐리커처를 그리는 것이 취미였다. 그는 자신의 명함도 캐리커처로 만들었다. 회사 거래처에 인사를 갈 때도 명함을 사용했더니 사람들이 관심을 갖기 시작했다. 그에게 캐리커처를 부탁하고 소정의 그림 값을 주기도 했다. 취미로 해오던 일이 '돈이 될 수도 있겠다'는 생각에 한 사이트에 홍보를 하기 시작했고 지금은 퍼스널브랜딩을 하려는 사람들의 캐리커처를 그려준다. 의뢰인들의 요청을 받아 로고로 활용할 수 있게 이미지 파일과 명함, 액자를 함께 제공한다. 이미지 파일로 머그컵이나 티슈, 펜 등 각종 홍보 도구에 새겨 사용하고 블로그나 카페에 대문 이미지로 활용할 수 있게 도와준다. 처음에는 5,000원으로 시작해서 지금은 35만원이라는 금액을 받는데도 꾸준히 주문이 들어온다고 한다. 그는 회사를 그만두고 본격적으로 팝 아티스트 작가의 길을 가고 있다.

관심 분야가
사업 아이템

자신의 취미를 살려서 하는 일의 분야가 다양해지면서 재능을 판매하는 플랫폼 사이트가 많이 생겼다. 그 곳에는 번역, 사업계획서 등의 문서 작성 컨설팅, 연애

상담, 컴퓨터 수리, 블로그 최적화하기, 로고디자인, 엑셀로 데이터관리, PPT 파일 제작 등 바쁜 사람들이 스스로 하지 못하는 일들을 돈을 받고 대신해준다. 저렴한 비용으로 빠르게 해결이 되니 많은 사람들이 이곳을 찾는다.

나도 이곳에서 블로그 제작을 맡겼다. 포토샵으로 꾸미는 건 영 젬병인 내가 블로그를 꾸미려고 노력했으나 시간만 낭비하고 생각처럼 되지 않았다. 그래서 블로그 제작 업체를 찾다가 플랫폼 사이트를 찾았는데 이곳에서 저렴한 비용으로 정말 마음에 드는 블로그를 만들었다. 추후에 책을 내면 위젯도 달아주고 수정 요청도 횟수 제한 없이 들어준다. 이곳에서 그들은 자신의 취미생활을 활용한 재능을 팔고 경험을 쌓으며 자신의 사업을 할 준비를 한다.

지금 준비하고 있는 일이 돈이 되는지 궁금하다면 일단 재능을 판매하는 사이트에 올려보기를 권한다. 그곳에서 저렴한 비용으로 경험을 쌓고 실력을 키운 뒤 내 사업을 하자. 아마추어일 때 실수를 많이 해야 배운다. 지금의 실패와 실수를 무서워하면 전문가가 되었을 때 조금의 실수도 고객들은 용납하지 않는다. 부딪히고 깨지면서 나의 장점과 단점을 파악하자. 그리고 그것을 내 사업에 활용하자.

디자인 팬시용품 쇼핑몰을 준비 중인 9년차 디자이너는 고객들의 니즈를 파악하기 위해 명함 디자인을 저렴한 비용으로 제공하고 있다. 고객을 확장하고, 그들의 니즈도 파악할 수 있기 때문에 팬시용품 쇼핑몰을 운영할 때 큰 도움이 된다고 한다. 그녀처럼 내 고객의 니즈를 파악하기 위한 소통의 창으로 활용해보자. 미리 준비를 하고 창업해야 실패하지 않는다.

여행사에서 일하는 김 차장은 나무로 소품을 만드는 것이 취미다. 멋진 2층 전원주택을 짓고 사는 것이 꿈인 그는 나무 건축에 관심이 많아서 목공예 동호회를 만들었다. 은행나무로 도마를 만들어 아내와 친척들에게 선물하고 편백나무 냄비 받침을 만들었다. 아내가 좋아하는 서재를 직접 만들어서 꾸며주기도 했다. 하나하나 직접 손으로 만들다보니 재미있어서 좀 더 깊이 있는 실력을 쌓기 위해 나무공부도 열심히 한다. 좋은 목공작품들을 촬영해서 스크랩하고 동호회에서 작품을 만들어 품평회도 연다. 처음에는 취미생활로 시작했던 그는 목공예를 좀 더 알리고 싶었다.

"목공예를 대중에게 알리고 목공을 하면서 내 일을 할 수는 없을까?"

고민을 하던 그는 목공일과 여행사를 연결시키는 아이디어를 떠올렸다. 미니솟대나 팽이를 만들어 농촌체험에 활용하고 외국인을 대상으로 '한국 목공예 체험'을 결합했다. 직접 만든 나무 공예품을 면세쇼핑센터에 납품하면서 외국인들의 관광코스가 됐다. 그저 목공예가 좋아서 취미로만 즐기던 동호회가 회사의 가장 큰 사업체가 됐다. 김 차장처럼 회사와 연관된 취미생활이라면 회사와 함께 성장 할 수 있는 프로그램을 개발할 수 있다. 지금하고 있는 취미생활을 회사와 연결해 보자. 더욱 크게 성장할 수 있을 것이다.

취미를 돈으로
바꿔라

직장인이라면 더욱 취미를 가져야 한다. 취업포털 잡코리아가 최근 직장인 891명을 대상으로 '직장인 취미생활'에 대한 설문조사를 한 결과 41.3%는 '취미가 없다'고 했다. 취미가 없는 직장인들은 대부분 여가시간에 'TV시청'이 20.4%로 가장 많았고 '친구, 지인을 만난다.'19.0%, '주중에 밀린 살림, 육아 등의 집안일'18.5%의 순이었다. '별달리 하는 일 없이 정신 차려 보면 다시 평일'이라는 응답도 13.3%나 됐다. 취미가 없으면 집에서 빈둥거리며 시간 보내는 경우가 훨씬 많은 셈이다. 반면 취미가 있는 사람은 자신감과 성취동기가 높고 도전과 변화를 즐기는 성향이 강하다. 그만큼 취미생활은 우리에게 활력을 준다.

이제 당신의 취미를 돈으로 바꿀 시간이다. 취미를 그저 시간 때우기 식이 아닌 진정한 사업처럼 취급하라. 당신이 쿠키를 만드는 취미가 있다고 하자. 가족이나 친구들에게 쿠키 실력을 칭찬받고, 그들에게 쿠키를 예쁘게 포장해서 선물로 준 적도 있다면? 어떻게 하면 저렴한 가격으로 몸에 좋은 천연 재료로 만들어서 '보기에도 맛깔스럽게 포장하고 홍보할 수 있을까?'를 생각해보자.

지금 회사를 다니고 있다면 일단 부업으로 시작해 보는 것이다. 내 사업의 이름을 정하고 어떻게 판매할 것인지를 생각해보자. 재택 사업으로 할 경우 승인을 위해 필요한 서류 등을 세무서에 확인하고 등록하자. 내가 지은 멋진 이름으로 블로그나 카카오스토리에 하루에 2~3번씩 꾸준히 재료 준비부터 만드는 방법을 세세하게 사진을 찍어 올린다면 입소문을 타고 빠르게 전파될 것이다. 진정성 있는 콘텐츠와 신선한 재료, 즐기는 나의 마음만 있다면 충분하다.

잘 만든 취미는 열 직장 부럽지 않다. 취미가 돈이 되는 사업 시스템을 만들어 수입을 다각화하라!

CHAPTER 2

잘 나가는 강사
독하게 벤치마킹하라

1인 기업 열풍 속에서 돋보이는 분야는 강사다. 강사는 누구나 콘텐츠만 있으면 쉽게 될 수 있고 자격증이 필요한 것도 아니기 때문에 접근성이 좋다. 현업에 종사하면서 강사로 활동할 수도 있어 전문 분야의 지식과 노하우가 있다면 스타 강사를 노려볼 수도 있다.

강사의 가장 큰 메리트는 '투잡'이 가능하다는 것이다. 회사를 다니면서 얼마든지 할 수 있는 일이 바로 강사다. 자본금 없이 시작하기 때문에 실패한다고 해도 잃을 것이라고는 내가 투자한 시간뿐이다. 나이와 관련 없이 전문적인 분야가 있거나 경험만으로도 될 수 있기 때문에 현재 많은 사람들이 강사의 길로 뛰어들고 있다. 높은 '몸 값'을 자랑하는 강사들에게는 3가지의 공통점이 있다.

첫째, 잘나가는 강사는 명확한 사명과 비전이 있다. 어떤 강사가 될 것인지 목표를 설정해야 나만의 강의스타일이 만들어진다.

21세기 성공계발연구원 최인주 원장은 동기부여와 마인드 관리법을 강연하는 억대 연봉 강사다. 그런 그녀의 과거는 아픔으로 점철돼 있다. 그녀는 하반신을 전혀 사용하지 못하는 1급 장애인 남편과 결혼하고 가난한 살림에 비닐하우스에서 생활했다. 갓난아기를 낳고 비닐하우스에서 산후조리를 하던 어느 날 갑작스런 폭우로 인한 홍수로 하루아침에 집을 잃어버리고 말았다. 그때부터 교회종탑 밑에서 담요를 깔고 잠을 자는 노숙자 신세로 전락했다. 구두닦이를 하면서 입에 풀칠을 하고 겨우 작은 집을 구해서 나온 그녀는 식당일을 하다가 보험설계사가 됐다. 우연히 보험설계사 신입사원 교육을 하게 됐고, 그 강연을 계기로 강사로 본격적인 활동을 시작했다. 1년에 240~250회 강연을 하며 지금까지 10년 넘게 강의를 하고 있다. 부끄럽지 않은 강사가 되는 것이 꿈이라는 그녀는 '사람 냄새나는 강사'가 되는 것을 목표로 소외된 분들에게 희망과 용기를 북돋워주는 강연을 하고 있다.

살아온 삶이 소명이 돼 흔들림 없는 자세로 강연을 해왔기 때문에 지금의 그녀가 있는 것이 아닐까? 자신의 소명을 생각하고 선언해보자. 기준이 있어야 외부의 어떤 자극에도 나만의 강의 스타일을 유지할 수 있다.

콘텐츠가
힘이다

둘째, 잘나가는 강사는 독창적이고 특별한 콘텐츠가 있다. '나는 평범하고 아무것도 할 줄 몰라서' 강의할 만한 콘텐츠가 없다고? 천만에 말씀이다. 누구에게나 잘하는 것 한 가지는 있고 회사 생활 몇 십 년 동안 배운 거 하나쯤은 있다. 다 떠나서 지금부터라도 노력하고 개발하면 찾을 수 있다.

게임화 기법을 활용해서 기존의 딱딱하고 지루한 강의 형식을 완전히 파괴한 전재현 소장은 12년 동안 회사에서 교육기획과 영업, 진행업무를 담당하는 평범한 직장인이었다. 문득 강의장 뒤편에 서서 강사소개를 하다가 '언제까지 강사 소개만 할 것인가?', '내가 강사가 되면 안 되는 것인가?'라는 의문을 품게 되었고 그때부터 강사가 되기 위한 준비를 하기 시작했다. 그동안은 별 생각 없이 강사를 소개하고 강의 진행을 도왔다면 그때부터 4년동안은 강사들의 강연 내용을 듣고 메모하고 연습하고 자신만의 것으로 만들기 위해 노력했다. 1주 1

독을 하면서 독서를 통해 배움을 게을리 하지 않았다.

그렇게 4년째 되던 날 당당하게 회사를 박차고 나와 강사로 1인 창업했다. 경쟁의 치열한 강사시장에서 살아남기 위해 그는 교육게임 콘텐츠를 활용해 전략적 사고력 개발, 합리적 의사결정, 소통협력, 창의적 사고 등의 메시지를 전달하는 콘텐츠를 개발했다. 현재 35개의 교육게임 콘텐츠를 개발헸고 계속해서 새로운 게임을 개발 중이다. 그는 다른 강사들이 하는 일반적인 과정을 거치지 않았고 보드게임, 전략게임, 게임이론을 공부하면서 독창적인 길을 걸었다. 어느 정도 인지도를 쌓은 그는 '교육게임을 통한 문제해결력, 지두력 강사양성 과정'을 시작했고 매달 진행해 벌써 23기까지 진행했으며 현재 진행 중이다.

그는 블로그에 강의 하는 모습을 모두 사진에 담고 어떻게 강의를 하고 있는지 아주 상세하게 풀어써서 블로그 글만 봐도 따라할 수 있을 정도다. 강사양성과정에서는 자신이 만든 강의 PPT과 콘텐츠를 모두 다 퍼주면서 자신이 개발한 게임을 잘 활용할 수 있도록 돕는다. 어떻게 자신이 몇 년 동안 힘들게 개발하고 만든 모든 것들을 아낌없이 줄 수 있을까? 이에 전소장은 "저는 계속 개발하면 되니까 괜찮습니다. 오히려 공짜로 주면서 저를 알리고 저를 만나고 싶어 하는 사람들이 늘어나서 행복합니다"라고 말한다.

직장을 그만두고 1인 창업을 시작한지 이제 4년째. 그는 직장 다닐 때 월급의 230%의 수익을 얻고 있다. 한 달에 15회 정도의 강의를 하면서 나머지는 가족과 즐거운 시간을 보내면서도 억대 수입을 올리는 그는 오늘도 교육게임 개발 삼매경이다. 오늘의 그의 성공은 교육게임에 대한 열정과 끊임없는 노력이 아닐까?

『달콤살벌한 연애상담소』의 저자이자 '좋은 연애 연구소' 김지윤 소장은 수많은 연애 경험을 바탕으로 강의를 하는 것이 아니다. 그녀는 20대 내내 제대로 된 연애 한번 해보지 못하다가 9년 만에 처음 남자를 만났고 그가 지금의 남편이 됐다. 그러니까 연애라고는 딱 1번 해본 초짜인 것이다. 그러나 그녀는 강의 초짜가 아니다. 그녀의 강의는 남자들에게 자존심을 세우고 꽁꽁 숨겨두었던 내면의 상처들을 훌훌 털어버리는 게 특징이다. 그리고 강의를 하면서 들은 수많은 솔로들의 사연과 자신의 경험담을 토대로 '독특하고 건강한 연애'를 위한 '좋은 연애' 콘텐츠를 개발했다. 그녀의 강의는 방방 뛰거나 신나지 않는다. 차분한 목소리로 진정성 있는 연애 이야기를 전달하며 청중들과 교감한다.

강의를 하기 위해서 완벽한 전문가가 될 필요는 없다. 남들과 다른 특별한 이력이 오히려 강점이 되기도 한다. 연애 한번 못해본 김지윤 소장의 연애 이야기처럼 당신도 '○○ 한번 못해본 00 이야기'를 만들 수 있다. 일단 시작 하라! 기회는 꼬리에 꼬리를 물고 계속 찾아오게 될 것이다. 그렇게 여러 강의를 하다보면 나만의 무기인 강의 콘텐츠가 만들어진다.

셋째, 잘나가는 강사는 철저한 준비와 연습을 통해 자신만의 콘텐츠로 무장한다.

쌍용그룹 홍보팀 차장에서 돌연 성공학 강사로 돌아온 이내화 씨는 LSALee' Success Academy를 1인 창업 하고 1년에 350회의 강의를 하고 있다. 처음부터 그는 억대 연봉의 강사가 아니었다. 그러나 성공학 강의를 하면서 다른 사람들을 성공으로 갈 수 있도록 도와주다보니 자신도 억대연봉의 강사가 됐다.

쌍용그룹 홍보팀 차장으로 있을 때에도 리더십에 관한 사내 강의를 했던 그는 사보와 신문에 성공학 관련 원고를 투고하면서 칼럼리스트로도 활동했다. 또한 방송출연도 하면서 자신이 강사 체질이라는 것을 알았다. 그렇게 활발하게 활동하던 어느 날 갑자기 회사가 어려워지면서 홍보팀 부서가 없어지게 됐다. 중앙연수원으로 발령이 나면서 그는 '기회는 이때다!'라고 생각했고 회사에 다니는 동안 준비했던 자신의 비장의 무기를 꺼냈다.

퇴직하고 그는 본격적인 강사의 길을 걸어가게 됐다. 그는 강사로 멈추지 않고『주말 104일의 혁명』『지금 하는 일에 미쳐라』『생존을 가장 잘하는 직장인 되기』등 여러 권의 책을 펴냈다. 여전히 활발하게 강의를 하는 그는 회사에서 사내강사의 기회를 놓치지 않았고 계속적으로 노력했기 때문에 현재의 성과를 이룰 수 있었다.

기회를
놓치지 마라

강사가 되기 위해서는 수많은 연습과 노력이 필요하다. 전문적인 분야를 가르치는 것이라면 그 분야를 파고들고 강의를 하는 중간 중간 좋은 세미나가 있으면 언제든지 듣고 내 것으로 만들어야 한다. 강사들 중에 강의자료 하나 만들어 놓고 몇 년 동안 우려먹는 경우도 있는데, 그렇게 하면 수강생들이 먼저 안다. 새롭게 변화되는 시대의 흐름을 역행하려고 하면 수강생들의 떠나는 뒷모습만 보게 될 것이다.

같은 강의라도 상대에 따라 내용은 달라져야 한다. 매번 강의 내용을 수정하고 새로운 정보가 있으면 넣고 계속 가꾸어 나가야 한다. 실제로 내가 한 아카데미에서 치과건강보험 강의를 맡게 됐을 때, '이전 강사는 똑같은 강의 자료를 가지고 강의한다'며 투덜대는 것을 들었다. 특히 치과건강보험은 1년에도 몇 번 씩 바뀌는데 옛날 지식을 가르치고 자신의 경험에만 의존해서 '맞다' '틀리다'를 말하면 안 된다. 건강보험공단과 건강보험심사평가원, 보건복지부를 매번 들락거리면서 바뀐 법이 없나 살펴보고 병원전문신문도 종류별로 읽어보고 흐름을 놓치지 말아야 한다. 결국 임신으로 인해 나가게 된 이전 강사 자리를 내가 대신하게 됐다. 기회는 준비하는 자에게 오는 법이다.

성공학 강의나 자기계발 분야 강연이라면 트렌드를 먼저 읽어야 한다. 매일 아침 신문을 읽고 뉴스나 새로운 기사에 관심을 가져야 한다. 남들보다 먼저 발 빠르게 트렌드를 읽어야 그들에게 무언가를 알려줄 수 있다. 그렇게 완벽하게 준비한 강의안은 직접 입으로 내뱉으면서 연습을 해야 한다.

처음 하는 강의라면 한 달 전부터 준비해서 매일 2시간씩 가족들 앞에서 연습해보자. 실제로 누군가 앞에서 연습하는 것과 혼자서 연습하는 것은 다르다. 처음에는 청중과 호흡하지 못하고 자기가 해야 할 말에 집중하느라 천장만 바라보며 혼자서 말을 쏟아내 버릴 수도 있다. 당황하지 말고 그렇게 배워나가는 것이라고 생각하자. 한두 번 해보면 감이 잡힐 것이다. 다음에 말할 것이 생각나지 않으면 앞에 사람에게 질문을 던져보는 것도 좋다. 답변을 들으면서 다음에 할 말을 생각할 시간을 벌 수 있다.

이 3가지를 기억하고 강사의 길을 차근차근 준비하자. 일단 초보강사는 강의료에 연연하지 말아야 한다. 나는 무료로 약

1년을 강의했다. 그렇게 수많은 무대 위에 서면서 무대 공포증을 극복했고 자연스럽게 청중과 소통하는 강사가 될 수 있었다.

강의할 무대는 찾아보면 많이 있다. 강사과정을 수료했다면 해당 아카데미에서 연결을 해주고, CS Customer Satisfaction 강사라면 기업체나 백화점의 문화센터에 직접 메일로 제안서를 보내면서 문을 두드려야 한다. 정말 찾을 수 없다면 내가 강의 홍보시안을 만들어서 홍보해보자. 강의하려는 콘텐츠에 맞는 커뮤니티 등에 글을 올리고 그동안 열심히 준비해온 내 블로그에도 올려보자. SNS도 활용해서 내 강의를 적극적으로 알려야 한다. 공짜 점심은 없다. 부단한 노력과 계속적인 기회를 향한 손짓만이 나를 만들 수 있다.

'잘 나가는' 강사들의 공통점 세 가지

● 명확한 사명과 비전이 있다.
● 독창적이고 특별한 콘텐츠가 있다.
● 철저하게 준비하고 연습한다.

CHAPTER 3

SNS · 블로그로 억대 수입을 창출한 사람들

SNS는 사용하지 않는 사람을 찾기 어려울 정도로 우리 일상에 깊이 파고들고 있다. 하루에도 몇 시간씩 이웃과 소통하고 자신의 일상과 경험을 다른 사람들과 공유한다. 맛집을 가거나 멋진 장소에 가면 휴대폰 카메라를 꺼내들고 찍어서 바로 SNS로 올린다.

SNS는 사람들이 몰리는 소통의 창구이고 플랫폼이다. 이렇다 보니 많은 기업이 홍보 수단으로 사용하고 있다. 특히 소소한 일상을 공유하고 소통하는 것이 SNS의 특징인 만큼 개인이나 작은 기업이 활용하면 효과가 좋다. 진정성 · 스토리 · 소통 등 SNS의 특징을 잘 활용한다면 훌륭한 홍보수단이 된다.

블로그로 성공한 사람들의 사례는 심심찮게 볼 수 있다. 운동학과 영양학을 접목한 1:1 PT 헬스에 대한 글을 올려 파워블로그가 된 '수피이야기' '블로그팩토리' 카페를 통한 관련 교육으로 인기몰이를 하고 있는 '쏠킴' 등 평범한 사람이 파워블로거가 돼 일으키는 효과는 엄청나다.

블로그의 성공사례는 다른 곳에 있는 것이 아니다. 내가 일상에서 경험한 것을 정보성 자료로 만들면 된다. 그러면 만들어진 정보를 보기 위해 많은 사람이 블로그를 방문하게 된다.

하지만 블로그의 역효과도 만만치 않다. 몇 년 전 파워블로거 베비로즈에서 이온발생기를 공동구매로 판매한 적이 있다. 파워블로거이기에 많은 사람들이 믿고 샀는데 이온발생기를 사용한 사람들이 매스꺼움을 호소하며 부작용을 보였다. 이때 베비로즈는 제대로 해결해주지 않았고 이 사건은 여론화돼 블로그를 폐쇄하게 됐다. 당연히 질 좋은 정보를 올려주는 곳이라고 생각했기에 의심조차 하지 않고 구입을 했기때문에 사람들의 배신감은 컸다. 이런 파워블로거의 만행들이 심심찮게 들려온다. 물론 제대로 진실하게 운영하는 사람들도 있다. 블로그로 성공을 하더라도 항상 초심을 생각하며 가치전달에 힘써야한다.

정보에 가치를
담아라

PC 시대에서 모바일 시대로 넘어오면서 언제 어디서든 인터넷 연결이 가능해지고 정보나 유익한 콘텐츠를 원하는 사람들의 욕구도 늘어났다. 글로 보는 것보다 사진, 사진보다는 동영상에 대한 가치가 급상승하면서 대표적인 동영상 플랫폼인 유튜브가 1안 콘텐츠 스타트업 시장으로 붐을 일으키고 있다. PC시대에 가능했던 파워블로거도 이제는 힘들게 되면서 블루오션인 유튜브로 옮겨가고 있다. 월 평균 2천만 명이 넘게 이용하는 유튜브. 작은 모바일 폰과 손가락만 있으면 언제든지 손쉽게 영상을 찾아볼 수 있어 편리함과 접근성을 모두 갖추고 있다. 예전에는 유튜브에 동영상을 올리는 '유튜버'라고 불렀다면 이제는 자신이 만든 콘텐츠를 올리는 '유튜브 크리에이터'로 취미를 직업으로 하는 사람들이 늘고 있다. 특히 대도서관 등의 유명 아프리카TV BJ들이 불공정 계약을 문제 삼고 유튜브로 넘어가면서 아프리카TV보다는 유튜브 채널이 더욱 커지고 있다.

크리에이터들의 수익원은 다양하다. 광고수입, 광고영상제작, 별 풍선 등의 청취자의 기부, 라이선싱, MCN 디지털 엔터테인먼트 회사, TV CF, 강연, 책 쓰기 등으로 점차 확대되고 있다. 이 중 광고수입이 가장 큰 부분을 차지하고 있다. 유튜브

영상에는 광고가 붙는데 시청자들이 영상을 볼 때 자연스럽게 노출이 되고 이는 크리에이터들에게 수익배분이 된다. 포브스에서 유튜버 연간수입 1위를 발표했는데 스웨덴 게임방송 진행자인 퓨디파이 이다. 그는 세전 매출이 1천 500만 달러_{약 174억8,000만 원}으로 걸어 다니는 중소기업이다. 처음에는 광고 수익만으로 벌었다면 지금은 공연, 저술, TV출연, 강의 등으로 다양하게 수익을 얻고 있다. 그는 자신이 하는 게임을 중계하고 해설한 모습을 동영상으로 업로드 하는데 모국어가 아닌 영어로 해서 지역별로 팬이 다양하고 재치 있는 입담으로 인기를 얻고 있다. 2위는 사람들에게 짓궂은 장난을 치는 유튜브 영상을 제작해서 올리는 미국 코미디언 로만 애트우드로 800만 달러 약 93억2,000만 원을 벌었다. 장난을 치는 영상으로도 수익을 올릴 수 있는 것이다.

우리나라에서는 누가 가장 많은 광고수익을 올리고 있을까? 게임전문 크리에이터 대도서관, 도티TV, 먹방 크리에이터 벤쯔, 뷰티 크리에이터 씬님, 양띵, 캐리와 장난감 친구들, 장난감 놀이 크리에이터 ToyMonster 등 전문적인 분야부터 취미, 일상 등 모든 것들이 콘텐츠가 될 수 있다. 그 중에서 먹방은 한국에서 시작해서 전 세계로 퍼져 새로운 한류를 만들었다고 한다. 이 중 ToyMonster가 Socialblade 소셜 미디어의 랭킹과 통계치를 조회할 수 있는 사이트 기준으로 2016년 기준으로 약

5억 8,000만 조회 수가 나왔다. ToyMonster는 모든 콘텐츠를 영어로 제작해 전 세계 어린이들에게 열풍인 액체괴물과 색깔을 연계해서 학습 할 수 있게 했다. 영어는 언어장벽이 낮기 때문에 전 세계에서 영상을 볼 확률이 올라가고 그만큼 조회 수가 높아진다. 게다가 어린이용 콘텐츠는 문화적 장벽도 낮아 ToyMonster는 이를 노리고 처음부티 영어로 콘텐츠를 제작한 것이다.

캐리와 장난감 친구들도 2016년에만 약 3억 9,000만 조회 수를 올릴 정도로 어린이를 대상으로 한 유튜브 마케팅이 높은 인기를 끌고 있다. 2세부터 15세까지 TV대신 모바일을 먼저 접하는 환경이 만들어지면서 주변에 유튜브로 영상을 보는 것을 심심찮게 볼 수 있다. TV 리모컨을 장악한 부모의 손을 벗어나 자신만의 모바일 폰으로 자신이 원하는 콘텐츠를 보는 것이다. 좋아하는 것이 있으면 반복해서 보는 아이들의 특성상 다른 콘텐츠에 비해 훨씬 많은 조회 수가 나올 수밖에 없다. 이런 환경적 특성을 활용하여 어린이를 대상으로 한 콘텐츠를 만들어보는 것도 좋다. 항상 창업 아이템을 정할 때는 고객을 분석하고 그들이 무엇을 원하는지, 어떤 것을 가장 많이 소비하는지를 관찰하고 분석해야 한다.

상위 5% 유튜브 크리에이터의 평균 월 수익이 910만원이고 대도서관의 경우 월수입이 5,000만원이 넘는다고 한다. 수입만 보면 당장 뛰어들고 싶겠지만 이들은 아이디어 기획과 콘티, 탈고까지 2~3일, 촬영, 편집 하는데 1~2일이 걸리고 이런 콘텐츠를 일주일에 2~3편 만들어서 올리는 등 엄청난 노력을 통해 얻은 것이다. 게다가 보통 1뷰당 1원으로 보기 때문에 수익을 얻으려면 좋은 콘텐츠를 생산해야 하고 어느 정도 시간이 필요하다. 무엇이든 쉽게 얻는 것은 없다.

처음부터 유튜브 크리에이터를 직업으로 목표를 세워서 하지 말고 처음에는 직장과 병행하면서 해보자. 크리에이터들은 구독자가 10만 명이 넘으면 그때 직장을 그만두고 직업으로 삼으라고 조언한다. 그때까지 내가 관심 있는 분야, 나의 일상을 공유하는 것부터 시작하면서 내 적성에 잘 맞는지 파악하는 게 더 중요하다. 처음부터 바로 수익으로 연결되지 않을 수 있기 때문에 바로 직장을 그만두고 하면 조급해지고 좋은 콘텐츠를 생산하기 힘들어 질 수 있다.

네이버 블로그 '친절한 혜강씨'의 이혜강 씨도 처음에는 회사일과 병행하면서 유튜브를 시작했다. 바로 회사를 그만두기에는 리스크가 컸기 때문이다. 그러다가 수익이 100만원이 됐을 때 회사를 그만두고 본격적으로 유튜브 크리에이터로 전향했다. 회사를 그만두고 집중하자 2개월 만에 월급만큼 벌었다. 수익이 나자 그녀의 남편 국동원씨도 회사를 그만두고 함께 유튜브에 뛰어들었고 블로그에서 운영하던 '친절한 혜강씨'를 동영상으로 제작해 유튜브에 올리고 영유 아와 초등학생을 대상으로 '말이야와 아이들', '말이야와 친구들'을 만들었다.

'말이야와 아이들'에 등장하는 아이들은 혜강씨의 조카들이다. 레몬 먹고 휘파람불기, 키즈 카페 가기, 초고 우유 이름 맞히기, 친구들 눈 가리고 과자 맞추기 등 조카들과 같이 하는 패밀리 버라이어티 식으로 진행하는데 가족끼리 재미있게 놀고 게임하는 모습을 좋게 보는 사람들이 늘면서 엄청난 사랑을 받고 있다.

'친절한 혜강씨'로 콘텐츠를 올렸을 때는 2만뷰였다면 어린이 분야의 콘텐츠를 제작해서 '말이야와 친구들'이란 이름으로 올리니 900만, 10만 뷰씩 나왔다. 전채 채널 조회 수가 월 4,000만뷰 정도가 나오면서 광고수익으로 회사에서 받는 월급보다 5~10배 이상의 수익을 올리고 있다. 무엇보다 내가 좋아하는 일을 하면서 수익까지 창출할 수 있어 행복하다는 혜강 씨와 국동원 씨는『유튜브로 돈벌기』라는 책을 내서 크리에이터를 준비하는 사람들을 위해 유튜브 활용법에 대해 자세하게 담았다.

큰 수익을 원하는 게 아니라면 개인 브랜딩을 위해 유튜브를 활용하는 것도 좋다. 나는 유튜브를 활용해서 온라인스터디를 운영하고 있다. 파워포인트 강의를 반디캠이나 오캠 등으로 화면 자체를 녹화해서 유뷰트에 비공개로 업로드 하고 온라인 스터디를 신청한 사람들에게만 업로드 한 URL을 메일로 보내서 동영상을 볼 수 있게 한다. 이렇게 하면 등록된 이메일 주소의 사람들만 볼 수 있어서 관리하기 편하고 동영상 유출을 막을 수 있다. 대부분의 세미나가 서울에서 진행되다보니 지방에 사는 사람들이나 임신, 육아 등으로 경력 단절된 선생님들은 접근하기가 쉽지 않다. 이런 분들을 위해 온라인 세미나를 만들었고 병원데스크에서 해야 할 일을 프로세스별로 정리한 강의와 건강보험 강의를 들려주고 과제도 내서 피드백을 하는 방식으로 운영했다. 그랬더니 생각보다 반응이 뜨거워서 1기에 10명씩 모집하는데 한 달에 3기까지 모이면서 3달 만에 100명 달성했다. 오프라인 강의는 강의장을 대여하고 인원을 모집하고 직접 가서 강의를 해야 한다면 온라인 강의는 언제든지 모집하고 바로 시작할 수 있다. 또, 한 번 만들어 놓기만 하면 계속 활용할 수 있고 과제 피드백때만 신경을 쓰면 되기 때문에 시간도 절약할 수 있어 효율적이다. 지금은 상담 강의 요청이 많이 들어와서 온라인 상담 강의 콘텐츠를 제작 중이다. 지금까지 병원계에서는 아무도 하지 않았던 온라인 스터디 시장을 먼저 개척했고 앞으로도 꾸준히 개발할 예정이다.

　이렇게 자신의 전문분야를 활용해서 콘텐츠를 제작할 수도 있고 동영상 온라인 강좌로 활용할 수도 있다. 유튜브는 어떻게 활용하느냐에 따라 무궁무진하다.

이제 PC시대는 갔다. 모바일 시대라는 새로운 시대가 왔다. 깨어있는 시간 대부분을 스마트폰을 사용하는 사람들이 늘어나면서 이를 얼마나 활용하느냐에 따라 성공의 키가 정해진다. 나만의 지식, 경험, 노하우가 있다면 이를 콘텐츠화해서 유튜브에 올려보자. 일단 시작하는 것이 중요하다.

다양한 SNS를 활용하라

SNS는 서로 연결돼 있기 때문에 순식간에 10만, 20만 조회 수를 올릴 수 있다. SNS는 한가지에만 집중해서는 안 된다. 모든 SNS를 활용하되 내가 말하고자 하는 콘셉트를 유지하는 게 중요하다. 어떤 경로로 들어올지 알 수 없기 때문에 몇 가지 SNS는 활용하는 것이 좋다. 그렇다고 너무 많은 SNS에 시간을 낭비해서도 안 된다.

SNS는 소통이 가장 중요하다. 따라서 글을 올린다고 끝이 아니라 이웃들과 소통하고, 그들의 SNS도 방문해 글을 남겨야 한다. 그러다보면 몇 시간은 후다닥 지나가버리기 때문에 2~3개 정도만 선택해서 선별적으로 활용해야 한다.

물론 가장 중요한 것은 콘텐츠다. '제이쌤의 포텐 영문법'이

학생들 사이에서 인기몰이를 하게 된 이유도 홍보효과를 톡톡히 보긴 했지만 내용이 부실했다면 그 정도로 퍼지지는 못했을 것이다. SNS로 홍보할 때에는 가장 기본인 콘텐츠에 충실해야 한다. 먼저 콘텐츠를 단단히 다져놓고 모든 준비를 마친 다음에 홍보하자. 상상도 못할 속도로 빠르게 퍼져나갈 것이다. SNS와 블로그로 성공한 사람들의 공통점은 다음의 4가지가 있다.

첫째, 이웃에게 유용하고 가치 있는 정보를 주기위해 노력한다. 자신의 지식과 지혜, 노하우를 최대한 아낌없이 알려주고 공유해야 한다. 그들이 진심을 알아줄 때 진가가 발휘된다. 그러기 위해서는 완벽한 모습을 보여주는 것도 좋지만 내가 경험한 사례나 실수 등을 모두 올려서 공감을 불러일으켜야 한다. 나도 할 수 있다는 것을 보여줘야 한다.

둘째, 이웃과 성의 있는 댓글과 배려로 소통한다. 진심으로 돕겠다는 마음으로 다가갔을 때 그들도 신뢰를 한다. 그저 홍보용으로 활용하기 위해 '서로 이웃'을 남발한다면 진정성을 느낄 수가 없고 거절당하게 된다.

셋째, 끊임없는 자기계발과 노력을 기울인다. 콘텐츠를 개발하고 보완하며 필요하면 세미나와 공부에 아낌없이 투자를 한다. 더 좋은 방법이 있다면 받아들이고 자신의 것으로 만들어야 한다. 나를 팔기위해 키워드 공략과 검색엔진을 분석하고 상위 자리를 확보하기 위해 치열하게 공부하고 매달린다. 절대 그냥 이루어지는 것은 없다. 애착을 갖고 정성과 시간을 투자해야 한다.

넷째, 꾸준함이다. 처음부터 글을 잘 쓰는 사람도 없고 완벽한 사람은 없다. 꾸준히 글을 쓰고 '어떻게 하면 잘 표현할까?'를 생각하며 전략을 세우다보면 자연스레 방문자수가 늘어나게 된다. 지금 당장 '방문자수를 늘리고 빠르게 성장해야 한다'는 생각을 하면 조급해지고 콘텐츠가 식상해지거나 질이 떨어질 수 있다. 하루 2~3개씩 가장 노출이 잘되는 시간을 공략해서 글을 올리자. 보통 출근 시간, 점심 식사 후 쉬는 시간, 퇴근 시간이 가장 노출이 잘된다. 예약시스템을 활용해서 글을 올리면 일하는데 방해받지 않고 시간별로 업로드 할 수 있다.

훌륭한 콘텐츠는 온라인 세상의 핵심다. 직접 찍은 사진과

인기 있는 SNS · 블로그 운영의 네 가지 공통점

- 이웃에게 유용하고 가치 있는 정보를 주기 위해 노력한다.
- 이웃과 성의 있는 댓글과 배려로 소통한다.
- 끊임없는 자기계발과 노력을 기울인다.
- 꾸준함이다.

동영상을 블로그나 유튜브에 올림으로써 비즈니스를 창출할 수 있는 밑거름을 만들게 된다.

SNS는 나를 나타내는 창구이자 명함이다. 나의 전문적 지식과 노하우를 알리는 가장 좋은 무료 홍보수단이다. 신뢰를 바탕으로 활용한다면 억대수입은 더 이상 남들 얘기가 아니다.

CHAPTER **4**

잘 노는 사람이
더 크게 성공 한다

우리는 초등학교, 중학교, 고등학교 12년을 대학을 가기위해 공부만 한다. 좋은 대학을 들어가야 한다는 말을 들으며 세뇌 교육을 받고 대학에 들어간다. 대학에서는 취직을 위해 스펙 쌓기에 혈안이 된다. 고시원 월세 33만원, 학원비 60만원, 어학 시험비 20만원, 식비 40만원, 아무리 아껴도 고정적으로 나가는 지출이 150만원이 넘는다. 커피는 사치다. 학자금 대출로 이미 평균 704만원이라는 빚을 지고 시작했기 때문에 사치부릴 시간이 없다. 취직에 목숨 걸 수밖에 없는 이유다.

실제로 2014년 정부학자금 대출자가 152만 명으로 대학생 2명중 1명꼴이다. 유학을 가거나 다른 스펙을 쌓다보면 또 그만큼의 빚이 생기는 것이다. 그렇게 힘겹게 취직에 성공을 해서 회사에 가면 상사에게 이리 치이고 저리 치인다. 퇴근 할 시간에 눈치 보다가 결국 할 일도 없는데 야근을 한다. 신입이라 거절도 못하고 술자리에 불려 다니며 술에 취해 집에 들어가서 바로 뻗어버린다. 이렇게 기본 20년 넘게 생활을 하니자기 자신이 무엇을 잘하는지 어떤 걸 좋아하는지 모를 수밖에 없다.

그러나 이제 바뀔 때다. 성실하고 말 잘 듣는 사람이 성공하는 시대는 갔다. 생각 없이 시키는 일만 하고 하라는 공부만해서는 절대 앞으로 나아갈 수 없다. 환경에 적응하지 못해 멸종된 도도새 Dodo Bird 처럼 돼서는 안 된다. 내면과 깊은 대화를 통해 내가 진짜 사랑하는 일을 해야 한다. 시키는 일만하는 것이 아니라 시키지 않은 일도 스스로 만들어내야 한다.

'노는 것'과
'쉬는 것'

사는 게 재미없다고 말하는 사람들이너무 많은 지금, 잘 노는 사람이 성공한다.

그렇다면 '노는 것'과 '쉬는 것'의 차이는 무엇일까? 휴식 休息 의 한자를 보면 '사람 人 이 나무 木 에 기대어 자신 自 의 마음 心 을 들여다보는 것'을 의미한다. 편안하게 자신이 좋아하는 것을 하거나 독서를 하며 자신의 마음을 들여다보고 자신과 대화를 하는 것이다. TV를 보며 멍하니 있는 것이 아니라 문제점에 대해 스스로 생각을 하고 내면을 들여다보면서 자신 안에 숨겨진 옥을 발견 하는 것이다.

'잘 논다는 것'은 '내가 좋아하고 즐거운 일을 하는 것'이다. 그냥 하는 것이 아니라 몰입하는 것이다. 독서가 좋다면 책을 하나 읽더라도 몰입독서를 해서 책 속의 좋은 글을 모두 흡수 해서 내 것으로 만드는 것이다. 정말 내가 좋아하는 일을 하면 옆에서 아무리 떠들어도 들리지 않고 방해되지 않는다. 그 상태가 바로 몰입이다.

놀이는 반드시 이겨야만 하고 무언가를 이루어야 하는 것이 아니다. 그저 즐거운 것이다. 재미있게 놀던 어린 시절을 생각해보자. 고무줄놀이, 공기놀이, 잡기놀이, 숨바꼭질 등 너무 재미있어 해가 져도 모르고 논 적이 있을 것이다. 같은 놀이를 몇 시간째 하는데도 누구하나 지겹다고 말하지 않는다. 놀다가 손바닥이 까지고 온 몸이 흙투성이가 돼도 그저 즐겁다. 공부나 일은 틀에 짜여있고 공식이 있다면 놀이는 처음부터 자기가 직접 판단하고 규칙을 만들고 팀을 나누고 실패와 성공을 맛본다. 그러면서 인생 경험을 하는 것이다. 이렇게 놀듯이 일을 하고 살아야 한다. 남이 시키는 것이 아닌, 내가 선택하고 내가 즐거워야 한다. 무언가 일이 주어졌을 때 그 일을 해결하기 위해 머리를 쥐어뜯는다고 절대 해결 되지 않는다. 오히려 신나게 여행을 하거나 내가 좋아하는 일을 하거나, 취미생활을 즐기는 중에 불현 듯 아이디어가 떠오른다. 뇌도 휴식이 필요하다. 계속 강요하고 일을 해야 한다는 강박증을 가지고 있으면 오히려 뇌는 경직되고 창의적인 일을 하지 못한다.

놀이는 열심히 일을 하다가 잠시 휴식을 취하거나 공부하다가 잠깐 쉬는 그런 것이 아니다. 진정한 놀이는 일 그 자체다. 즐겁고 좋아하는 일을 하니 몰입하게 되고 완전히 내 것으로 만들어버려 자연스럽게 성공하게 되는 것이 놀이다. 어릴 때 잘 논 사람일수록 창의적인 사람이 많다. 잘 놀아야 놀이를 통해 삶의 재미를 찾고 그 안에서 인생을 배운다.

신발 브랜드 '피시플랍'의 창업자 매디슨 니콜 로빈슨Madison Nicole Robinson은 17살 소녀다. 8살부터 그녀는 자신이 신는 '플립플롭' 신발에 좋아하는 바닷물고기를 그렸다. 그녀는 물고기 신발에 이름을 붙여주었다. "아빠 이게 바로 피시플랍이야"라는 말을 들은 그녀의 아버지는 피시플랍 닷컴fishflop.com 도메인을 샀다. 엄마 아빠 모두 그녀가 그림을 그리며 즐거워하고 놀이를 하는 것을 응원하고 도와줬다. 그녀가 12살이 되던 해에 9개의 샘플을 만들어서 플로리다주의 상업 박람회에 가지고 가 37개 업체에 판매를 했다. 13살 때는 로드 숍에서 판매를 하고 14살 때 노드스톰 백화점 64개 매장에 입점 시켰다. 2014년 16살이 되던 해에 '매디슨 니콜'이라는 자신의 이름을 딴 의류브랜드를 론칭했다. 이 모든 것이 그녀의 작은 놀이에서 시작된 것이다. 지금도 모든 상품의 디자인을 직접 한다는 니콜은 가족과 바다여행을 가서 낚시를 하고 갈매기가 우는 소리를 들으며 영감을 받는다고 한다. 매일 매일이 그녀에겐 축제고 아이디어 창고다. 그저 즐겁게 놀았을 뿐인데 사업이 됐다.

수많은 노벨상 수상자를 배출한 유대인들은 잘 쉬는 것을 강조한다. 일주일에 하루는 꼭 쉬어야 하고 6년을 일하고 1년을 쉬는 안식년, 7년씩 7번 일 하고 50년째는 자연도 쉬어야 하는 희년을 정해서 일한 만큼 쉬는 것을 강조한다. 나는 실장으로 근무할 때 유대인들의 철학을 본따서 새로운 복지 시스템을 만들었다. 내부마케팅이 잘 돼야 외부 마케팅이 성공한다고 생각했기 때문에 직원관리에 더욱 신경을 썼다. 1년 근속하면 제주도나 일본여행, 3년 근속하면 동남아 여행, 5년 근속하면 유럽여행이나 1달 유급 휴가 중 선택 할 수 있게 했다. 몇 년 일하다보면 사람인지라 어디론가 떠나고 싶고 쉬고 싶다. 회사에서는 새로운 사람을 뽑아서 다시 교육하는 것보다 원래 있던 사람과 오래 일하는 것이 더 편하다. 그렇다면 쉬고 싶다고 그만두는 사람을 그냥 보내는 것이 아니라 쉬고 싶어서 그만둘 생각을 하지 못하게 여행을 보내주고 월급도 주면서 한 달간 휴가를 준다면 얼마나 좋겠는가? 그 외에 헬스클럽이나 영화, 독서 등 취미생활을 즐길 수 있게 한 달에 10만원씩 취미생활비를 지원해줬다. 진료가 끝나고 같이 영화를 보러가기도 하고 같은 건물 7층에 헬스클럽이 있어서 동료들과 함께 땀도 빼면서 정을 돈독하게 다졌다. 직원을 위한 놀이문화를 가지고 오니 다들 일하는 것을 즐거워했다.

우리 회사는 그런 복지가 없다고? 없다면 만들면 된다. 회사일과 별개로 '내가 하고 싶은 일'을 창업해서 내가 내 회사를 그렇게 만들면 되지 않겠는가? <u>나는 일주일에 3일만 일한다. 나머지는 듣고 싶은 세미나를 듣거나 책을 읽고, 책을 쓴다. 쉬고 싶으면 마음대로 쉴 수 있고 여행도 갈 수 있다.</u> 일주일에 3일을 일하지만 그 3일도 변경이 가능하다.

내가 오너이기 때문에 내가 스스로 판단하고 결정할 수 있다. 그만큼 신경 써야 할 것도 많고 사업을 유지하기 위해서는 더 많이 뛰고 모르는 분야를 공부해야 하기도 한다. 그러나 어느 정도 궤도에 들어서면 내가 일하는 날짜를 정하고, 그 날짜에 맞춰서 일할 수 있다. 물론 그 날짜에 일을 하기 위해 내가 쉬는 날에 강의 자료를 만들거나 책을 읽으면서 준비하는 것도 많이 있다. 하지만 그런 것들이 나는 즐겁다. 내가 하고 싶어서 하는 일이기 때문이다. 세미나를 듣고 새로운 기술을 배워서 컨설팅에 접목하고 일주일에 3일 병원에 가서 내가 새롭게 개발한 것을 선보인다. 책을 써서 나를 브랜딩하고 책을 통해 나와의 대화를 하면서 내면속의 나를 또 발견한다. <u>1인 기업은 놀면서 일을 할 수 있다. 그래서 1인 창업을 하라는 것이다.</u> 일하는 즐거움을 느끼고 계속해서 발전하는 자신을 볼 수 있을 것이다.

놀면서
일하라

　　　　　놀면서 성공한 사람들은 다른 사람의 눈을 신경 쓰지 않고 과거와 미래에 붙잡히지도 않으며 현재를 즐긴다. 회사형 인간은 늘 쫓기며 살아간다. '이 업계에서 내가 영향력 있는 사람이 되려면 이번 기회를 놓쳐서는 안 돼' '이번에 승진하려면 줄타기를 잘 해야 해' 등 사람들에게 내가 어떻게 비치는지를 고민하고 지금 내 위치가 어디쯤인지 생각하며 복잡한 질문과 답변을 하느라 시간을 보낸다. 가만히 있으면 낙오될 것만 같고 무언가 해야 할 것 같은데 무엇을 어떻게 시작해야할지를 모른다. 혼자서 무언가를 선택하고 계획해 본적이 없기 때문이다.

　나중을 위해 일하는 것보다 지금 재미있고 의미 있는 시간을 보내는 사람이 미래를 창조적으로 만들 수 있다. 사소한 것에 기뻐하고 고마워하기에 작은 일에 스트레스를 받지 않는다. '성공하기 위해서는 열심히 살아야 해. 새벽에 일어나서 공부도 하고 책도 읽고 남들보다 몇 배는 일을 해야 해'라고 생각하는 것이 아니라 자연스럽게 자신의 호기심이 이끄는 일을 즐기고 몰입하면 자연스럽게 정점에 도달하게 된다.

직장이라는 우물 속에서 '그들만의 달리기'에서 벗어나 멀리 바라보자. 우리 모두에게는 창조적인 능력이 있다는 사실을 알 수 있을 것이다. 다만 어떻게 발휘해야 하는지, 그 방법을 배운 적이 없기 때문에 방황하는 것이다.

내면의 소리에 귀 기울이자. 내가 무엇을 좋아하고 즐거워하는지 집중해보자. 그 일을 했을 때 내가 가장 빛이 난다.

CHAPTER **5**

책을 써서 인생역전한
사람들

평범한 사람일수록 책을 써야 한다. 이렇다 할 재주도 없고 내세울 것이 없을수록 책을 써서 나를 브랜딩 해야 한다. 누구나 돈만 있으면 얻을 수 있는 흔하디흔한 석사, 박사에 목숨 걸지 말고 승진에 달달 거리지 말고 최고의 학위인 책 쓰기에 올인 해야 한다. 개천에서 용 나기 힘든 이때 용 되기 가장 쉬운 방법은 책 쓰기 뿐이다.

나는 2014년 6월에 첫 책 『버킷리트스3』를 내고 처음으로 저자강연회에 섰다. 강의는 많이 해봤지만 저자강연회는 처음이었기에 15분이라는 짧은 시간동안 들려줄 이야기를 몇 주 동안 준비하고 연습했다. 마침내 디데이날 아무도 오지 않을 줄 알았던 그날 남편과 어머님, 아주버님이 꽃다발을 한 아름 안고 오셨고 친구들과 지인들이 책을 사들고 찾아왔다. 그동 안의 노력이 결실을 맺는 것 같아 눈물이 났다.

나는 2013년 10월에 결혼을 하고 3개월간 장거리를 다니며 일을 하고 새로운 환경에 적응하느라 힘들었다. 많은 여자들 이 꿈꾸는 '환상의 결혼생활'이란 없었다. 너무 힘든 그 시기 에 책 쓰기는 내게 구원의 손길을 내밀어줬다. 책을 쓰면서 수 많은 책을 읽고 원래의 긍정마인드를 되살려줬다. 『버킷리스 트3』는 저자로서 가진 첫 책이자 내게 새로운 인생을 선물해 준 최고의 의미를 가진 책이다. 또한 공동저서로도 충분히 베 스트셀러가 될 수 있다는 것과 버킷리스트라는 내가 죽기 전 에 하고 싶은 일을 정리할 수 있는 시간도 만들어줬다. 그동안 바쁘다는 핑계로 나와의 대화를 거부한 채 시간에 쫓기면서 살아왔는데 책을 쓰면서 모두 잠든 새벽 시간에 내면 속 깊이 있는 나와 대화를 하고, 나를 이해할 수 있었다. 나를 알아야 내가 진짜 원하는 것을 알 수 있고 미래를 만들어갈 수 있다. 이 책은 내게 꿈을 찾아주었고 평범한 이야기도 책이 될 수 있 다는 것을 알려줬다.

첫 책을 내고 바로 이어서 두 번째 책이자 첫 개인저서인 『20대 발칙한 라이프, 쫄지 말고 당당하게』를 썼고 2015년 3월 에 출간하자마자 베스트셀러에 올랐다. 이 책은 10대 때 방황

했던 내 경험과 20대에 직장에서 왕따를 당하고 코드가 맞지 않다는 이유로 짤리기도 하면서 겪었던 수많은 이야기를 녹였을 뿐인데 20대에게 가장 환영받는 책이 됐다.

그리고 임신 중 출산 마지막 2달을 남기고 병원컨설팅과 병원 일을 한 경험을 담은 『병원매출 10배 올리는 절대법칙』을 썼다. 막달이라 배도 많이 나오고 숨도 잘 안 쉬어져서 힘들었지만 출산 전에 계약을 목표로 매일 10시간씩 책을 썼고 출산 후 3일 뒤에 바로 계약을 체결했다.

책이 나오자마자 여러 대학교에서 강연 요청이 들어왔고 한 시간에 5~10만 원의 강연 비를 받았던 내가 50만 원, 100만 원을 받으며 강연을 하고 있다. 내 책을 통해 병원컨설팅 의뢰가 들어오고 저자 싸인 요청이 들어오며 매일 매일이 축제의 날을 보내고 있다. 내가 내 얘기를 들려주기만 하는데 돈이 들어온다. 그 차이가 바로 '책'이다. 명문대학을 나오고 석사, 박사 학위를 땄다고 하면 다들 전공이 무엇이냐고 묻는다. 그러나 작가라고 말하면 더 이상 질문이 없다. 작가는 누구나 될 수 없다고 생각하기 때문이다. 최고에게 누가 더 질문을 하는가? 책은 나를 전문가로 만들어준다.

자신의 이야기가
책이 된다

책은 반드시 유명한 사람이나 무언가를 이룬 사람만이 쓸 수 있는 것은 아니다. 오히려 대학교수들이 쓴 책은 논문처럼 지루하고 읽기 불편한 내용들로 가득 차 있다. 소설가가 꿈이 아닌 이상 자기계발서나 에세이는 오히려 평범한 사람들의 경험담이 더 호기심을 끈다. 이미 유명한 사람보다 차근차근 노력해서 이루어낸 결실을 보여주는 평범한 사람의 이야기가 더 재미있고 공감을 불러일으킨다.

그렇다면 책은 언제 써야 하는 것일까? 지금은 너무 어리니까 좀 더 나이를 먹은 후에? 아직은 무언가 만들어진 게 없으니 어느 정도 만들어진 뒤에? 모두 틀렸다. '지금 당장'이다. 나도 성공해서 책을 쓴 것이 아니다. 첫 번째 책은 현실을 벗어나기 위해 쓴 책이었고 두 번째 책을 쓰면서 컨설팅 회사를 본격적으로 차리고 시작했다. 세 번째 책인 이 책을 쓰고 있는 지금 병원과 각 대학교에서 소개가 이어지면서 내 회사가 알려지고, '드림덴탈메신저'로서의 내 가치도 올라가고 있다. 마지막 네번째 책인 『병원매출 10배 올리는 절대법칙』은 나를 병원컨설팅의 전문가로 만들어 주었다. 어느 정도 이루고 난 다음에는 늦는다. 일단 책을 쓰면 이미 이뤄진 것처럼 쓰기 때문에 내가 하는 모든 일들이 잘되는 방향으로 흘러간다. 책이 출간될 때쯤이면 내용 그대로 이뤄져있는 경우가 많다. 말도 안 되는 일이라고 고개를 저을 수 있지만 사실이다.

실제로 두 번째 책을 쓸 때만 해도 나는 회사를 다니는 평범한 직장인이었다. 출판사에 피칭할 때쯤 회사를 나왔고 내 회사를 차렸다. 이 모든 것들이 아주 짧은 시간 내에 이뤄졌다. 나는 늘 이 말을 가슴속에 담아놓는다.

"성공해서 책을 쓰는 것이 아니라 책을 써서 성공한다."

이 세상에는 책으로 성공한 사람들이 아주 많이 있다. 책을 써서 인세로도 충분히 벌어먹고 살지만 인세만을 바라보고 책을 쓰지는 않는다. 실제로 인세는 얼마하지 않는다. 1쇄에 2,000권을 찍으면 200만 원 정도 밖에 되지 않는다. 겨우 200 만원을 벌기 위해 몇 달, 혹은 몇 년 동안 책에 둘러싸여서 머리를 싸매며 책을 쓰겠는가? 한 달에 한권씩 쓰고, 내는 책마다 족족 베스트셀러가 돼 5쇄, 10쇄를 찍는다면 모를까 책으로 돈을 벌겠다는 생각은 접는 것이 좋다. 베스트셀러도 쉽게 되지 않는다. 매년 4만권이 넘는 책이 쏟아지는데 그중에서 내 책이 선택 될 것이라는 생각은 버리는 것이 좋다. 그렇다면 왜 책을 쓰라고 하는 것일까? 책을 통해 퍼스널브랜딩을 하기 위해서다.

생각해 보라. 수많은 스펙을 쌓고 영어 공부를 하고 해외유학을 다녀오고 박사 학위를 따도 일자리를 구하지 못해 환경

미화원을 모집하는 곳에 수천 명이 지원하고 아파트 경비원이 되기 위해 줄을 선다. 특별할 것 없는 모두가 비슷한 스펙을 가지고 오기 때문에 눈에 띄지 않는 것이다. 그런데 만약 내가 낸 저서를 들고 면접을 보러가서 면접관들에게 책을 주고 "제 이야기는 모두 이 속에 담겨져 있습니다"라고 말한다면 어떨까? 면접관들이 호기심을 갖고 바라보지 않겠는가? 내가 바라는 직장에 최우선적으로 채용되는 것은 꿈같은 일만은 아닐 것이다.

『내 아이의 속도』의 저자 이화자 씨. 그녀는 집안사정으로 중학교를 중퇴하고 식모살이를 했다. 어려서 배우지 못한 학업에 대한 욕구가 그녀를 이끌었고 검정고시를 쳐서 대학을 가고 결국 초등학교 교사가 됐다. 지금은 '이화자 부모교육연구소'를 설립해 자녀교육 전문가, 부모교육 강사로 활발하게 활동을 하고 있다. 그녀는 거기서 그치지 않고 『행복한 엄마수업』을 쓰고 2달 간격으로 『엄마는 아이의 미래다』 『나를 깨우는 힘』을 연달아 썼다. 최근에는 『부모의 관점을 디자인하라』를 펴내 여러 곳에서 강연을 하고 있다. 1년에 5권의 책을 펴낼 수 있었던 힘은 그녀의 수많은 경험에서 나온 것이다. 초등학교 교사로 많은 부모님을 만나고 어릴 때 자신의 경험담과 경험을 활용한 실험을 바탕으로 그녀 안에 내재돼 있던 수많은 것들이 폭발한 것이다.

『꿈에게 기회를 주지 않는다면 꿈도 당신에게 기회를 주지 않는다』의 저자 박명숙 씨는 태어날 때부터 불우했다. 태어나기 바로 직전 아버지의 구속으로 집안이 풍비박산이 나면서 '불운을 몰고 오는 아이'라는 오명을 쓰고 할머니에게 미움을 받고 컸다. 언니들에게 매를 맞고 가난해서 겨울에 제대로 된 외투하나 입어보지 못하고 물려받은 츄리닝에 찢어진 속옷만 입었다. 그래도 그녀는 꿈을 잃지 않았고 간호대학에 진학해 간호사가 됐다. 결혼 후 아이의 미래를 위해서 함께 미국으로 가서 미국 간호사 자격증을 따고 취직하게 된다. 물론 그 과정이 순탄치만은 않았다. 영어를 못한다고 청소하는 사람들도 그녀를 무시하고 수간호사는 일부러 알려주지 않아서 그녀를 골탕 먹였다. 동양인이라는 이유로 면접에서 탈락되는 일도 다반사였다. 수많은 실패와 좌절 끝에 그녀는 예일대학병원 수술실에 당당히 입성하게 된다. 그녀 나이 40대. 새로운 환경에 적응하기도 힘들었을 텐데 영어를 배우고 현지인도 들어가기 어렵다는 예일대학병원에 들어가기까지 얼마나 많은 시련을 겪었을까?

그녀는 그런 자신의 스토리를 자신만 알고 넘어가고 싶지 않았다. 자신의 경험을 거울삼아 많은 청춘들과 제2의 인생을 살기위해 고군분투하는 많은 사람들과 공유하고 싶었기에 책을 썼다. 50대에 작가가 된 그녀를 응원하기 위해 저자강연회에 함께 온 그녀의 남편과 딸을 보니 가슴이 뭉클했다. 이제 그녀는 대한민국 간호사를 대표하는 꿈 메신저로서 새로운 인생의 길을 걸어가고 있다.

'지금 당장'
책을 써라

퍼스널브랜딩의 기본은 책 쓰기로, 많은 평범한 사람들이 뛰어들면서 책 쓰기의 장벽은 허물어져가고 있다. '나도 책을 써볼까?'라는 생각을 하고 있다면 지금 당장 책을 써야한다. 늦었다고 생각할 때 늦을지도 모른다.

물론 처음 책을 집필하기 위해 노트북 앞에 앉아 있을 때는 괴롭고 힘들다. 창작의 고통이라는 말이 왜 나왔겠는가? A4용지 2장을 채우는 것이 밖에서 2시간 노동하는 것보다 더 어렵게 느껴질 수도 있다. 나 또한 처음에는 가만히 앉아 있으려니 좀이 쑤셔서 이리 뒤척 저리 뒤척거리면서 엉덩이와의 사투를 벌였다. 지금이야 한번 몰입하면 앉아서 2꼭지는 술술 써 내려가지만 잘 안 써지는 꼭지는 머리를 쥐어뜯어도 안 되기 때문에 그럴 때는 오히려 밖에 나가서 맑은 공기를 마신다.

처음에는 책을 쓴다는 생각을 하지 말고 일기를 쓴다는 생각으로 매일매일 경험한 일들에 내 생각과 사상을 결합해서 써보자. 지하철에서 일어난 아주 작은 인연이나 회사에서 상사와의 갈등, 아이와 함께 여행 간 곳 등 작은 일들 하나하나 기록해 놓는다면 나중에 그것이 모여서 책이 된다. 나도 가끔 생각이 나지 않으면 내가 쓴 블로그의 글들을 읽으면서 새로운 아이디어를 모색하기도 한다.

고 구본형 변화경영연구소장도 직장에 있는 4년 동안 1년에 한 권씩 책을 썼다. 회사를 다니며 쓴 그의 첫 책『익숙한 것과의 결별』은 나오자마자 베스트셀러가 됐고 강연요청이 쇄도했다. 그렇게 2번째, 3번째 책을 출간하고, 4번째 책을 쓸 때 쯤 그는 더 이상 회사에서 시키는 일을 하고 싶지 않아 당당하게 박차고 나왔다. 그의 전문분야인 변화경영을 살려서 변화경영연구소를 설립하고 매년 꾸준히 책을 쓰고 강연하며 인생을 즐겼다. 책 한 권이 그의 인생을 바꾼 것이다.

자기계발이 유행처럼 번지면서 자기 자신이 무엇을 원하는지도 모른 채 방향성을 잃은 영혼 없는 스펙 쌓기는 이제 그만하자. 저서가 가장 좋은 스펙이다. 책을 써서 저술가, 칼럼기고가, 강연가, 코치, 컨설턴트가 돼 인생 2막을 준비하라!

CHAPTER **6**

반항아, 사회 부적응자가
성공한다

타인과 나는 다른 것이지 틀린 것이 아니다. 타인의 시선을 신경 쓰지 말자. 남들이 나를 자신의 잣대로 평가를 하면 살포시 무시하면 된다. 식당에 혼자 밥을 먹으러 간적이 있는가? 요즘에는 워낙 개인생활이 일상화 되다보니 혼자서 밥 먹는 사람이 많지만 여전히 혼자서는 부끄럽고 눈치가 보인다. 혼자서 밥 먹으면 친구가 없다고 생각하고 숙박업소에 잠을 자러 가면 이상하게 쳐다본다. 남들 시선을 신경쓰다보니 배가 고파도 혼자라서 못 먹은 사람도 허다하다.

　사람은 다른 사람을 평가할 때 기억 속에 그 사람을 떠올리고 평가한다. 그 사람을 자세히 알지도 못하면서 자신의 기억

속에 나쁜 경험이 있었다면 그를 나쁘게 평가하고 말을 하는 것이다. 자기 자신도 모르면서 자신이 바라보고 있는 세계가 다인 것 마냥 말을 한다.

『죽음에 관하여』라는 웹툰에 남들 시선을 견딜 수 없어서 자살하려고 하는 한 여자와 신의 대화가 나온다.

"눈감아봐. 다시 떠봐. 뭐가 보여?"

"신님과 제 손발이죠."

"너는 평생 너를 볼 수 없어. 거울로 잠깐 보는 게 고작이지. 네 눈은 너의 세상만을 보여줘. 1인칭 시점이지. 오직 너만이 주인공이야. 너의 세상이야. 타인의 시선이 중요한가?"

'눈치 보기' 게임은 가난한자들의 특성이다. 주변 사람들의 말에 귀 기울이면서 눈치 보다가 돈을 날리는 것이다. 특히 주식에서 그 특성을 볼 수 있다. 주식에서 개인투자자를 개미라고 비유한다. 개미처럼 작고 열심히 하지만 적게 갖는 자를 뜻한다. 개미들이 투자에 실패하는 이유는 남들 눈을 의식하기 때문이다. 자기 소신껏 정보를 수집하고 판단해서 빠져야 하는데 사람들이 빠지니까 따라서 빠지고 사람들이 사면 눈치보다 뒤늦게 사는 것이다. 이미 앞선 사람들이 다 사고 남은 걸 들고 나눠먹으니 당연히 투자에 실패할 수밖에 없다.

주식뿐 아니라 부동산도 마찬가지다. "부동산에 잘 아는 친구가 그러던데 거기 땅값이 오른대. 지금 아니면 기회가 없다고 하더라고" "지금 가격이 내려갔으니 집을 사야할 타이밍이다"라며 각종 뉴스나 신문보도, 주변사람들의 말을 듣고 투자한다. 그러나 그렇게 부동산에 잘 안다는 친구는 부자가 아니고 뉴스에 보도 됐을 때는 이미 늦었다. 그전부터 계속 이 분야를 공부하면서 동향을 파악해야 한다. 결정적인 순간이 오면 자신의 판단으로 투자해야 한다.

타인의 시선은
무시하라

성공한 사람은 타인의 시선을 통제한다. 상황이 자신을 몰아도 그 상황마저 통제하며 새롭게 만들어낸다. 남들 앞에서 춤을 추거나 소리를 질러도 부끄러워하지 않는다. 타인이 중심이 아니라 내가 중심이기 때문이다.

버진 그룹의 대표로 음반, 항공, 화장품, 철도, 의류 등 350여개의 사업체를 가진 리처드 브랜슨Richard Branson은 '괴짜 창업자' '경영계의 이단아' 등으로 불리며 늘 새로운 것을 만들어낸다. 타인이 정해 놓은 판에 박힌 경영전략은 거부하고 자신이 하고 싶은 일이라면 그게 무엇이든 해내고 만다. 미국에서 아일랜드까지 가장 빨리 횡단하는 배에 수여하는 '블루리밴드' 상을 받기위해 그는 겨우 2000마력의 엔진이 부착된 65피트짜리 경량급 쌍동선을 탔다. 주변에서 위험하다고 말렸지만 길을 떠났고 결국 항해도중 폭풍우를 만나 목적지를 60마일 앞두고 전복됐다. 다행히 지나가던 배에 구조됐지만 하마터면 위험할 뻔 했다. 그는 성공적인 항해를 하지 못한 것에 대한 아쉬움으로 열기구를 타고 대서양을 횡단 하는 일에 도전했다. 중간 중간 위험한 일도 많았지만 결국 그는 해냈다. 하고자 하는 신념만으로 무엇이든 해냈고 세계 최고의 그룹을 만들었다.

여기까지 들으면 '그는 남들과 다른 천재이기 때문'이라고 생각할 수 있을 것이다. 그러나 그는 난독증에 시달리는 학습부진아였고 약점이 아주 많은 부족한 사람이었다. 그는 심한 난독증에 책을 읽지도 쓰지도 못하고 대중 앞에서 발표하는 것을 두려워했다. 모범생과는 거리가 먼 그는 학교에 적응하지 못해서 고등학교를 중퇴했다. 모두 그에게 안 된다고 말할 때 오로지 어머니만이 그를 믿어 줬다. 그는 어머니의 전폭적인 지지를 받으며 남들 눈치를 보지 않았다. 스스로 학점을 주고 자신의 비전을 따랐다. 그는 위험을 무릅쓰고 행동하고 몸으로 하는 일은 잘 하지만 컴퓨터에는 약하다. 대신 그는 컴퓨터로 하는 업무를 해줄 사람들을 알고 있다. 자신이 가진 능력을 최대한 활용해서 컴퓨터로 하는 업무를 위임함으로써 자신은 시간의 자유를 얻는다.

부족한 부분은 다른 것으로 채우면 되고 내가 잘하는 것에 집중해야 한다. 부족하고 모자란 것에만 집중하면 내 강점도 살리지 못하고 이도저도 아니게 된다.

"내가 하면 안 되는 올바르고 타당한 이유는 많았다. 반면에 도전해보겠다고 하는 데는 오직 한 가지 이유밖에 없었다. 도전의 유혹이 너무나 달콤해 뿌리칠 수 없다는 것뿐이었다. 불행하게 살기에는 인생이 너무 짧다."

그는 남에게 휘둘리기 싫어서 주식회사를 접고 개인회사로 만들었다. 200개 이상의 회사가 모두 자신의 소유다. 그는 돈을 위해서가 아닌 자신이 좋아서 60의 나이에도 여장을 하고 우스꽝스럽게 꾸미고 광고를 한다. 사람들이 이상한 눈으로 바라보아도 자신이 좋으면 그만이다. 남들 눈치를 보지 않고 오로지 자신이 즐거운 일만 했기 때문에 지금의 그가 있는 것이다. 선생님 말씀 잘 듣고 회사 상사가 시키는 일만 잘하는 회사형 인간보다 스스로 자신의 삶을 개척하는 반항아가 성공한다.

많은 사람들이 집에 가만히 틀어박혀 컴퓨터만 하는 사람들을 '사회부적응자' '오타쿠'라고 말하며 안 좋은 시선으로 바라본다. 그들은 그저 인터넷 사업을 위해 컴퓨터 앞에 앉아 글을 올리고 댓글을 달아주고 있는 것뿐이다. 열심히 일하고 잠시 머리를 식히기 위해 게임을 하고 있는 것이고 수많은 게임을 하면서 터득한 지식으로 게임개발 시장에 뛰어든 것이다. 모든 사람들을 '게임중독자'로 몰아세워서는 안 된다.

미쳐야
성공한다

'미치지 않으면 미치지 못한다'는 불광불급不狂不及이라는 말이 있다. 어떤 일을 하든 미치지 않으면 목표에 미치지, 즉 도달하지 못한다는 뜻이다.

한과에 미쳐 35년 인생을 한과에 바친 사람이 있다. 바로 신궁전통한과 대표 김규흔씨다. 한과에 어느 정도 미쳤냐면 쌀 한가마니의 쌀을 하나하나 다 세어서 몇 톨인지 알 정도이다. 쌀 한가마니에 400만 톨의 쌀이 있고 유과 한 개에는 쌀 22톨이 들어간다고 한다. 그는 이렇게 미쳐야 성공한다고 말한다.

그는 처음에 후발주자로 시작해서 경쟁에서 이기기 위해 모양과 맛으로 차별화 했다. 약과 주름이 보통 30개라면 그는 40개, 50개의 주름을 넣고 마름모 모양으로 만들기도 하고 계피를 넣거나 생강을 넣어서 맛을 변경했다. 한과 제작에 필요한 온도와 날씨 등의 데이터도 모두 모아놓고 오늘 날씨를 보고 그동안 모아놓은 데이터를 활용해서 레시피를 만든다고 한다. 날씨에 따라 발효시간, 재료, 비율이 모두 달라진다. 튀기고 건지는 1초 차이에도 맛의 차이가 클 정도로 정밀한 기술이 필요한 한과. 그는 이 한과에 모든 걸 바쳤다.

한과로 성공하기 위해 그는 습관도 바꿨다. 밤 12시에 자고 새벽 4시에 일어나면서 한과에 완전히 몰입했다. 물론 어려움도 있었다. 약과를 차갑게 보관해야 해서 목욕탕에 제품을 보관했다가 곰팡이가 슬기도 하고, 유기농 한과를 만들기 위해 어렵게 수확한 곡식 창고에 불이 나는 등 몇 번의 고비가 있었다. 그때마다 '죽어야겠다.'고 생각했던 그. 그러나 정신 차리고 마음을 비우고 다시 시작하는 마음으로 하나씩 만들어나가면서 재기했다.

그는 한과를 전 세계에 알리기 위해 초콜릿을 활용한 초코 한과, 금귤청과, 녹차약과, 인삼유과, 단호박 약과 등 170여종의 한과를 개발했다. 50여 개국을 다니며 과자를 먹어보고 외국인들이 좋아할 만한 한과를 개발하는 노력을 했고 그 결실을 맺었다. 2000년 ASEM아시아.유럽정상회의 만찬 디저트에 한과가 올라오고 2008년 파리에서 열린 전통 한과 홍보행사에 참여하기도 했다. 그리고 꾸준히 해외 음식 페스티벌에 참가하면서 한과를 알리고 있다.

그는 말한다. "공부를 잘하든 못하든 무엇인가를 해야겠다는 건 항상 생각해야 합니다. 누구나 타고난 자기만의 재능은 다 있습니다. 목공이든, 한과든, 철공이든 어느 분야에서든 '나밖에 할 수 없다'는 생각으로 미쳐서 노력하면 반드시 성공합니다."

모든 성공한 사람들은 미친 사람들이다. 컴퓨터에 미친 스티브 잡스와 빌게이츠, 인터넷의 세계에 미진 페이스북의 마크 주커버스, 카카오톡의 김범수 대표 모두 미쳤기에 성공했다.

아인슈타인은 초등학교, 중학교 성적이 낙제를 간신히 면하는 수준이었고 학교생활에 적응을 하지 못했다. 에디슨은 초등학교 중퇴를 했고 피카소는 학교가 싫어 결석을 일삼았다. 피카소의 수학성적은 거의 바닥을 기었다. 그들은 사회부적응자였고 반항아였지만 자신의 재능을 발굴해 발전시켰다. <u>장점 하나 없는 사람은 없다. 잘하는 것 하나는 분명히 있다. 남들 눈치 보느라 자신의 강점을 짓밟아 버리고 남들이 하자는 대로 따라만 가다보니 모르고 지나친 것뿐이다.</u>

혹시 지금 나는 남들과 다른 삶을 살고 있지는 않은가? 남들이 '미쳤다'고 손가락질 하고 있지 않은가? 남들과 다른 생각을 할 때마다 일부러 묻어두고 있지는 않은가? 이제 묻어둔 그것을 풀어헤칠 시간이다. 자신의 안에 있는 꿈과 비전을 모조리 꺼내어 세상에 보여주자.

당신은 충분히 할 수 있고 이미 모든 것을 가졌다. 미쳐야 성공한다.

CHAPTER **7**

성과 · 지식을 기반으로
1인 창업하라

지식이나 정보는 정해져있는 가치가 없다. 가치는 내가 정하기 나름이다. 인터내셔널 데이터그룹인 IDG 창립자 패트릭 맥거번은 MIT 재학 중 컴퓨터 전문잡지에서 보조편집자를 모집한다는 광고를 보고 바로 지원했다. 그렇게 유니박 UNIVAC의 총수를 만나게 된 그는 자신이 알고 있는 "컴퓨터를 사용하는 1만 곳을 조사해서 자료를 수집하겠다"고 제안했고 4만 달러를 제시했다. 그러나 총수는 고개를 저었다. 저자랜들 존스의 『잘 벌고 잘 쓰는법』에서 총수가 패트릭 맥거번에게 한 말을 옮겨 보았다.

"자네가 그처럼 싼 값에 정보를 제공하겠다고 하면 누구도 그 정보를 신뢰하지 않을 걸세. 8만 달러로 올려 제안하게. 그럼 우리가 진지하게 고려해볼 테니깐. 정보는 실체가 없는 거라네. 따라서 가격이 비쌀수록 가치가 크다고 생각하지."

프랜차이즈 또는 무언가를 만들거나 장사를 하는 것이 적성에 맞지 않다면 성과·지식기반으로 1인 창업하는 방법이 있다. 당신에게는 분명 지금까지 쌓아온 지식과 경험이 있을 것이다. 그 지식을 활용한 무언가를 해보자. 연륜과 경험을 활용한 강의를 하고 싶다면 콘텐츠를 바탕으로 커리큘럼을 짜보자. 누구를 대상으로 어떤 강의를 하고 싶은지 강의 계획서를 써보면 좀 더 명확해진다. 이 지식에는 정해진 가치가 없기 때문에 어떤 금액이든 스스로 정할 수 있다. 너무 저렴한 금액은 사람들의 접근성은 높일 수 있지만 가치를 떨어뜨릴 수 있다.

나는 내가 창업한 회사에서 병원 컨설팅과 컨설턴트 양성뿐 아니라 강의 기획을 하고 강사를 섭외해서 강의 진행을 하고 있다. 강의 기획을 하다보면 금액부분이 가장 고민 되는데 사람들을 많이 모으기 위해 금액을 저렴하게 하면 가볍게 생각하고 신청했다가 취소하는 경향이 있다. 모두 다 그런 것은 아니지만 금액이 높은 강의는 수강생들의 마음가짐이 다르다. 무슨 일이 생기더라도 어떻게든 참석하기 위해 노력한다. 그리고 금액이 높은 만큼 더 많은 질문을 하고 참여를 한다. 또한 이후 새로운 강의도 듣는 경우가 많다. 컨설팅으로 연계되는 경우도 있다. 가치를 알기에 더 높은 가치인 컨설팅을 의뢰하는 것이다.

<u>당신은 굉장한 능력이 있다. 그 능력을 마음껏 펼칠 수 있다. 많은 사람들은 당신의 능력을 돈을 주고서라도 배우고 싶어 한다. 자신의 능력을 믿고 1인 창업하라. 그리고 그 가치에 높은 가격을 매겨라!</u>

자신의 능력을 믿어라

미디어 업계에서 30년간 일한 랜들 존스는 기자 생활을 하면서 만난 부자들의 생생한 경험을 바로 눈앞에서 들을 수 있는 행운을 얻었다. 그렇게 만난 수많은 부자들의 이야기를 듣고, 그는 부자에 대한 책을 쓰기로 결심했다. 그는 미국 100개 도시를 돌아다니며 100명의 최고 부자들을 만나 인터뷰 했다. 그리고 그 내용을 바탕으로『잘 벌고 잘 쓰는 법』을 펴냈다. 자타공인 '부자 전문가'가 된 그는 부자들의 재테크 잡지『워스Worth』를 창간했고 ABC 라디오 프로그램『1분의 가치』에서 부자들의 관심사와 라이프 스타일, 투자 습관 등에 관해 이야기했다. 자신이 부자인 것은 아니지만 30년 동안 만나고 들으며 경험한 부자 이야기를 하면서 '부자 전문가'로 퍼스널브랜딩을 한 그 역시 현재 엄청난 부자가 됐다.

그저 남들 얘기를 했을 뿐인데 전문가로 칭송하고 수익이 들어온다면? 상상만 해도 행복할 것이다. 이 모든 일들이 꿈이 아니라 현실이다.

안정되고 정년이 보장된 직장은 이제 없다. 얼마 없는 일자리도 기계로 대체되면서 그마저도 점점 줄어들고 있다. 이제는 남들이 만들어 놓은 직업을 찾아 헤매지 말고, 내가 직접 일자리를 만들어야 할 때다. 기존에 내가 하고 싶은 직업이 없다면 내가 만들면 된다. 내가 가장 잘하는 것, 내가 잘 아는 것을 알려주고 싶다면 그런 분야의 교육 시스템을 만드는 것이다. 왜 이미 남들이 만들어 놓은 직업을 가지기 위해 안달하는가? 없으면 만들면 그만이다. 지금까지 수많은 직업이 생기고 없어졌다. 예전에는 전화를 하면 전화 상대방과 연결해주는 전화교환원이 있었으나 지금은 없어졌다. 볼링핀을 직접 세우는 직업, 버스 안내원, 영화간판 그리는 직업 등이 없어지고 시간관리사, 자산관리사, 컨설턴트, 큐레이션, 매니저 등 지식기반 직업이 생기고 있다. 지식정보화 사회에서는 더욱 새롭고 독특한 직업이 생기기 마련이다. 지금 하고 싶은 일이 있고 만들어진 직업이 없다면 내가 만들어 보자.

창의력이 높아서 새로운 직업을 만드는 것이 아니다. 내가 하는 일에 대한 끊임없는 고민과 노력으로 만들어 내는 것이다. 내가 할 수 있는 일에 대해 고민해보자. 그리고 그 일을 차별화 시킬 수 있는 방법은 무엇인지 생각해보자. 사람들이 불편해하고 걱정하는 부분에 귀 기울이면 쉽게 찾을 수 있다.

'창업'에서
'창직'으로

성과 · 지식기반은 창업이라기보다는 '창직'에 가깝다. 새로운 직업을 만들어 내야 하는 것이다. 대기업이 판을 치는 지금 1인 창업으로 성공하기 위해서는 대기업이 들어올 수 없는 틈을 파고들어 내가 직접 창직해야 한다.

'유튜브의 양현석'이 목표라는 나희선 씨는 '게임 크리에이터'라는 직업을 창직했다. 자신이 만든 게임영상을 인터넷에 공유해 돈을 버는 직업이다. 2013년에 '도티'라는 닉네임으로 마인크래프트라는 게임을 시작해 10대들 사이에 '초통령'으로 통하고 현재 유튜트 채널 구독자가 100만 명에 이르며, 팬카페 회원은 8만명에 달한다. 대기업 사원의 5~6배의 수익을 올리는 그는 원래 방송국 PD지망생이었다. 그러나 하루 종일 게임하는 것이 더 즐거웠던 그는 방송국PD를 포기하고 게임에 뛰어 들었다. 누군가는 "게임 그 까짓게 뭐라고 수익을 올리는가?"라고 말하지만 동영상을 하나 만드는 데는 수많은 노력이 들어간다. 마인크래프트 월드를 설계하는 데에도 2~3일이 걸리고 영상을 녹화하고 편집해서 콘텐츠 제작에 걸리는 시간만 3개월이 걸린다. 거의 방송사 PD와 맞먹는 일을 하는 것이다. 지금은 혼자서 게임을 하고 동영상을 제작해 올리는 것에 그치지 않고 관련 분야 사람들과 연대해 멀티채널네트워크 법인 '샌드박스 네트워크'를 설립했다. 처음에는 게임에 미친놈이라는 소리를 들으며 아무도 이해해주지 않았지만 지금은 여러 곳에서 투자제의가 들어오고 지인들도 그를 다른 시각으로 바라보고 있다. 게임만 잘해도 성과기반으로 창직할 수 있는 시대가 열린 것이다.

'영어가 안 되면 시원스쿨' 광고의 주인공 시원스쿨의 이시원 대표는 '2015 국가브랜드대상'에서 '영어교육 부문 대상'을 수상하고 60만 명의 수강생을 보유하고 있다. 매출 60억을 돌파한 시원스쿨은 최근 기초 중국어와 토익, HSK 강의도 런칭했다. 그의 몸은 하나인데 어떻게 이런 일이 가능할까? 바로 동영상 강좌 때문이다. 어플을 만들어서 휴대폰으로도 손쉽게 다운받아서 언제 어디서나 이동하면서도 볼 수 있고 1년 수강권을 끊으면 모든 강의를 다 볼 수 있다. 그가 자신의 지식을 학원이라는 장소에 한정했다면 이렇게 수익을 올릴 수 없었을 것이다. 동영상 강좌라는 특화된 서비스를 통해 분신술을 썼고 책과 녹음CD로 지식을 전달했다.

'1인 기업'이란 '1인의 지식'을 활용하는 것이다. 1인의 지식을 활용하기 위해서는 동영상과 책, SNS가 반드시 필요하다.

나는 가만히 있어도 내 분신이 돼 전국을 다니며 나를 홍보할 수 있다.

1인 창업의 목적은 제품을 파는 것이 아니라 나의 신념을 나누는 것이다. 돈을 바라보거나 직업을 구하기 위한 것이 아니라 당신의 'Why'를 함께 할 사람과 일을 해야 한다. 능력만 보고 함께 한다면 그들은 돈 봉투를 위해 일할 것이고 나와 같은 신념을 가진 사람과 함께 한다면 열정을 바칠 것이다.

창업을 할 때 당신의 'Why'를 반드시 말하라. 그리고 나와 함께 'Why'를 해결할 사람과 함께하라. 성과 · 지식기반으로 1인 기업을 창직하라!

1인 창업으로
성공하는
9가지 법칙

"당신이 사랑하는 일을 찾아보세요.

사랑하는 사람이 내게 먼저 다가오지 않듯, 일도 그런 것입니다."

_ 스티브 잡스

CHAPTER 1

하고 싶은 일을
찾아라

기획의 신, 애플의 성공신화인 스티브 잡스는 이렇게 말했다.

"당신이 사랑하는 일을 찾아보세요. 사랑하는 사람이 내게 먼저 다가오지 않듯, 일도 그런 것입니다."

1인 창업으로 성공하기 위해서 제일 먼저 할 일은 내가 하고 싶은 일을 찾는 것이다. 아마 이 글을 읽는 많은 분들은 뻔한 이야기라고 생각할 수 있다. 그러나 내가 하고 싶은 일을 해야 행복한 것은 진리다. 하기 싫은 일인데 돈을 많이 벌 것 같다고 그 일에 뛰어들면 오래가지 못한다. 1, 2년은 참을 수 있을지 몰라도 5년 이상 유지하기 힘들다. 하기 싫은 일을 위해 회사에서도 몸 바쳐 일했는데 나와서도 하기 싫은 일을 위해 하루를 보낸다면 끔찍할 것이다. 하루 24시간을 꼬박 써도 내가 좋아하는 일이라면 힘들지 않고 즐겁다. 1인 창업 성공의 반은 분야 선정과 기획이다. 당신이 좋아하는 분야를 찾았다면 반은 성공한 것이나 다름없다.

애석하게도 하고 싶은 일을 단번에 찾는 사람은 드물다. 여기저기 내 적성을 찾기 위해 기웃거리다가 회사라는 쳇바퀴에 익숙해져서 꿈을 잊기도 한다. 매일 반복되는 일상과 똑같은 업무, 시키는 일만 하고 승진을 위해 앞 다퉈 달리다 보면 내가 진짜 하고 싶은 일은 뒷전이 된다. 나중에는 내가 좋아하는 일이 무엇인지도 모르게 된다. 자신의 적성도 모르고 그냥 무작정 취업전쟁에 나서서 아무 회사에 취직한다. 그곳에서 좌충우돌 깨지고 구르면서 배워 나간다.

우연히 취직된 곳에 내 적성을 발견한다. 원래는 좋아하는지도 몰랐던 분야였지만 하다보면 내가 잘하게 되니깐 결국 그 일이 좋아지기도 한다. 그러나 매번 모든 일을 우연에 기댈 수는 없는 노릇이다. 닥치는 대로 다양한 경험을 해보자. 요즘에는 한 가지 일만 꾸준히 하는 사람보다 깊이 있는 10가지 일을 한 사람을 더 가치 있게 쳐준다. 수많은 실수를 하면서 여러 가지 경험을 해보면 내게 맞는 일을 찾을 수 있을 것이다. 일단 내게 주어진 일을 천직이라고 생각하고 즐거운 마음으로 일하자. 그렇게 하다보면 내가 하고 싶은 일과 가고 싶은 길이 보인다. 진짜 내가 하고 싶은 일이 무엇인지 모르겠다면 부딪혀 보자.

진정으로 하고
싶은 일

나는 고3시절 진로를 결정할 때 많은 고민을 했다. 그저 시키는 대로 공부만 했기에 갑자기 "네 꿈이 뭐야?"라고 물었을 때 당황스럽기만 했다. '내가 하고 싶은 일이 뭐지? 내가 잘하는 게 있었던가?' 수많은 물음을 해보았지만 답은 찾을 수 없었다. 깊이 있는 생각을 하기에는 당장 내일 쪽지 시험 보는 것이 더 급했기 때문에 시간적 여유가 없었다. 매일 매일이 쫓기듯이 공부한 기억밖에 없는 고등학교 시절, 갑작스레 찾아온 진로 선택은 내 생애 최대의 고민이었다. 그 당시 연예인에 대한 동경으로 막연히 방송국에서 일하고 싶은 생각에 전국의 방송과를 다 뒤지고 교수님들에게 메일을 보냈다. 무슨 일을 하며, 어떻게 하면 취직 할 수 있는지, 메리트는 있는지 등 몇 번의 메일을 주고받았다. 교수님들이 워낙 솔직하게 적어주셔서 방송국 일은 포기하고 바로 돈을 벌 수 있는 귀금속 세공과에 가려고 알아봤다. 졸업과 동시에 예쁜 액세서리를 만들어서 팔면 좋을 것 같다는 생각에서다. 그러나 주변에서 군이 대학을 가지 않아도 충분히 배울 수 있는 분야라며 뜯어말려서 포기하고 다른 일을 찾았다. 집에 컴퓨터가 없어서 틈틈이 도서관 컴퓨터를 이용하며 여기저기 문을 두드렸다.

치과위생사라는 직업을 갖기로 결정하게 된 것은 그저 취직이 잘된다는 말에 결정한 것이다. 그 당시 가정 형편이 좋지 않아 빠르게 돈 버는 방법을 찾고 있었고 삼성전자에 바로 입사할 기회가 있었지만 그보다는 전문적인 직업을 갖고 싶었다. 그래서 사촌동생이 추천해주었을 때 망설이지 않고 바로 선택했다. 그런데 막상 들어가 보니 어렵고 도저히 이 길은 내 길이 아닌 것만 같았다. 장학금을 타야만 학교를 다닐 수 있었기 때문에 꿈 없이 어영부영 1년 동안 아르바이트를 하면서 시키는 대로 공부만 했다. 그렇게 2학년이 돼서 직접 사람을 상대로 스케일링도 하고 실습을 해보니 너무 재미있었다. 그때부터 '이 길은 내 길이다' 싶었고 즐겁게 학교생활을 마쳤다. 그런데 또 막상 취업을 하고 보니 내성적인 내게는 맞지 않는 직업이었다. 모르는 사람에게 먼저 말을 걸기위해서 속으로 심호흡을 몇 번이나 하고 마음을 졸인 다음에야 가능했다. 스케일링을 하면서 환자에게 이런저런 말을 하고 안 좋은 부분도 설명을 해줘야 하는데, 그걸 못해서 아주 조용한 '침묵의 스케일링'을 했다. 덜렁거리는 성격 탓에 임플란트의 작은 나사를 들고 다니다가 떨어뜨리기 일쑤고 앞만 보고 가다가

선에 걸려서 넘어지는 경우도 많았다. 원장님과 선배 선생님들께 혼날 때마다 주눅이 들고 이 길은 내 길이 아닌 것만 같았다. 이것저것 다른 길을 생각하다가 치위생과를 활용할만한 공무원 일을 찾았다.

"그래, 의료기술직 공무원이 되자! 주 5일 근무에 5시면 마치니까 다른 일을 해야겠다"라는 생각에 미치자 바로 실행에 옮겼다. 공무원 책을 사서 치과 일을 마치면 버스 안에서도, 집에서도 책을 펼쳐들고 공부했다. 그렇게 3년을 공부하면서 치과 일을 병행해보니 생각보다 치과일이 재미있었다. 내성적인 내 성격도 점차 변화돼 어느새 가장 환자에게 친절한 치과위생사가 돼 있었다. 당시 환자 담당제를 실시하고 있었는데 나만 찾는 환자가 점점 늘어서 스케줄 관리하기가 힘들었다. 인정을 받으니 일 하는 게 행복하고 즐거웠다. 처음에 그렇게 싫어하던 일이 어느새 하고 싶고 재미있는 일이 되어버린 것이다. 3년을 공부한 공무원 준비는 어느새 던져버리고 본격적으로 병원 일에 빠져들었다.

지금은 병원을 그만두고 다른 병원의 내부시스템을 구축하는 일을 돕는다. 입사할 때부터 큰 병원에서 배우고 4년차라는 남들보다 빠른 연차에 실장이 되면서 쌓인 노하우를 체계적으로 정리해서 시스템을 정립했다. 솔루션을 만들어 준 병원이 점차 변화되어가는 모습을 보면 뿌듯함을 느낀다.

처음에는 몰랐던 내 적성을 발견하고 지금은 내가 절실하게 하고 싶은 일이 돼버린 이 일은 내게 즐거움과 행복을 준다. 잘 모를 때는 일단 해보는 것이 좋다. 후회를 남기지 않게 무엇이든 '괜찮다' 싶은 것은 닥치는 대로 해보자. 지금은 자리를 잡지 못하고 허둥대는 내 모습에 자괴감을 느끼겠지만 결국 지금의 모든 경험들이 나중에 빛을 발할 날이 오게 된다. 스티브 잡스가 "현재는 과거의 점을 연결한 선이다"라고 말한 것처럼 그 당시에는 방황하고 좌절하고 힘들었지만 결국 그때의 모든 경험들이 지금의 나를 만든 것이다. <u>미래를 바꾸고 싶다면 지금의 내 모습을 바꿔야 한다.</u> 지금 당장 하고 싶은 일을 하기 위한 준비를 해야 미래에 내가 하고 싶은 일을 하며 즐겁게 살 수 있다.

현재를 바꿔야 미래가 바뀐다

"의대는 그만두고 요리사가 되겠습니다."

미국 의학전문대학원에 다니던 김훈이 씨는 졸업 1년을 앞둔 어느 날 돌연 학교를 자퇴하고 요리학교에 등록했다. 졸업 후 무료로 일을 배우겠다는 사람들이 몰리는 뉴욕 맨해튼의 최고급 레스토랑 '다니엘'에서 정식직원으로 채용돼 2년간 일을 하고 일식당 '마사'에서 요리를 배웠다. 그리고 바로 한식당 '단지'를 만들었고 2011년 10월 레스토랑 평가서 미슐렌 가이드Michelin Guide의 별 하나를 받았다. 한식당으로서 받은 최초의 별이었기 때문에 엄청나 스포트라이트를 받았다.

1년 뒤 주막 '한잔'을 열어 짜장 라면과 오십세주를 팔았다. 영화배우 나탈리 포트먼이 단지에 와서 한식을 즐기고, 빌 클린턴 전 미국 대통령의 딸인 첼시 클린턴은 한잔에서 짜장 라면을 먹었다. 홍보 없이 단지 입소문만으로 유명해진 '단지'와 '한잔'은 뉴욕 최고 미식가들의 입맛을 사로잡았다.

"정말로 세계화 됐다고 하려면 한식을 먹겠다고 한국까지 비행기 타고 오는 사람이 있어야 한다. 그렇게 만들고 싶다" 라고 말하는 그는 강하고 깊은 맛을 동시에 가지고 있는 한식이 경쟁력 있다며 오늘도 어김없이 한식 개발에 삼매경이다. 한식과 양식을 결합해 새로운 맛을 만들어내고 한류의 열풍에도 단단히 한 몫을 하고 있다.

누구나 바라는 의사를 내던지고 자신이 하고 싶은 일을 좇은 그는 결국 목표를 달성했고 하루하루가 늘 즐겁다. 1년에 한번은 음식 개발을 위해 한국에 들른다는 그는 요리에 푹 빠져있다.

지금 다니는 회사가 아무리 크고 연봉이 세다고 해도 결국 퇴직하면 남는 것은 아무것도 없다. 지금의 자리가 퇴직 후에도 계속 남아있을 것이라는 생각은 착각이다. 자신만의 강점을 개발해서 나만의 무기를 만들어야 한다. 그러기 위해서는 먼저 자신이 하고 싶은 일을 찾아야 한다. 그 일이 가장 오래 할 수 있고 즐겁게 놀이처럼 할 수 있다.

당장 하고 싶은 일을 사업화하기에는 무리가 있다면 직장을 다니는 지금 이때에 천천히 준비를 하자. 최소 1년은 실전 경험이 필요하다. 요리를 잘한다면 요리를 해서 주변 사람들에게 먹여보고, 새로운 요리를 만들 때마다 심사위원이 돼 달라고 부탁하라. 그렇게 해서 확실하게 나만의 레시피를 만들면 그때 회사를 박차고 나와서 창업하라.

'생각하는 대로 살지 못하면 사는 대로 생각하게 된다'는 말도 있지 않은가? 내가 사랑하는 일을 찾자. 그리고 즐겁게 놀이하듯이 일을 하자. 당장 생활비를 벌어서 메꿔야 한다는 압박감에서 벗어나서 즐기면서 일을 해야 결과물이 훨씬 더 멋지고 획기적이다. 내가 하고 싶은 일을 찾기 위해서 제발 직장에서 딴짓하라! 회사에서 안정된 월급을 받으면서 다양하고 새로운 경험을 하라. 그리고 내가 사랑하는 일을 찾아라.

CHAPTER 2

지식·정보·경험·노하우를
콘텐츠화 하라

수많은 사람들이 창업에 뛰어들고 있다. 그러나 대부분 자영업 중심으로 성장한 우리나라 창업 시장은 천편일률적이고 경쟁도 심화돼 있다. 창업하겠다고 하면 대부분 치킨집이나 커피숍을 생각하기 때문에 한 집 건너 볼 수 있다. 너무 많은 공급은 '나눠 먹기 식'으로 변질될 수밖에 없고 그마저도 1년을 채 버티지 못하고 문을 닫는다. 그러다보니 창업한다고 하면 힘들다는 생각이 먼저 들 수밖에 없는 것이다.

미국이나 유럽은 자영업 중심이 아닌 지식·정보·경험·노하우를 콘텐츠화한 '창의성 창업'이 주를 이룬다. 그들은 지식 콘텐츠에 큰돈을 투자하는 것을 아까워하지 않는다. 한 회에 몇 백만 원씩 하는 강연을 듣기위해 아낌없이 시간과 돈을 투자한다. 그리고 그것을 당연하게 생각한다.

미국의 전직 대통령 빌 클린턴은 청중을 휘어잡는 뛰어난 화술로 회당 2억 원 이상을 받으며 강연 활동을 하고 있다. 2001년 퇴임 이후 지금까지 약 600회의 강연을 했고 강연료로만 약 2,000억 원이 넘는다. 브라이언 트레이시는 1회 강연료가 8억 원이 넘고, 앤서니 라빈스, 브랜든 버처드, 김미경 원장, 김정운 교수, 이영권 박사, 공병호 박사, 김창옥 교수 등 이들 모두 시간당 강연료나 컨설팅 비용이 평범한 직장인들은 엄두도 못 낼 정도로 높은 수입을 올리고 있다. 그들은 노동에 비례해서 수입을 올리는 것이 아니라 지식과 정보, 노하우에 따른 가치를 전달하기 때문이다.

지식과 재능이
힘이다

정보와 재능을 사고파는 시대인 지금, 재능은 큰 힘이 된다. 당신에게는 분명 직장생활을 하거나 학교에서 공부하며 쌓아온 전문지식과 노하우가 있을 것이다. 그것을 파는 것이다.

평범한 주부에서 6개월 만에 공인중개사 자격증을 취득하고 5년 만에 10억을 벌고 고수를 따라서 투자했다가 1,000만원으로 1년 만에 3억을 번 사람이 있다. 바로 『나는 쇼핑보다 부동산 투자가 좋다』의 저자 아라인베스토리 그룹 이나금 회장이다. 물론 그녀에게도 힘든 시기가 있었다. 부동산을 시작한 지 1년 만에 서브프라임 모기지로 그동안 쌓아왔던 재산이 반토막이 나기도 하고 10억이 넘는 빚과 은행 이자 부담까지 떠안으면서 살고 있던 집까지 팔아야 했다. 주식으로 어떻게 해보려고 하다가 주식도 망하면서 망연자실해 있던 그녀는 다시 부동산으로 복귀해 1년 만에 빚을 탕감했다.

빠르게 부동산으로 돈을 벌 수 있었던 그녀만의 노하우는 뭐였을까? 첫째, 시세보다 저렴한 빌라를 사서 인테리어 공사로 가치를 상승시킨 뒤 되팔면서 수익을 내는 것이다. 둘째, 아직 도시가 생기기 전인 신도시내 상가를 분양받아 프리미엄을 받고 팔거나 장사를 하다가 어느 정도 자리를 잡으면 권리금을 받고 파는 것이다.

부동산으로 성공하기 위해서는 '매의 눈'을 키워야 한다. 이 회장은 자신의 노하우를 그대로 배우기 위해서는 시야를 넓혀야 한다고 말한다. 그러기 위해서 1년이든 6개월이든 선호하는 지역의 부동산 매물의 매매가나 임대가를 메모하고 그 기간 동안 경제기사나 부동산 시장 및 동향 등의 뉴스를 매일매일 투자미션 노트에 적으라고 말한다. 공부하지 않고 성공하려는 자는 절대로 도달하지 못한다. 꾸준한 공부만이 그 노력을 배신하지 않는다.

그녀는 자신이 경험한 노하우와 지식, 정보를 제공해주는 '직장인을 위한 부동산 투자연구소' 네이버 카페를 개설하고 일일특강과 실전 투자반 6주 과정을 개설했다. 6주 과정의 경우 다른 부동산업체에서도 알려주는 일반적인 지식이 아니라 종자돈 만들기부터 실제로 바로 투자할 수 있게 교육하고 도와준다. 금액이 고가임에도 불구하고 많은 사람들의 요청으로 항상 2달 전부터 예약이 꽉 찬다고 한다. 카페에 가면 수강생들의 성공사례, 강의 수료 후기 등을 모두 동영상으로 촬영해 신뢰도를 높였다. 말뿐인 성공후기가 아니라 실제로 성공한다는 것을 눈으로 직접 확인시켜주면서 차별화한 것이다.

최근에는 지식기반 1인 창업이 늘어나면서 카페나 스터디룸을 대관해서 원데이 클래스를 여는 사람들이 늘고 있다. 스터디룸 가격은 천차만별인데 잘 알아보면 굉장히 저렴하면서 음료를 무료로 제공하는 곳도 많이 있다. 이런 스터디룸을 활용해서 뜨개질, 향초 만들기, 향수 제조, 천연화장품, 천연비누 만들기까지 수많은 강연이 열리고 있다. 한 강연 당 5명만 와도 수입은 꽤 짭짤하다. 무엇보다 자신이 좋아하고 잘하는 일을 하다 보니 수입보다는 그저 즐겁게 일을 할 수 있어 행복하다. 눈치 볼 상사도 없고 실적을 올려야 한다는 부담감도 없다. 평일에는 일을 하고 주말이나 평일 저녁을 활용해서 강연을 할 수 있어 시간 활용도도 높다.

스마트경영연구소 이길성 대표는 원래 경영학과를 나온 일반 직장인이었다. 그러다 우연히 병원일에 뛰어들게 되면서 병원 경영관리를 맡아 경영과 재무 컨설팅을 하고 있다. 경영을 배웠기 때문에 그것을 병원의 경영관리에 접목시켜 시스템을 개발한 그는 자신의 지식을 제대로 콘텐츠화 시켰다. 병원과는 전혀 관계가 없었지만 이 새로운 일이 너무나도 재미있고 행복하다고 말하는 그는 제약회사 강의, 경영컨설턴트 과정 등 분야를 넓히고 있다. 그 뿐 아니라 살사동아리를 운영해 전국 살사대회에서 1등을 할 만큼 취미생활도 열심히 한다. 몸이 두 개라도 모자랄 정도지만 시간 관리를 철저히 하고 필요하면 몇몇 믿는 사람들과 일을 공유하고 함께하는 시스템을 정착시켰다. 다른 일을 하면서도 돈이 들어오는 시스템을 구축해서 한 달에 일반 직장인의 연봉만큼 버는 그는 걸어 다니는 중소기업이다.

캘리그라피 강좌를 진행하는 P씨는 대학졸업 후 취업준비와 어학연수를 위한 돈을 모으기 위해 시작했다. 처음에는 아르바이트 정도로 활동하다가 수입이 좋아지자 본업으로 전환했다. 대기업 입사를 준비했던 그녀였지만 지금은 대기업 못지않은 연봉을 받으며 자신의 재능을 확장시키고 있다.

"취업을 위해 어학연수를 가고 학원을 다니고 스펙을 쌓고 자격증을 따는 시간에 제가 하고 싶은 일에 투자를 하는 게 더 낫다고 생각해요. 결국 그렇게 쌓은 스펙은 많은 사람들과 똑같은 일률적인 것들이라 눈에 띄지도 않고 돈만 쓰고 취업도 못하는 악순환이 반복되는 것이죠. 저는 지금 너무 행복합니다. 제 재능을 알려주면서 또 저도 배우고 있거든요. 계속 성장하는 사람이 되기 위해 강좌를 연 지금도 따로 돈을 내고 공부하고 있어요."

늘 공부하면서 발전하기에 P씨의 강좌는 신뢰 속에 쌓인 인기를 누리고 있다. 물이 고이면 썩듯이 재능도 가만히 내버려두면 썩기 마련이다. 가르치면서 배운다는 말이 있다. 더 잘 가르치기 위해 지금도 열심히 공부중인 그녀는 성공할 수밖에 없다.

직장인 A씨는 뷰티블로거로 활동하다가 사표를 내고 본격적으로 유튜브에서 메이크업 강의를 시작했다. 뷰티에 관련된 글을 포스팅 해오면서 쌓아온 재능을 유감없이 발휘하고 있는 그녀는 회사 월급보다 수입이 더 좋다고 한다.

심리상담사 M씨는 자신의 블로그와 심리관련 카페에 좋은 글을 꾸준히 올리면서 자신을 알리고 1:1 심리 상담을 진행하고 있다. 1시간당 상담료는 5만원이고 상담을 위해 진행하는 진단지는 10만원이다. 보통 일주일에 한번 씩 상담이 이뤄지는데 내담자는 얘기를 들어주고 함께 울어주는 것만으로도 마음이 풀린다고 한다. 필요시 상담에 필요한 설문지를 작성하기도 하고 내면에 쌓인 감정을 풀기 위한 해결방법을 제시하기도 한다. 심리 상담이라는 것이 끝나는 시기가 정해져 있지 않다보니 적게는 2~3번에서 많게는 몇 년 동안 꾸준히 상담을 받기도 한다. 지금도 꾸준히 심리공부를 하고 있다는 M씨는 내담자의 마음을 어루만져주기 위해 매일 책 한 권씩 읽으며 자신을 다스린다.

정보의 불평등을 이용한 방법도 있다. 인터넷과 스마트폰 공급으로 많은 사람들이 정보의 홍수 속에서 살고 있다. 넘쳐나는 정보 속에서 유용한 정보만 큐레이션 해서 제공하는 것만으로도 차별화 할 수 있다. "내 고객은 누구인가?" "고객의 고민은 무엇인가?" "그들의 고민을 어떻게 해결해 줄 것인가?"를 고민하면 어떤 정보를 원하는지 알 수 있다. 예를 들어 운전학원을 운영하고 있다면 '초보운전자, 백미러로 뒤 차 거리 계산하는 방법' '장롱면허, 쉽게 차선 바꾸는 방법' '장롱면허도 후진주차 잘하는 법' '초보운전자 사이드 미러 이렇게 맞추세요' '운전면허 주행시험에 나오는 평행주차공식 5가지' 등의 정보를 모아서 제공하는 것이다. 굳이 내가 새롭게 만들지 않아도 된다. 인터넷에 떠도는 수많은 정보들을 모아서 그중에서 내가 강조하고 싶은 주제로 분류해서 깔끔하게 이미지와 큰 글씨로 카드뉴스형태로 만들어서 제공하는 것이다. 이때 카드 뉴스 아래에 내가 운영하는 운전학원 이름과 주소를 입력해 놓으면 사람들은 그것을 광고라고 생각하지 않고 유용한 정보라고 생각해서 공유한다. 유튜브에 동영상을 올려서 홍보하면 SNS의 특성상 몇 십만 명, 몇 백만 명까지 공유가 일어날 수 있다. 게다가 광고수익도 올릴 수 있으니 1석 2조다.

어떤 분야든 더 배우고 싶은 갈증을 느끼는 사람들에게 해결책을 제시해줄 수 있는 정보를 제공함으로써 자연스럽게 전문가로 포지셔닝 할 수 있다. 운전학원에 오라고 광고하는 것이 아니라 그들이 원하는 정보를 주는 '고마운 사람'이 되는 것이다. 더 이상 가격경쟁은 무의미하다. 정보의 불평등을 이용해서 차별화하자.

지금 하는 일이
밑천이다

경험과 노하우는 시간이 지난다고 저절로 쌓이는 것이 아니다. 내가 어떻게 일을 해왔고 어떤 마음가짐으로 받아들여 왔느냐에 따라 천차만별이다. 그저 주어진 일만 하고 발전하기 위한 노력 없이 시간 떼우기 식으로 한다면, 시간이 지나도 그 자리에 머물러 있을 수밖에 없다. 내게 주어진 일은 어떤 일이라도 '모두 다 내 것으로 만들겠다'는 마음으로 일하자. 지금 하는 일이 '전혀 도움이 되지 않는 일'

이라는 생각이 들지라도 완벽하게 그 일을 해내자. 언젠가 그 일이 나중에 내가 하는 일에 크게 일조할 날이 올 것이다.

한 달에 월급을 16번 받는 남자가 있다. PYH 대표이사, 네 시삼십삼분 커뮤니케이션 총괄이사, 우아한 형제들 커뮤니케이션 총괄이사, 오콘 커뮤니케이션 총괄이사, 카카오톡 커뮤니케이션 홍보이사, 선데이토즈 커뮤니케이션 총괄이사 등 갖고 있는 회사의 직함만 10개가 넘는다. 그가 바로 '관점 디자이너'로 활동하고 있는 『관점을 디자인하라』의 저자 박용후 씨다. 그는 시간과 장소에 상관없이 일하며 자신의 재능을 판매하는 '오피스리스 워커Officeless Worker'다. 기존의 투잡, 쓰리잡과는 달리 자신의 재능을 여러 곳에 분산투자하는 그는 진정한 재능판매자이다. "각자가 자신이 최고의 역량을 발휘할 수 있는 시간과 장소에서 일해야 한다"라고 말하는 그는 자신이 스스로 정한 시간과 장소에서 자유롭게 일을 하고 있다. "회사가 더 이상 일할 수 있는 여건을 만들어주지 않을 때 나는 어떻게 해야 하는가'라는 질문을 던져봐야 합니다."

그의 말처럼 자신에게 질문을 던져보자. 항상 5년 뒤의 내 모습을 생각하며 준비해야 한다. 정보를 파는 것을 인포플래너Info Planner라고 한다. 실제로 많은 사람들이 인포플래너의 삶을 원하고 있다. 돈도 들지 않고 나를 팔아서 브랜드를 만드는 데 이보다 더 좋은 방법은 없다. 박용후 씨는 이런 인포플래너 삶을 살면서 여러 곳에 자신의 재능을 뿌리고 있다. 상품을 파는 것보다 정보를 파는 것이 훨씬 더 가치가 높다. 상품은 시장가격이 이미 정해져 있다. 콩나물 한 봉지를 2,000원에 판다고 하자. 나는 이 콩나물을 직접 물을 주고 사랑과 영양을 듬뿍 주면서 유기농으로 키워 1만원에 판다고 한다면 과연 사람들이 살까? '유기농이라고 하고 비싼 만큼 정말 좋을까?'라는 마음에 처음 얼마간은 팔릴지도 모른다. 하지만 대부분은 그 금액을 받아들이기 힘들 것이다. 정보는 상품과 달리 금액이 정해져 있지 않다. 그렇기 때문에 나만의 지혜를 10만원에 팔수도 있고 500만원, 1,000만원에 팔수도 있는 것이다.

우리는 늘 무언가를 소비한다. 맛있는 음식을 먹는 것을 좋아한다면 맛 집을 찾아다니며 소비하고, 뜨개질에 빠져 있다면 뜨개질에 필요한 도구와 실을 사고 도안을 구입한다. 이렇듯 우리는 늘 소비를 하며 소비를 하는 곳에는 시장이라는 플랫폼이 존재한다. 사회가 어느 정도 안정이 되면서 사람들은 웰빙을 찾고 다각화된 라이프 스타일을 즐긴다. 건강을 위해 건강식을 챙겨먹으면서 영화 보는 취미와 여행을 병행한다.

우리는 이 중 내가 하고 싶었던 일을 선택해서 라이프 스타일에 녹여 팔면 된다. 내 라이프 스타일을 파는 것이다. 부동산 세일즈라는 직업을 30년째 하고 있다면 부동산 세일즈에 관련된 책을 쓰고 그동안 내가 경험해 온 고객관리와 부동산 관련 노하우를 들려줌으로써 내 라이프 스타일을 판매하는 것이다. 이미 내가 관심이 있고 하고 싶은 분야가 있다면 나와 같은 생각을 하는 사람들은 반드시 존재하기 마련이다. 내가 관심이 있는 분야에 무엇이 가장 궁금하고 알고 싶은지는 이미 나 자신이 잘 알고 있다. 그것을 잘 활용한다면 그들을 공략할 수 있다.

꼭 의사나 판사, 변호사만이 전문지식을 파는 것이 아니다. 길거리의 노점상 주인도 전업주부, 일반 직장인, 트럭운전기사, 학생도 모두 자신만의 지혜를 팔 수 있다. 내 자산에는 매달 받는 월급만 있는 것은 아니다. 나만의 지식과 지혜도 자산이다. 다만 보이지 않을 뿐이다. 무형의 자산을 유형의 콘텐츠로 만들고 그것을 표현하는 능력을 키우는 것이 가장 수익률이 높은 재테크다.

내 지식과 지혜를 제대로 포장해서 팔아보자. 비싸게 팔면 팔수록 내 지혜의 매력과 가치는 높아진다. 싸게 판 것을 비싸게 팔수는 없지만 비싼 것을 싸게 파는 것은 가능하다. 내 지혜에 높은 가치를 매겨보자. 그리고 자신 있게 팔아보자.

CHAPTER **3**

최고의 코치에게 배워라

당신의 시간 도둑은 TV도 스마트폰도 아닌 '목적 없이 조급해하는 나 자신'이다. 목적을 분명히 하고 차근차근 준비해 나가야 한다. 혼자서 할 수 없다면 최고의 코치를 찾아서 배워야 한다. 못하는 것을 붙잡고 끙끙 앓으면 시간만 낭비할 뿐이다.

진짜 제대로 배우고 싶다면 투자를 해야 한다. 무언가를 배우고 싶다면 그 분야 최고의 코치를 찾아가자. 어중간한 실력을 가진 사람에게 배워서 어중간한 능력을 얻는 것보다 제대로 배워야 한다. 빌 게이츠에게는 어린 시절부터 멘토 역할을 해준 사람들이 여러 명 있었다고 한다. 직원들이 쓴 코드를 일일이 검토하고 잘못된 점을 이메일로 직접 짚어주는 그의 습관은 RW사의 일류프로그래머 출신이었던 존 놀튼에게서 배운 것이다.

알렉산더 대왕도 최고의 멘토가 있었다. 바로 아리스토텔레스다. 아리스토텔레스는 플라톤에게, 플라톤은 소크라테스에게 멘토링을 받았다. 누구에게 멘토링을 받느냐에 따라 평범하게 살 수도 있고 역사적인 성취를 이룰 수도 있다.

역사 속 최고의 인물뿐 아니라 스포츠 선수에게도 최고의 코치이자 멘토가 있다. 약점 없는 선수는 없다. 강점만을 개발하는 선수는 오래가지 못하는 법이다. 약점을 파악하고 강점으로 승화시키기 위해서는 옆에 최고의 코치가 있어야 한다. 선수의 곁에서 몸 상태와 훈련량, 속도, 나쁜 습관을 모두 체크한다. "다시 뛰어!"가 아닌 "이렇게 저렇게 뛰어봐"라며 구체적으로 자세하게 코치한다. 어떤 경기도 혼자 모든 것을 다 하는 선수는 없다.

당신의
멘토는

　　　　　　　세계 최고의 회사들은 높은 금액을 주고 컨설턴트를 고용한다. 그들은 탁월한 경영능력으로 각 회사의 경영을 관찰하고 조언을 해준다.

잠실 지하상가의 한 빵집은 엄청난 유동인구와 최고의 목에 자리 잡고 있음에도 불구하고 계속되는 적자에 컨설팅을 의뢰했다. 컨설턴트의 해결책은 간단명료했다.

"가게 문을 활짝 여세요."

어떤가? 높은 비용을 지불하고 컨설팅을 의뢰하길 잘 했다는 생각이 드는가? 누군가는 "나도 그 정도 말은 할 수 있겠다"라고 생각할 것이다. 그러나 이 간단한 답을 찾기 위해서 컨설턴트는 수많은 점포와 회사를 컨설팅하면서 실패와 성공을 맛보았을 것이다. 실패와 성공 속에서 찾은 답이 바로 '문을 활짝 여세요!'였던 것이다. 누구나 답변을 들으면 코웃음 칠 이야기지만 아무나 생각해낼 수 없는 방법이기도 하다.

사장은 컨설턴트의 말을 듣고 그날부터 가게 문을 활짝 열어두기 시작했다. 가게 안의 향긋한 빵 냄새가 지하상가를 가득 메웠고 지나가는 사람들의 발목을 이끌었다. 자연스럽게 들어온 빵집에 맛있고 독특한 빵들이 진열돼 있는 모습을 보고 너도나도 지갑을 열었다. 그 빵집은 한 달도 안 돼 매출이 2배 이상 뛰었다.

아무리 내가 완벽하고 멋진 콘텐츠를 가지고 있다고 해도 사람들이 그런 것이 있다는 사실조차 모른다면 무용지물이다. 맛있는 빵을 진열하고 손님이 오기를 기다리기만 한다면 수많은 빵집에 가려진채 막을 내릴지도 모른다. 아주 간단한 해결책으로 보이지만 아무나 생각해 낼 수 없기에 최고의 컨설턴트에게 배워야 하는 것이다. 때로는 단순한 것이 더 완벽하다.

성공한 사람에게
조언을 구하라

스티브 잡스는 애플의 로고부터 시작해서 아이폰의 모양까지 모든 것에 미친 듯이 단순함을 추구했다. '단순함'이 애플의 원동력이자 스티브 잡스의 강력한 무기다. 제품의 기능이나 디자인이 단순하지 않고 복잡했다면 애플의 인기가 이렇게까지 계속되지는 않았을 것이다. 그 간단한 단순함을 얻기 위해 우리는 수많은 경험을 한 코치에게 배워야 하는 것이다.

우리는 무언가 결정할 때 주위 사람에게 조언을 구한다. '친구 따라 강남 간다'라는 말이 있을 정도로 친구의 말에 내 결정이 좌지우지 되는 경우가 많다. 얼마 전 캄보디아에서 보이스피싱 조직을 검거했는데 20여명이 모두 한국의 어느 지역 선후배, 지인이었다고 한다. 친구가 돈을 많이 벌 수 있는 일이 있다고 하니 너도나도 따라가서 나도 모르게 범죄에 가담하게 된 것이다. 조금만 알아봤더라면 쉽게 넘어가지 않았을 텐데 주변 사람들 말에 휘둘린 대가는 엄청났다. 현재 20명 모두 캄보디아 구치소에 수감된 채 재판을 기다리고 있다.

조언을 구할 때는 주변사람에게 구하면 안 된다. 꿈이 없고 성공한 사람이 아닌 사람들에게 조언을 구하면 누가 제대로 된 답변을 주겠는가? 자신만의 경험을 토대로 나를 위해 해주는 조언이 "내가 너를 위해서 하는 말인데 그건 아닌 것 같아"다. "내가 해봤는데 이게 정답이더라"라는 말은 그 사람의 입장에서 하는 말이다. 당신의 입장에서 당신이 돼보지도 않고 하는 말에 왜 넘어가는가? 그들은 당신이 그 말을 듣는지 어떤지는 관심이 없다. 결국 모든 결정의 책임은 내가 지는 것이다. 지금 내가 가고 있는 길이 맞는지 어떤 방법으로 가야 빠른 길인지 모르겠다면 제대로 된 코치를 찾아가서 조언을 구하라. 그게 몇 백 만원이든 몇 천 만원이든 마다하지 마라. 차를 사고 집을 사는 돈으로 당신에게 투자를 해야 한다. 코치는 당신이 제대로 된 길을 걸어갈 수 있도록 인도해줄 것이다.

내가 사업을 하려고 하는 분야의 최고 성공자에게 가서 배우자. 그가 겪은 경험 모두가 노하우고 성공 포인트다. 실제로 워런 버핏과의 점심식사를 하기 위해 22억 원에 경매에 낙찰한 사람이 있다. 점심식사를 하는 단 1시간 동안 그에게서 부에 대한 가르침을 얻기 위해서 큰 돈을 투자한 것이다.

내 책을 읽고 많은 독자들이 내게 자문을 구해온다. 1인 창업 아이템, 강사로 시작하는 방법, 자신이 하는 일을 강의 콘텐츠로 만드는 방법, 스피치 능력 향상 방법, 퍼스널 브랜딩

비법, 회사를 박차고 나가 1인 창업하기 전 준비해야 할 것들, 최고의 코치 찾는 방법 등 질문도 다양하다. 그런 메일을 받으면 나는 먼저 독자의 이야기를 들어본다. 그들이 실아온 이야기와 회사에서 무슨 일을 하는지, 그리고 어떤 노하우와 경험을 가지고 있는지를 알아야 더 자세한 컨설팅을 할 수 있다. 내 메일로 방법을 찾고 시작하는 사람, 용기를 얻은 사람, 내 책을 읽고 1인 창업으로 성공해서 감사의 메일을 보내는 사람도 있다. 그럴 때마다 내 일처럼 기쁘다. 나는 많은 사람들이 1인 창업으로 죽을 때까지 행복하고 즐겁게 살길 바란다.

최고의 코치를 찾는다면 먼저 내가 감동 깊게 읽은 책이나 내가 일하는 관련 책을 쓴 사람에게 메일을 써보거나 전화 혹은 문자로 컨텍해보자. 그 다음에 만날 약속을 잡고 찾아가자. <u>작은 시도조차 하지 않고 최고의 코치를 어떻게 만나냐고 말만 해서는 성공할 수 없다.</u>

지금 하려는 일이 있다면 여기저기 기웃거리면서 시간 낭비하지 말고 투자하자. 꿈 찾아 헤메다가 시간 버리고 돈 버리고 결국 '꿈 객사' 한다. 세월을 벌 가장 강력한 무기를 장착하고 출발해야 한다. '언젠가'라는 날은 절대 오지 않는다. 지금 이 순간만이 존재할 뿐이다. 좋아하는 일을 찾아서 지금 하자. 그러면 당신은 평생 단 하루도 일할 필요가 없다.

CHAPTER 4

책을 써서
나를 마케팅하라

책은 특별한 사람만 쓰는 것이 아닌 평범한 사람 누구나 쓸 수 있다. 특히 요즘은 책 쓰기가 대세다. 직장인, 주부, 학생 등 많은 사람들이 앞 다퉈 자신의 이름이 들어간 책을 출간하고 있다. 책이 가장 나를 알릴 수 있는 돈이 들지 않는 최고의 방법이기 때문이다.

『삽질정신』의 저자 박신영은 32살의 젊은 나이에 폴앤마크 이사로 '삼성 창조 전문가 과정'에서 기획사고력 강의를 맡고 있다. 불과 몇 년 전만 해도 통장 잔고가 마이너스여서 2,000원짜리 떡볶이도 못 사먹는 프리랜서 강사였던 그녀는 현재 너무 많은 강연 의뢰들로 행복한 비명을 지르고 있다.

제일기획에 근무하는 평범한 직장인이었던 그녀는 어떻게 성공할 수 있었을까? 답은 바로 책이다. 그녀는 하고 있는 기획 강의를 좀 더 체계화하기 위해 인간의 학습과정을 이론화한 4MATwhy-what-how-if의 창시자인 버니스 매카시의 수업을 들으러 모아둔 돈을 탈탈 털어 미국행 비행기에 올랐다. 그녀에게 돈보다는 확신이 있었다. 그녀는 수업을 듣고 '유레카'를 외쳤다. 획기적인 내용을 들으며 이 내용을 자신의 기획 강의에 적용하면 좋을 것 같다고 생각했다. 그녀는 바로 실행에 옮겼다. 그리고 학습이론을 적용한 기획 강연법을 연구하고 교재도 개발했다. 한국에 다시 돌아온 그녀는 다양한 청중들을 만나면서 강연법을 연구했고 결국 지금의 그녀를 만든 '기획사고력'을 완성시켰다. 그녀의 강연법은 탁월했고 입소문을 타면서 수많은 기업들을 다니며 기획사고력을 설파했다. 하지만 가장 탁월한 마케팅은 역시 책 이었다. 『삽질정신』을 시작으로 『기획의 정석』 『보고의 정석』 책을 연달아 펴내면서 명실상부 '기획의 멘토'로 자리매김 할 수 있었다.

책은
나를 알리는 분신

책은 내가 팔러 다니는 것이 아니다. 나를 대신 팔아주는 기특한 분신이다. 나는 국회를 못 들어가지만 내 책은 국회로 들어가고 대통령이 내 책을 읽을 수 있다. 내 자식이, 내 손자손녀가 내 책을 읽고 내 스토리를 알 수 있다면 얼마나 감동받겠는가. 내 책에 담긴 철학을 자연스럽게 읽히고 가르친다면 자식들이 엇나가는 일은 없을 것이다. 백날 공부하라고 말하는 것보다 내가 이렇게 살아왔다는 것을 책으로 보여주는 것이 더 좋은 가르침이다. 나는 이곳에 있지만 내 책은 전국을 돌아 해외로 수출되기도 한다. 이 얼마나 멋진 일인가?『미친 꿈에 도전하라』의 권동희 저자는 책 한 권을 내고 롯데백화점의 전 지점을 돌며 강연을 했다. 그녀에게 강연요청이 들어온 방법은 굉장히 특이하다. 책에 연락처가 없었기에 강연 요청을 하고 싶었던 롯데백화점 관계자는 그녀가 관리하는 카페의 등업 게시판에 글을 썼다. 등업이 되지 않으면 글을 쓸 수 없었기 때문에 등업게시판에 강연 요청 글을 올린 것이다. 그만큼 그녀를 모시고 싶었던 관계자의 절실함이 묻어나지 않는가? 평범한 직장인이었던 그녀가 책 한권으로 인생역전을 한 것이다. 책을 쓰면 이런 마법 같은 일은 아주 쉽게 일어난다.

그렇다면 나를 마케팅 하기 위한 책은 어떻게 써야 할까? 사람들이 듣기 좋은 말만 늘어놓는 책도 좋지만 자신의 스토리를 녹인 이야기가 더 사랑을 받는다.『하루 10분 독서의 힘』은 다 읽고 나면 임원화 작가를 만나고 싶다는 생각이 든다. 그녀를 만나서 직접 이야기를 듣고 싶고 멘토링을 받고 싶어 한다. 수많은 독서법 관련 책 중에 왜 그녀의 책은 작가에게 관심이 쏠릴까? 다른 책은 "아 독서는 이렇게 해야 하는구나. 그래, 오늘부터 나도 한 번 해보자" "나도 오늘부터 꿈을 위해 노력해야지"라고 생각하고 책을 덮어버린다. 작가가 마음에 와 닿기 보다는 책의 좋은 문구가 마음에 와 닿는다. 물론 책속의 좋은 내용이 마음에 남는다는 것은 좋은 일이다. 하지만 우리는 책으로 나를 브랜딩 해야 하기 때문에 나를 알리는 것에 중점을 두어야 한다.

임원화 작가의 책 속에는 작가의 스토리가 녹아져 있다. 그녀의 책을 읽어보면 첫 시작부터 분당서울대 병원에서 간호사로서의 치열한 삶을 기록하고 있다. '하루 10분'이라는 독서법을 만들게 된 이유도 병원에서의 힘든 삶을 이겨내기 위해 몰입독서를 하면서 쌓아온 것이다. 그때 치열하게 읽은 자신의 방법을 체계적으로 정리해서 책으로 펴냈고 지금 이렇게 뜨거운 사랑을 받고 있다. 독서법에 대한 책을 쓰더라도 내 스토리를 녹여야 하는 이유이다.

『1년 안에 병원매출 10배 올리기』의 저자이자 말리언스컴퍼니 전아영 대표도 자신의 스토리를 책에 녹였다. 병원에서 근무하면서 아주 사소하고 작은 것부터 고객을 위한 변화를 시도 했고 고객들의 반응은 뜨거웠다. 특히 눈에 보이지 않는 의

료서비스를 유형으로 만들어 경험하게 하는 콘텐츠를 개발하는데 집중했다.

책 제목처럼 그녀는 실제로 12평의 작은 규모에 신규개원치과. 심지어 건물 내 1,2층에 치과가 있고 3층이라는 가장 안 좋은 위치에 오픈한 치과의 매출을 한 달 만에 2배로 올리고 1년 만에 2배 규모로 확장시켰다고 한다. 어떻게 가능할 수 있었을까?

그녀는 먼저 고객의 니즈를 파악하고 해결하는데 초점을 뒀다. 바쁜데 필요 없는 진료를 하라고 설득하는 게 아니라 니즈를 먼저 해결해서 환자의 불편함을 없애준 다음에 필요한 치료에 대한 설명과 사후관리를 진행했다. 그리고 고객경험관리 이벤트를 지속적으로 시행했다. '꼼꼼한 임플란트'라는 브랜딩을 만들어 수술 특허기구도 개발했다. 또 칭찬 감사 카드를 만들어 전 직원이 그 한명을 일주일간 지켜보면서 칭찬하고 싶은 일이나, 인상 깊었던 일들을 작성해서 감사하다는 표현을 하는 등의 직장 내 이벤트도 시행했다. 이런 작은 부분들이 모여 환자를 감동시켰고 '감동'과 '신뢰'가 병원의 브랜드가 됐다.

자신이 직접 경험하고 만든 노하우를 묶어서 책으로 펴내니 어느새 '매출 올리기 노하우 전문가'도 됐다. 책 내용은 치과의 사례가 많음에도 불구하고 치과뿐만 아니라 동물병원, 안과, 소아과, 이비인후과 등 다른 과 병원 원장들의 러브콜을 받고 있다. 아주 작은 것이라도 다른 사례가 아닌 내 것을 녹여서 콘텐츠로 만들 때 사람들의 마음을 움직일 수 있다.

<u>삶의 모든 순간은 책 쓰기의 재료가 된다. 즐거웠던 순간, 힘들었던 순간, 행복했던 순간, 슬펐던 순간, 이 모든 순간들이 모여서 하나의 책이 된다. 사람들은 누구나 자신만의 경험과 노하우가 있다. 아주 사소한 것이라도 글로 쓰면 특별하게 된다.</u>

만약 당신이 시간 관리에 대한 책을 쓰고 싶다고 하자. 그러면 시간 관리에 대한 책을 30권 이상 사서 읽어보고 주변 사람들이 어떻게 시간 관리를 하는지 물어보고 연구한다. 거기다 자신의 경험을 넣는 것이다. '나는 지하철에도 약속시간을 기다리는 잠깐의 자투리 시간에도 책을 읽거나 공부를 한다' '화장실에서 볼일을 볼 때 단 1분이라도 책 한 줄을 읽는다' 등의 노하우 말이다. 그런 경험과 연구한 것들을 토대로 나만의 특별한 기법을 만들어내는 것이다. 그렇게 하나하나 풀어나가면 책이 된다.

내가 쓰고 싶은 책은 아직 경험이 부족해서 쓸 수 없다면 공부해서 쓸 수도 있다. 김태광 작가는 결혼도 하지 않았고 자녀도 없었지만 수많은 책을 읽고 연구해서 공저로『북유럽 스타일 스칸디 육아법』을 펴냈다. 마침 그 당시 엄마들 사이에서 스칸디 육아법이 유행하고 있어서 책이 나오자마자 백화점 문화센터 등 여러 기관에서 강연요청이 들어오고 베스트셀러에 올랐다. 내가 되고자 하는 분야의 책을 써서 나를 알리고 싶은데 경험이 부족하다면 김태광 작가처럼 연구하고 공부해서 쓰자.

『잘 벌고 잘 쓰는 법』의 저자 랜들 존스는 미국 100개 도시를 돌아다니며 부자들을 인터뷰한 내용을 바탕으로 책을 썼다. 『생각대로 살지 않으면 사는 대로 생각하게 된다』의 저자 은지성, 이형진 씨는 감동적인 스토리를 모아서 책을 썼다. 그들처럼 당신도 창업할 분야의 책을 써보자.

"알기 때문에 쓰는 것이 아니라 쓰기 때문에 참으로 알게 된다. 책을 쓴다는 것은 가장 잘 배우는 과정 중의 하나다." 변화경영전문가 고 구본형 소장의 말처럼 신기하게도 책을 쓰고 있는 동안, 책에 쓰인 대로 내가 가고 있다. 그리고 책이 나왔을 때는 그렇게 이뤄져있다.

내 책을 읽은 많은 사람들은 책을 쓰던 당시의 나를 모른다. 그리고 지금의 나를 보면서 '성공했으니까 책을 썼겠지'라고 생각한다. 절대로 그렇지 않다. 책을 한 권 쓰기위해서는 수십 권의 책을 읽어야 한다. 경쟁도서 분석도 해야 하고 다양한 사례를 수집하기 위해서 수많은 책의 내용을 참고해야 한다. 한 권의 책에 모든 노력과 정보가 집대성되는 것이다. 그렇게

책을 쓰면서 의식을 키우고, 수많은 책을 읽고 공부를 하면서
내 사업을 위한 준비를 해왔던 것이다. 평범한 나도 노력으로
책을 썼다. 그러니 일단 쓰자. 책은 유명 인사나 전문 작가들
만의 전유물이 아니다.

책 쓰기의 재료는
'모든 것'

회사에서 매일 야근을 해서 책 쓸 시
간이 없다면 『내가 상상하면 꿈이 현실이 된다』의 김새해 저
자를 주목하자. 그녀는 아이가 자는 틈틈이 책을 써야 했다.
그렇게 시간을 쪼개어 쓰다 보니 자꾸만 흐름이 끊겼다. 그래
서 그녀는 고민 끝에 아기를 돌볼 도우미를 쓰기로 했다. 아
마 도우미를 쓴다는 것은 누구나 쉽게 생각할 수 있을 것이
다. 그러나 그녀에게는 쉽지 않은 결정이었다. 생활을 이어나
가기도 빠듯한 살림에 도우미를 쓴다는 것은 상상도 할 수 없
는 일이었다. 책을 쓰고 싶은 간절한 마음에 그녀는 방법을 찾
았다. 도우미를 찾아가 책을 써서 인세를 받으면 드릴 테니 후
불로 해달라고 간곡하게 부탁했다. 생전 처음 보는 도우미였
지만 그녀의 진심 어린 부탁은 마음을 움직였고 2주간 도와주
기로 했다. 2주라는 시간을 번 그녀는 책을 쌓아두고 미친 듯
이 집필했고 약속을 지켰다. 그녀의 책은 순식간에 베스트셀

러에 올랐고 자신의 처지를 비관하는 많은 사람들에게 희망을 줬다. 여기저기서 강연요청이 쇄도했고 2015년 새해 아침에는 TV프로그램 『아침마당』에 출연해 '김새해'라는 이름에 걸맞는 새해 희망을 전달했다.

보험세일즈, 부동산 전문가, 자산관리사, 강사 등 이미 자신의 분야에서 잘나가고 있다고 생각하는 사람들은 착각에서 깨어나야 한다. 한 시간에 2만원~10만원의 강연료를 받고 1년에 300회 강연을 다니면서 한 달 월급을 벌기 위해 전전긍긍하는 것이 아니라, 한 번 강의에 300만원을 받고 한 달에 2~3번만 일하는 구조로 왜 가지 못하는가? <u>반드시 하루에 10만원만 벌어야 할 이유는 없다. 하루에 100만원, 1,000만원도 벌 수 있다.</u> 그러기 위해서는 세상에 나를 알려야 한다. 사람들에게 나를 사달라고 구걸하지 말고, 사람들이 나를 찾아오게 만들어야 한다. 책을 써서 나를 브랜딩하고 그들에게 내 경험과 지식을 나누어 주며 그들이 성공할 수 있도록 도와주자.

간절히 원하면 길은 보인다. 언제까지 핑계만 대면서 미루기만 할 것인가? '된다'고 생각하면 길이 보이고 '안 된다'고 생각하면 핑계만 보인다. 책은 나의 분신이자 전문가로 만들어 줄 강력한 도구다. 책을 써서 성공하자. 이미 당신에게는 책 쓸 재료가 있다.

CHAPTER **5**

파워블로거가
되라

현재 블로그를 하는 사람들은 굉장히 많다. 네이버, 다음, 티스토리 등 활동성 블로그만 해도 400만개가 넘는다. 그중 점유율이 가장 높은 것이 단연 네이버. 블로그는 개인의 장소이지만 소통의 공간이기도 하다. 우리는 물건을 사거나 맛 집을 갈 때 검색을 해보고 다양한 사람들의 의견을 본 다음 결정한다. 그중 직접 사보고 먹어본 사람의 생생한 정보를 보기 위해 블로그를 클릭한다. 입소문 형성의 기본이 바로 블로그인 것이다.

내가 하고 있는 일을 홍보하기에 가장 적합한 것도 블로그다. 그중 파워블로거는 단연 준전문가로 인정된다. 기업들도 파워블로거의 힘을 알기에 자사의 제품 홍보 수단으로 활용한다. 하지만 상업성 짙은 글은 곧 사람들의 외면을 받게 되기 마련이다. 최근 '블로거지'로 사회적인 논란이 일고 있는 것도 이 때문이다. 오랫동안 블로그를 유지하고 싶다면 자신만의 원칙을 세워야 한다. 직접 자신이 써보고 단점이 있다면, 그 단점까지도 모두 기록해야 한다. 그래야 신뢰를 얻을 수 있다.

'제이영의 별빛 더하기'의 제이영, 서자영 씨는 그런 점에서 최고의 블로거다. 그녀는 처음에 블로그가 무엇인지도 몰랐다. 우연히 스타뷰티쇼의 뷰티스트를 모집한다는 말에 지원했고 합격하면서 뷰티블로그를 시작했다. 매일 일기를 쓰듯이 하루에 2번 이상 글을 썼고 방문자수는 점점 늘어나 지금은 일일 평균 7,000명 이상, 이웃 수는 1,600명 이상이다. 1년 만에 그녀는 뷰티전문가가 됐다. 다른 블로그처럼 여러 가지 다양한 내용을 올리지 않고 오로지 자신의 일상 몇 개와 뷰티에 관련된 내용만 올리며 한우물만 판 결과다.

처음 블로그를 할 줄 몰랐을 때 그녀는 뷰티 관련 파워블로그를 3개 정도 선정해서 사진기법이나 글 방식을 그대로 따라 했다. 대문도 마음에 드는 것들을 여기저기 붙여서 만들었다. 포토샵을 할 줄 모르기 때문에 만드는 과정이 그리 녹록치 않았지만 자신이 하나하나 만들어가는 기쁨이 있었다. 그녀는 지금도 인기 블로그를 돌아보며 괜찮은 것은 받아들이고 잘못된 것은 버리며 자신을 채찍질한다. 이웃관리도 철저하게 한다. 하루에 연달아서 5시간이상 자본적이 없을 정도로 노력한다. 문의에 실시간으로 답변을 달고 방문자수가 좀 줄어들었다 싶으면 이웃블로그를 방문해 댓글을 달며 교류를 한다. 또 어떤 제품이 인기가 많은지 뷰티 관련 공부도 게을리 하지 않는다.

그녀에게 블로그는 '개인 도서관'이다. 자신의 이야기를 모두 기록한 도서관이자 명함이다. 그렇기에 제품을 제공받고 후기요청을 받았을 때 꼼꼼히 따져보고, 자신이 보기에도 별로라고 생각이 들면 과감하게 거절해야 한다. '단점을 적을 수 없는 리뷰는 쓰지 않겠다'고 블로그 대문에도 밝혀 놓았다. 직접 자신이 모두 써보고 3일 이상 트러블이 있는지 확인까지 한 다음에 300장 정도의 사진을 찍어 그중에서 20장 정도 추려서 올린다. 이렇게 자신만의 끊임없는 노력이 있었기에 그녀는 뷰티블로거로 거듭날 수 있었다. 지금 그녀는 화장품 브랜드의 품평회, 코스모폴리탄 잡지, 애드버토리얼 촬영 등 다양한 활동을 하고 『뷰티 파워블로거 그녀들이 쓰다』 공저 책도 내서 뷰티전문가로 자리매김하고 있다.

블로그는
'개인 도서관'

블로그는 처음부터 상업적으로 접근하면 안 된다. '판다'는 느낌이 들면 방문자 수가 떨어지게 된다. 지금부터 차근차근 준비해 일기 쓰듯이 매일매일 올리게 되면 나중에 상업성을 띠게 되더라도 친근감을 느끼기 때문에 떨어져나가지 않는다. 지금은 정보화 시대다. 수많은 정보와 글들이 인터넷이라는 공간에 파도치듯이 밀려들어온다. 그곳에서 내 글이 노출되려면 꾸준한 노력이 필요하다. 그렇게 노력이 급물살을 타게 되면 블로그를 통해 일이 들어오고 책 한 권쯤 출간하는 것은 우스운 일이 될 수도 있다.

29살까지 특별한 스펙과 배경 없이 다양한 일을 전전했던 박세인 씨는 블로그 '친절한 세인 씨'를 통해 소셜지킴이로 활동하고 있다. 그녀는 청소부터 시작해서 방문 판매원까지 안 해본 일이 없다. 호주에서 살 때 한국에서 땡처리한 신발을 사서 파는 일을 했다. 손님을 친구로 대하며 친절하게 대했고 어느새 가게는 만남의 장소가 돼 신발이 날개 돋친 듯이 팔렸다. 그렇게 혼자서 아르바이트를 하며 학비를 벌었고 30살에 한국으로 돌아왔다. 막상 와보니 자신에게 남은 것은 아무것도 없었다. 일단 무엇이든 시작해보자는 마음으로 블로그를 만들어 주방용품과 식품류를 팔기 시작했다. 그러던 중 자신의 관심사를 함께 나누고 싶어 뷰티나 맛집 관련 등 싱글여성을 위한 글을 썼고 그 이후 점점 이웃이 늘어났다. 결혼 후에는 출산과 육아 등 엄마를 위한 정보를 올리면서 사람들과 소통했다. 그리고 『블로그 투잡됩니다』라는 책을 펴내고 기업체 블로그 마케팅, 바이럴 마케팅 대행, 소셜마케팅 강의, 팟캐스트 MC 등을 하며 1인 기업가로 즐겁게 살고 있다.

블로그는 1인 기업가라면 당연히 갖고 가야 할 나를 나타내는 또 다른 명함이다. 하지만 블로그가 너무 많다보니 눈에 띄기란 쉽지 않다. 블로그로 성공하기 위해서는 다음 5가지를 기억해야 한다.

첫째, 그들이 알고 싶어 하는 것, 듣고 싶어 하는 것을 정보로 만들어 제공해야 한다. 내가 하고 싶은 말만 해서는 방문자 수를 늘릴 수 없다. 그들이 알고 싶어 하는 것을 스토리로 알려주고 소통해야 한다. 글을 쓰기 전 먼저 검색엔진을 활용해야 한다. 예를 들어 '마스크팩'을 사용한 후기를 올리고 싶다면 '마스크팩'으로 검색해보고 내가 사용하는 '00마스크팩'으로도 검색해보고, 다양한 키워드를 검색해봐야 한다. 검색해서 나오는 모든 단어가 들어갈 수 있게 글을 쓰고 마스크팩을 쓴 내 경험을 진솔하게 써야 한다. 키워드 선정이 굉장히 중요하다. 또 다양한 루트에서 들어올 수 있기 때문에 동영상과 사진도 활용해 올려야 한다. 특히 동영상은 블로그 체류 시간을 길게 해줘 페이지뷰를 늘려준다. 조회 수보다 페이지뷰가 높은 것이 더 질 좋은 블로그로 평가된다.

둘째, 나만의 특별한 콘텐츠를 만들어라. 내가 팔 상품 키워드가 포함된 블로그 이름을 짓고 핵심메뉴를 구성해야 한다. 검색을 해서 들어왔는데 글이 너무 좋아서 그 분야의 다른 글을 보려고 하니 온통 다른 내용의 글만 있었던 경험을 한 적이 있을 것이다. 그러면 잡블로그로 여기게 되고 다시 방문하지 않게 된다. 내가 집중할 콘텐츠를 만들었으면 집중적으로 올려야 한다. 그래야 검색을 했을 때 상위 노출이 잘된다. 일상, 맛집, 뷰티, 패션, 내 콘텐츠 등 모두를 다양하게 올리다보면 실제 내가 상위노출을 시키고 싶은 콘텐츠는 밑에 내려가 있고 관계없는 맛집이 순위에 오를 수도 있다. 그러면 맛집 블로그로 보고 콘텐츠 관련 글은 찾아보지 않게 된다. 내 블로그의 정체성을 정립하는 데 집중하자.

꾸준히
성실하게

셋째, 이웃과 교류하라. 내 블로그 지수를 올려주는 것은 이웃의 댓글과 공감이다. 내가 먼저 이웃에게 다가가 댓글을 달고 공감을 눌러주자. 그러면 빠르게 블로그지수가 높아질 것이다. 이벤트 등을 통해 그들과 소통하며 니즈를 끊임없이 파악해서 내 사업에 적용하자.

넷째, 꾸준히 일기 쓰듯이 글을 써라. 하루에 2개 이상 반드시 글을 올리고 키워드를 제목과 내용에 3개 이상 넣어라. 검색엔진의 원리를 활용해서 글을 쓰면 상위노출이 잘된다. 그렇다고 너무 남발하면 저품질에 걸릴 수도 있으니 방문자 수가 1,000명이 넘으면 조심해야 한다. 내가 팔 상품과 핵심타깃, 해결책 등이 담긴 내용을 진정성 있게 쓰는 것이 중요하다. 내가 팔 물건이 무엇이든 상대방에게 도움을 주겠다는 마음으로 다가가야 한다. 너무 상업적으로 흐르면 방문자들의 거부감을 불러일으킬 수 있다.

다섯째, 진정성 있는 콘텐츠를 담아 포스팅 하라. 이때 실시간 검색어에 올라간 글은 피하는 것이 좋다. 실시간 검색어가 들어간 내용의 포스팅을 하게 되면 많은 사람들이 방문한다. 많이 방문할 때는 1시간에 1만 명이 들어오고 하루에 10만 명이 넘게 들어올 때도 있다. 그렇게 되면 잘되고 있다고 생각할 수 있지만 흔히 말하는 저품질에 걸릴 수 있다. 실시간 검색어로 들어오게 되면 대충보고 나가버리니 방문자 수에 비해 체류시간, 즉 페이지뷰가 현저하게 적게 된다. 또 기사들을 짜깁기해서 올리게 되니 유사문서에 걸리게 된다. 그렇게 되면 홍보, 마케팅을 하는 기업이라고 생각하기 때문에 아예 내 블로그는 검색이 안 되게 저품질을 걸어버리는 것이다. 물론 실시간 검색어에 올라간 글도 진정성 있게 포스팅 한다면 괜찮지만 기사들을 짜깁기 하거나 대충 쓰게 되면 위험할 수 있기 때문에 피하는 것이 좋다. 블로그를 오래 갖고 가고 싶다면 내 생각이 들어간 진정성 있는 글을 써야 한다.

무언가를 구매하기 전 포털검색을 하는 국내 소비자 78% 중 41%가 블로그를 검색한다고 한다.

1인 기업가라면 블로그는 반드시 운영해야 한다. 꾸준히 성실하게 블로그를 운영해서 파워블로그가 돼 나를 제대로 팔아보자.

블로그를 성공시키기 위해 기억해야 할 다섯 가지

- '알고 싶어 하는 것' '듣고 싶어 하는 것'을 정보로
- 콘텐츠의 정체성을 정립하라.
- 이웃과 교류하라.
- 꾸준히 일기 쓰듯이 글을 써라.
- 진정성을 담아 포스팅 하라.

CHAPTER **6**

프로강사가
되라

대한민국은 바야흐로 강사 시대다. 평범한 사람도 한 가지 특출한 분야가 있으면 강연을 할 수 있다. 수많은 사람들이 그들의 이야기를 듣기 위해 모여든다. 평범하면 평범할수록 더 주위의 이목을 끈다. 그들과 비슷한 사람이 하는 말이기에 더 공감되고 나도 할 수 있다는 확신이 들기 때문이다. 강연 프로그램『세상을 바꾸는 시간 15분』은 이러한 평범한 사람들의 성공 스토리를 들려주는 곳이다. TED처럼 지식 강연 데이터베이스를 제공하지만 좀 더 우리나라 정서와 맞고 언어나 문화면에서 쉽게 접근할 수 있다. 꼭 전문가나 학자들만 강연을 하는 것이 아니라 누구나 자신의 생각과 스토리만 있다면 강사가 될 수 있다.

그렇다면 왜 많은 사람들이 강사가 되고 싶어 하는 것일까? 우선 강사는 원하는 시간에 자유롭게 일을 하며 돈을 벌 수 있다는 장점이 있다.

1인 창업으로 무언가를 하고 싶지만 돈이 없다면 강사만큼 좋은 직업이 없다. 강사는 무자본에 내가 시간을 마음대로 정할 수 있다. 보통 창업을 하기 위해서는 자영업의 경우 몇 천만원의 자본이 필요하고 성공할지도 미지수다. 강사는 내가 쌓아온 전문지식이나 경험을 활용해 콘텐츠를 만들어 낼 수 있다. 필요한 것은 자본이 아니라 지식과 경험인 것이다. 가장 수익성이 높은 직업이다.

또한 강사는 나이가 많다고 은퇴해야하는 것이 아니다. 오히려 나이가 많을수록 지식과 경험이 쌓여 더 질 좋은 강의를 할 수 있다. 은퇴를 하면 '은퇴'를 주제로 강의를 하고, 회사에서 쌓아올린 실적이 있다면 그걸 주제로 강의를 하면 된다. 주변을 돌아보면 강의 주제는 다양하다.

투잡을 하기에도 좋다. 지금 하고 있는 일에 이미 전문가인 당신의 노하우를 들려주는 것이다. 혼자만 잘하는 것보다 자신의 노하우를 강의를 통해 알려준다면 그 분야의 전문가로 자리매김할 수 있다. 가르치면서 더 성장하는 법이다. 청중 앞에서 실수하면 안 된다는 생각에 열심히 정보를 찾고 연구를 하면서 잠재능력을 개발하고 더 전문적인 능력을 쌓게 된다. 강의를 하면 할수록 그 분야의 전문가가 된다.

수익성
높은 직업

강사는 처음부터 끝까지 내가 주체가 된다. 그저 내 이야기를 들려주었을 뿐인데 사람들은 감동하고 내게 큰 영감을 얻고 돌아간다. 그런 경험은 강의밖에 없다. 가수는 무대 위에서 청중과 호흡할 때 가장 행복하다고 한다. 강사 역시 강연장이라는 무대 위에서 청중과 함께 호흡한다.

내가 만든 물건을 팔기 위해서나, 나라는 브랜드를 팔기 위해서도 강사가 좋다. "남자에게 참 좋은데. 뭐라 설명할 방법이 없네"라는 말로 일약 스타덤에 오른 천호식품의 김영식 회장. 그는 『10미터만 더 뛰어봐!』라는 책을 펴내 자신의 회사 브랜드를 알렸다. 그리고 각 지역 기관과 기업에서 강연을 하며 자신과 기업의 브랜드를 판다. 그 전에는 이름도 없었던 그의 몸값이 오른 이유는 여러 가지가 있겠지만 저서의 영향력이 크다. 그렇다면 저서만 있으면 될까? 베스트셀러 작가가 강의력이 부족해서 강연을 피하는 경우도 허다하다. 자신의 스토리를 제대로 알릴 강의 능력은 반드시 필요하다. 김 회장은 한 권의 저서와 그의 강의력으로 마케팅이 가능했다. 나를 팔 수 있는 가장 좋은 방법이 책과 강의다.

그렇다면 어떻게 프로강사가 될 수 있을까? 프로강사가 되기 위해서는 다음의 다섯 가지를 갖춰야 한다.

첫째, 나만의 특별한 강의 콘텐츠를 갖춰야 한다. 그러기 위해서는 내가 가장 잘하는 분야에 대해 잘 생각해야 한다. 누구나 자신만의 스토리가 있다. 나의 킬러 콘텐츠가 무엇일까? 생각해보자. 세상에 전혀 알려지지 않은 새로운 콘텐츠라면 상관이 없지만 대부분 이미 하고 있는 콘텐츠를 갖고 강의를 하게 된다. 거기에 내 스토리를 입히면 전혀 다른 강의가된다. 내가 가장 잘하는 것, 내가 좋아하는 것, 트렌드를 읽고콘텐츠를 정하자. 나는 내가 가장 잘하는 분야인 병원내부 교육과 치과건강보험 교육을 선택했다. 이렇게 정한 콘텐츠에내가 경험한 스토리를 입히는 것이다. 틈틈이 내가 경험한 것들을 모두 메모해서 강의할 때 사례로 쓸 수 있게 분류하자. 지식만 전달하는 것보다 많은 사례와 경험을 함께 전달했을때 효과는 배가 된다.

둘째, 자신만의 스타일이 있어야 한다. 남들과 차별화된 나만의 것이 있어야 한다. 같은 CS강사라고 하더라도 '나는 좀차분하게 강의를 한다'든가 도올 김용옥 교수처럼 '독특한 말투로 한다'든가 유머러스하게 하는 등 나만의 스타일을 찾아야 한다. 내 이름을 떠올렸을 때 강의 스타일이 머릿속에 그려지는 그런 사람이 되어야 한다.

내 강의에 이름을 붙여보자. '격정적으로 파도치는 바다 같은 강의' '망망대해를 비추어 주는 등대 같은 강의' '늘 맑은 하늘같은 기분 좋은 강의' 등 이름을 붙이고 나를 그렇게 소개하는 것이다. "안녕하세요. 늘 맑은 하늘같은 기분 좋은 강사 ㅇㅇㅇ입니다"라고 소개하면 나도 모르게 그렇게 강의를 하게 되고 사람들에게 내 강의 스타일을 각인시킬 수 있다.

스타일을 찾기 위해서는 다른 사람들의 강의를 많이 들어봐야 한다. 유명한 강사든 아니든 배울 것 한 가지는 있다. 그들의 강의 스타일을 분석하고 내 것으로 만들어야 한다. '나라면 저런 상황에서는 어떻게 할까?' '이런 경우에는 나라면 이렇게 말을 할 텐데'라는 생각을 하면서 들으면 더 도움이 된다. '무엇을 가르치는가'에 대한 배움도 얻지만 '어떻게 콘텐츠를 전달하는가'도 배울 수 있다. 강사를 평가하는 것이 아니라 분석하는 것이다.

셋째, 말 잘하는 것보다 진심이 느껴져야 한다. TED 강연을 들어보면 말을 더듬는 사람도 있고 굉장히 빠르게 말을 이어나가는 사람도 있다. 스피치 기술만 따진다면 굉장히 떨어지지만 그 사람에게는 진심이 느껴진다. 자신만의 이야기를 진실 되게 전달하기 때문이다. 청중들은 지식을 얻기 위해 강의를 들으러 오지 않는다. 강연 중간 중간에 던진 메시지에 감동받길 원한다. 강연 1시간 동안 무언가를 배운다면 학교나 직장 생활의 연장이라고 생각될 것이다. 그저 한바탕 떠들고 가다보면 마지막에는 그들의 마음속에 진한 감동과 메시지를 남긴다. 그러기 위해서는 평소에 책을 많이 읽고 새로운 정보를 습득하며 배움의 자세로 임해야 한다. 좋은 글귀나 명언은 메모해서 읽어보고 기억해두면 강의할 때 활용할 수 있다.

스펙이 아닌
스토리로

넷째, 남과 다른 콘텐츠와 스타일을 만들었다면 일단 부딪혀보자. 내가 강의할 수 있는 곳을 찾아서 제안을 해보는 것이다. 백화점과 마트 내 문화센터, 지역 시민회관 등 많은 기관에서 주민들을 위한 강의를 유치하고 있다. 나를 찾지 않는다면 내가 찾아가면 된다. 프로강사는 자신을 스스로 팔 수 있어야 한다. 처음에는 공짜강의를 통해 강의력을 키워야 한다. 돈보다는 일단 나를 알릴 수 있는 무대에 많이 서보는 것이 더 중요하다. 공짜로 강의능력을 키우고 인지도도 높일 수 있는 절호의 기회다.

다섯째, 내 이름이 박힌 저서를 써서 나를 마케팅하자. 유명강사는 모두 책이 있다. 국민강사로 정평이 난 김미경 원장도 『나는 IMF가 좋다』를 시작으로 『김미경의 아트 스피치』『언니의 독설』 등을 펴내 몸값을 올렸다. 김정운 교수는 원래 대학 교수였으나 『노는 만큼 성공한다』 『나는 아내와의 결혼을 후회한다』가 베스트셀러에 오르면서 방송과 기관에서 상연요청이 쇄도했다. 이후 교수직을 그만두고 일본으로 그림공부를 하러가서 3년 만에 저서 『에디톨로지』를 들고 왔다. 오랜만에 세상 밖으로 나온 책은 그의 이름만으로도 베스트셀러가 됐다.

달인 김병만은 『꿈이 있는 거북이는 지치지 않습니다』라는 책을 펴내고 1회 강연료로 1,500만원을 받는다. 수 백 번 강의를 해도 당신의 몸값은 절대 오르지 않는다. 당신의 노하우를 녹인 저서 한권이 전문가로 만들어주고 몸값을 올려주는 강력한 무기가 된다. 그때는 내가 강연장을 찾아다니지 않아도 각 기관과 기업체에서 먼저 강의를 해달라고 연락이 온다. 어느 정도 강의 경력을 쌓았다면 내 콘텐츠를 녹인 저서를 반드시 쓰자.

강의는 사업이고 강사는 기업이다. 나만의 노하우와 경험은 '팔 물건'이고 나는 '나'라는 물건을 파는 기업가다. 내게 맞는 아이템을 찾아 잘 포장해서 팔자. 무형의 자산을 유형의 콘텐츠로 만들어 나를 판매하는 최고의 수익률을 자랑하는 강사가 되자. 스펙이 아닌 스토리로 승부해야 한다.

CHAPTER **7**

컨설팅으로
수익을 창출하라

26살, 갓 상경한 어느 날 강남의 거리를 걸으며 서울에 올라온 기쁨을 만끽하고 있을 때 한 여성분이 다가왔다. 화장품 샘플을 주겠다며 설문조사에 응해 달라고 해서 이름과 전화번호를 아무 생각 없이 적어줬다. 그리고 며칠 뒤 전화가 왔다.

"안녕하세요. 고객님. 얼마 전 저희 설문조사에 참여해주셨지요? 그 중 몇 분을 추첨해서 저희가 무료로 골드 마사지를 진행해드리려고 합니다."

나는 무료 마사지라는 말에 혹해서 가겠다고 했다. 강남의 한 빌딩에 찾아가서 실장이라는 분을 만나 피부 테스트를 받고 골드 마사지를 받았다. 진짜 골드를 얼굴에 올려주고 거울을 보여주며 피부에 흡수되는 모습을 보여줬다. 처음 받아본 마사지는 정말 황홀 그 자체였다. "피부가 좋은 지금 관리를 해주어야 나이가 들어서도 유지할 수 있으세요"라는 말에 혹해서 어느새 300만원이라는 거금을 결제하고 있었다. 사실 공짜로 받은 마사지에 거절할 수 없었던 점도 한몫했다. 그때부터 매번 마사지를 받으러 갈 때미다 '피부 컨설팅'이라는 말로 이것 저것 권유했고 귀가 얇았던 나는 계속해서 카드를 긁었다. 그렇게 1,000만원이 넘는 금액을 결제 했을 때도 빠져나올 수가 없었다. 이미 열성 팬이 되어 버린 것이다. 약 2년간 엄청난 돈을 퍼붓고 나서야 정신을 차린 나는 그 속에서 빠져나올 수 있었다.

공짜는 이렇게 엄청난 힘을 가지고 있다. 이 공짜를 어떻게 활용하느냐가 관건이다.

'공짜'의
힘

수영장 설치 업체인 '리버풀스 & 스파'의 대표 마커스 셰리던은 수영장 건설에 대한 무료상담을 아주 자세하고 친절하게 해줬다. 그는 수영장 설비의 단점도 솔직하게 공개하고 경쟁업체의 목록을 알려주면서 고객과 신뢰를 쌓았다. 이 질 좋은 무료정보로 그의 웹사이트는 수영장의 비용이나 문제를 검색할 때 많은 사람들이 제일 먼저 찾는 곳이 됐다. 이같은 정보를 읽고 그와 만난 고객 80%는 수영장 설치를 맡긴다. 이미 신뢰가 형성된 것이다. 그는 공짜로 고객을 확보한 뒤 고급버전의 서비스를 제공한다.

마커스 셰리던처럼 SNS나 블로그를 통해 무료로 정보를 제공하고 한정된 자원인 시간이 들어가는 컨설팅이나 1:1 교육에 적절한 가격을 매겨보자. 식당이라면 메뉴의 레시피를 올리고, 작가라면 전자책이나 정보를 제공하고, 트레이너 강사라면 자신이 가르치는 운동법을 남들과 다른 독특한 비법을 넣어 올리는 것이다. 방법은 아주 많이 있다. 팬을 확보한다면 100배, 1,000배 이상의 값에도 팔 수 있다.

나는 나를 알리기 위해 책을 썼다. 책은 날개가 돼 수많은 사람들에게 나를 홍보하는 가장 값싸고 효과 좋은 마케팅이다. 책에는 내 사례를 많이 녹여야 한다. '이 사람에게 배움을 얻고 싶다'라는 생각이 들게 만들었다면 성공한 것이다.

"나는 그동안 쌓아온 경험과 노하우로 내부 시스템을 잡아주며 일하고 싶은 행복한 병원을 만들어주고 매출향상에 도움을 준다"라고 아무리 말을 해도 소용없다. 그런 내용을 담은 책 한 권이 오히려 신뢰를 주고 그 분야의 전문가로 만든다. 책을 읽고 '나도 그런 컨설팅을 배우고 싶다' '제대로 된 컨설팅을 맡겨서 이제부터라도 우리 병원의 시스템을 확립해야겠다'라고 생각하고 찾아오게 만들어야 한다. 사람들이 나를 믿고 찾아오면 그때부터 컨설팅이든 교육이든 무엇이든 할 수 있다.

우리는 살면서 괴롭거나 힘든 일이 있으면 주변 사람들과 술을 마시며 털어놓고 고민 상담을 한다. 그러나 이런 이야기들은 흘러가버리고 남아 있지 않는다. 이런 이야기를 책에 쓴다면 어떨까? 그리고 강의의 사례가 된다면? 그 전에는 술 마시며 지인들과 얘기하고 흘려버렸던 시간들을 책에 쓰고, 무대에서 얘기만 했을 뿐인데 돈이 들어온다. 이 얼마나 재미있는 삶인가?

당장 책이 없다면 전자책을 활용한 소책자를 만들어보자. 소책자안에 고객이 궁금해 하고 원하는 내용을 담아 무료로 배포하자. 이때 내가 가진 정보가 고객이 갈증을 느끼고 해답을 갈구하고 있던 것이라면 효과는 더욱 좋다. 스스로를 물건이나 상품을 파는 것이 아니라 '고객의 문제를 파악하고 해결책을 파는 사람'이라고 생각하자. 고객에게 해결책을 알려주고 정보를 제공하는 '고마운 사람', '해결책을 가진 유일한 사람'으로 각인시켜주어야 한다. 그래야 고객이 나를 찾아오고 컨설팅을 의뢰하게 된다.

최근 성공한 커뮤니티들이 활용한 기법중 하나가 바로 '소책자'이다. 전자책을 만들어주는 사이트는 굉장히 많이 있다. 그런 사이트를 활용해 전자책으로 내가 제공할 해결책을 글로 써보자. 실제 책을 내려면 출판사와의 계약이 성립이 되어야 하는데 그러기 위해선 섹시한 제목과 목차, 콘텐츠가 탄탄한 내용의 글이 완성되어야 한다. 책을 쓰는 데는 시간이 필요하기 때문에 당장 책을 쓸 수 없다면 소책자 형태로 20~30쪽 정도의 한글, 10포인트 10쪽 정보를 담아보자. 고객이 읽고 싶은 제목과 목차도 만들어야 한다. '온라인상에서 내 지식을 팔아 월 1,000만원 버는 비법', '성공창업을 위한 1인 무점포 창업 아이템', '똑순이 주부들만 보는 일상 속 알아야할 생활 꿀 팁' 등의 자극적인 제목과 목차로 관심을 끄는 것이 중요하다.

소책자를 받기 위해 사람들은 자신의 나이, 직업, 관심사, 연락처 등 정보를 제공하고 커뮤니티에 가입을 한다. 커뮤니티에 가입한 사람들이 관심 가질만한 정보를 여러 개 올려놓고 칼럼 식으로 나의 철학을 드러낸다면 내 철학에 관심 있는 사람들은 카페 활동을 적극적으로 하게 되고 내가 팔고자하는 것을 사게 된다.

트렌드헌터라는 네이버카페는 '속옷차림으로 부엌 식탁에 앉아 하루에 100만원 벌기'라는 정보성 소책자를 뿌려 '책속의 한줄'이라는 어플에 가입 할 수 있도록 유도했다. 일단 제목부터 혹하기 때문에 많은 사람들이 어플을 다운받았다. 이 어플은 책속의 좋은 명언을 매일1~2회에 걸쳐 푸쉬 메시지를 통해 알린다. 광고성 글이 아니라 명언이나 좋은 글이기 때문에 삭제할 확률도 적다. 여기에 배너광고나 전면 광고 등을 넣으면 광고를 통한 수익을 올릴 수 있다. 보통 1,000번 노출 당 광고 단가가 1,500~3,000원 정도의 수익이 난다. 배너광고는 클릭 당 몇 십 원 정도로 책정된다. 이런 명언들은 인터넷에 떠돌아다니는 것을 이미지로 예쁘게 만들기만 해도 콘텐츠가 된다. 모바일 환경에서 가독성 높은 카드뉴스형태로 만들어 페이스북이나 카카오스토리, 블로그에 올리면 더욱 효과가 좋다.

오랫동안 사랑받고 있는 '고도원의 아침편지'도 이런 방법을 통해 수익을 얻고 있다. 2001년부터 시작해 매일 메일 매거진을 통해 명언과 좋은 이야기를 보내면서 수신자만 355만 명을 보유하고 있다. 처음에는 고도원이 직접 책을 읽고 인상 깊은 부분을 글로 써 보내는 메일 매거진으로 시작했다. 그러다 어느 정도의 구독자가 생긴 후 쇼핑몰 배너 등의 광고를 아래에 달아서 보냈다. 고도원은 쇼핑몰에게 수수료를 받고 쇼핑몰은 구독자들이 클릭해서 들어와 구입하면 매출을 올리는 방식인데 이미 많은 잠재고객으로 수익은 발생할 수밖에 없는 구조다. 사업을 시작한지 2년 만에 매출 12억 원대 까지 키우고 현재 200억 원대까지 성장했다. 광고수익 이외에 명언이 담긴 달력, 다이어리, 수첩을 출시하기도 하고 '깊은 산속 옹달샘'

이라는 명상 치유센터를 설립해 운영하며 활동반경을 넓히고 있다. 명언 메일매거진 하나로 가지를 쳐서 사업을 키울 수도 있는 것이다.

나는 이미 책이 있기 때문에 책이 나 대신 홍보를 하고 내 책을 보고 온 사람들이 내 카페에 가입한다. 카페에 오면 여러 좋은 정보를 무료로 제공하고 지방에 살고 있거나 육아로 세미나를 들으러 갈 수 없는 사람들을 위해 온라인동영상 강의를 만들었다. 데스크온라인 스터디의 경우 데스크업무에 필요한 주의사항, 동의서, 환자관리 툴, 미수금 관리 툴, 컴플레인 환자 관리 툴 등 모든 서식을 원본으로 준다. 처음에는 무료로 내가 만든 것을 주면 여기저기 퍼져서 나중에는 내 강의를 안 듣는 건 아닐까 걱정을 했다. 그러나 걱정은 오산이었다. 오히려 그런 자료를 주는 사람들이 없기 때문에 더 많은 사람들이 내 강의를 선호했고 다른 강의도 만들어 달라고 요청했다.

특히 온라인 스터디는 과제를 수행하면 피드백을 주고 온라인상에서 관리하고, 필요하면 전화통화로 방법을 알려주면서 신뢰를 얻었다. 지금까지 이런 온라인 강의는 없었기 때문에 세미나를 듣고 싶어도 듣지 못했던 사람들은 고마워하기도 했다. 처음 '건강보험 온라인 스터디'를 만들었을 때는 동영상 제작이 서툴러서 음량 크기 때문에 컴플레인이 많이 들어왔다. 컴퓨터를 잘 못하다보니 방법을 찾다가 마이크를 구매하고 동영상 편집프로그램을 다운받아 공부하는 등 여러 방법을 시도했고 그런 경험들이 오히려 도움이 되었다. 초기에 여러 가지 실수도 하고 우왕좌왕 하다 보니 수강생들이 나를 어떻게 생각할까 걱정도 되었는데 오히려 지금은 1~3기를 신청했던 초기 수강생들이 내 열성팬이 되어 데스크온라인 스터디도 만들자마자 신청하고 상담 온라인 스터디도 만들어 달라고 요청하고 있다.

공짜는 큰 힘이 있다. 무료로 준다고 해서 내 것을 모두 빼앗기는 것이 아니다. 내 가치를 모르는 사람들에게 '경험하게 하는 것'이라고 생각해보자. 내 가치를 안 사람들은 계속해서 나를 찾을 것이고 일정수준 이상의 사람들이 모이면 온라인 강의를 만들거나 컨설팅, 강의, 저서, 광고수익, 또 다른 사업 등으로 연결해서 시스템을 구축할 수 있다.

1:1 컨설팅은 어렵지 않다. 상대방의 말을 잘 들어주기만 하면 된다. 이미 그들은 답을 알고 있다. 다만 전문가의 도움을 받아 내 생각이 맞다고 대답해주기를 바라는 것이다. 우리는 힘든 일이 있거나 무언가 선택을 해야 하는 순간이 오면 점을 본다. 이미 답은 다 내안에 있지만 누군가가 갈팡질팡하는 내 마음에 기준이 돼주기를 바라는 것이다. 취업문제, 연애문제, 사업문제, 궁합 등 수많은 고민을 털어놓으며 누군가

가 결정해주기를 바란다. 점을 보는 것처럼 그들의 이야기를 들어주고 질문을 통해 찾아가는 과정이 컨설팅이다. 이미 자신에게는 그동안 쌓아온 경험과 노하우가 있다. 내 안의 것을 잘 활용해서 그들이 원하는 것을 찾아주면 된다. 어렵게 생각할 필요가 없다. 강의와 책 쓰기의 최종 목표는 컨설팅이 돼야 한다.

인지도가 있는 사람들은 컨설팅만으로도 월 수천만 원 이상 버는 경우가 많다. 실제로 강의를 하다보면 컨설팅 의뢰가 많이 들어온다. 이미 강의를 통해 나에 대한 신뢰가 쌓였기 때문에 높은 비용의 컨설팅도 선뜻 지불을 한다. 내 첫 개인 저서 『20대 발칙한 라이프! 쫄지 말고 당당하게』를 읽고 컨설팅 의뢰가 들어온 곳도 있다. 20대를 지나오면서 경험한 이야기를 넣었을 뿐인데도 책을 읽은 사람들은 이미 내 팬이 된 것이다. 실력이 아무리 우수해도 아무도 알아주지 않는다면 수익으로 연결될 수 없다. 책과 강의로 인지도를 먼저 쌓은 후에 컨설팅으로 수익을 올려야 한다.

컨설팅은
연결돼 있다

컨설팅은 한 분야에만 국한 된 것은 아니라 유기적으로 연결돼 있다. 500억대 자산가인 주식 트레이더 K씨는 5,000만원으로 15년 만에 500억원을 벌어들인 주식계의 마이더스이다. 그러나 그런 그도 은퇴컨설턴트를 찾아 자산관리 설계 컨설팅을 받고 있다. 돈 버는 기술은 뛰어나지만 노년에 자산을 관리하는 분야는 전혀 다른 분야이기 때문에 컨설팅을 받는 것이다. 자신 또한 주식분야의 컨설팅을 하지만 필요하다면 배우고 도움 받아야 한다고 생각한다.

『블로그 컨설팅』의 저자이자 온라인 광고 컨설팅 '오씨아줌마'의 대표인 오종현 씨는 병원마케팅 컨설팅 뿐 아니라 블로그 컨설팅으로도 수익을 올린다. 그는 어떻게 하면 리뷰어를 모집하고 포스팅하고 매출로 유도할 수 있는지 방법을 알려준다. 키워드를 뽑는 것부터 남다르다. 다른 사람들은 '비염'을 검색할 것이라고 생각하고 비염으로 키워드를 잡는다면 그는 '맑은 콧물'로 키워드를 잡았다. 비염에 대해서 모르는 사람들이 많고 일단 자신의 증상을 검색하는 경우가 많기 때문이다. 나 또한 윗배가 더부룩하고 목에 뭔가 걸린 것 같을 때 '역류성 식도염'으로 검색한 것이 아니라 증상으로 검색했다. 증상을 검색하다보니 내 병이 역류성 식도염인 것을 알 수 있었다. 그는 그 사실을 알고 키워드를 사람들의 시선에 맞춰 잡았던 것이다. 그런 모든 사례들을 책에다 공개한 그는 책을 읽고 온 수 많은 사람들의 컨설팅 의뢰에 행복한 비명을 지르고 있다.

명확한 컨셉과 콘텐츠를 잡았다면 내 경험과 노하우를 담은 책을 쓰고 강의를 하자. 그리고 책과 강의로 연결된 컨설팅으로 수익을 창출하자. 그들은 이미 당신의 팬이기 때문에 무료로 제공한 콘텐츠의 1000배의 금액도 지불할 용의가 있다. 그들의 마음을 사로잡아 1인 기업가로서의 삶을 누리자.

CHAPTER **8**

돈이 들어오는
시스템을 만들어라

수많은 직장인들이 남들과 똑같은 생각을 하고, 똑같은 선택을 하면서, 똑같은 실패를 반복한다. '창업'하면 쉽게 프랜차이즈를 떠올리고 커피숍과 치킨집은 당연히 따라오는 창업의 아이콘이다. 결국 프랜차이즈도 누군가의 배를 채워주는 것이고 나는 죽어라 일만하는 직장인과 별반 다를 것이 없다. 사장이라는 이름으로 불리고 있지만 실상은 매일 12시간 넘게 일하고 쉬는 날 없는 박봉이다. 1인 창업으로 가난한 다수에서 부유한 소수가 되기 위해서는 일을 적게 해도 돈이 들어오는 시스템을 만들어야 한다. 우리는 제조업 회사처럼 무언가를 만들어내는 일은 할 수 없다. 만든다고 하더라도 대기업에서 거대자본과 엄청난 물량으로 공략하면 무너지기 십상이다. 1인 창업으로 무언가를 생산하는 가장 쉬운 방법은 콘텐츠를 만드는 것이다.

직접 노래를 작사, 작곡해 부르는 가수를 보라. 음악이라는 콘텐츠를 만들어 전 세계의 수많은 사람들이 클릭 한번으로 들을 수 있고 열광한다. 잘 만든 드라마는 전 세계로 번역돼 팔리기도 한다. 연예인은 그 자체가 팔리는 콘텐츠다. 비단 연예인 뿐 아니라 파워블로거, 강사, 작가도 모두 콘텐츠를 생산하며 수많은 사람들에게 영향력을 미친다. 블로그에 올리는 제품 리뷰는 엄청난 파장을 불러일으킬 수도 있다. 때문에 기업이나 기관은 블로그를 배제할 수가 없다.

시스템이
수익을 창출

콘텐츠를 만들었다면 잘 팔리게 시스템화 해야 한다. 누군가는 직접 몸으로 뛰고 누군가는 그런 사람을 위한 교육을 제공한다. 스튜어디스가 돼 직접 몸으로 뛰고 일하는 사람이 있는 반면 스튜어디스 양성과정을 만들어 그들에게 교육을 제공하고 발로 뛰지 않아도 더 높은 수익을 올리는 사람이 있다.

물론 스튜어디스가 돼 전 세계를 비행기를 타고 다니며 여행하는 사람들에게 서비스를 제공하고 함께 호흡하며 살아가는 즐거움도 있다. 하지만 길게 봤을 때는 '스튜어디스 양성'이라는 콘텐츠가 훨씬 더 먹힌다. 많은 사람들이 스튜어디스가 되기 위해 영어공부를 하고 유학을 가고 면접 준비를 하며 공부한다. 그 중에서 누군가는 합격할 것이고 누군가는 낙방하여 다시 공부하거나 다른 길을 모색할 것이다. 그들에게 그런 정보를 제공하고 좀 더 차별화된 교육을 한다면 그들은 내게 배우기 위해 비싼 수업료를 망설임 없이 지불할 것이다. 몇년 뒤 그들 중에서 뛰어난 사람이 나타날 것이고 그들을 대상으로 '스튜어디스 양성 과정 강사반'을 만들어 강사를 키우는 것이다. 그 강사들에게 노하우를 알려주고 강의를 맡기면 이제는 내가 강의를 전부 뛰지 않아도 굴러가게 된다. 일주일에 5일을 일했다면 이제는 일주일에 한번만 일해도 돌아가는 시스템을 만든 것이다. 남는 시간에는 여행을 갈 수도 있고 가족들과 즐거운 시간을 보낼 수도 있고 새로운 사업을 구상할 수도 있다. <u>시스템을 만든다는 것은 '세월을 번다'는 것이다.</u> <u>수많은 시간이 모여서 세월이 되고, 그 세월을 벌어 나는</u> <u>좀 더 효율적으로 일을 할 수 있는 것이다.</u>

방과 후 교사가 요즘 '핫'하다. 경력이 단절된 엄마들이 손쉽게 자격증을 딸 수 있고 아이를 돌보면서 공부방을 운영할 수 있어서 아이 교육에도 도움이 되기 때문이다. 60만원이라는 거금을 주고 인터넷 수업을 듣고, 다시 5만원이라는 돈을 투자해 자격증을 따고, 자격증을 받기 위해서 또 10만원이라는 돈을 낸다. 그렇게 딴 자격증으로 공부방을 차려 사람들을 모으기 위해 발품을 팔아야 한다. 자신만의 콘텐츠를 갖춰서 빠르게 성장하는 사람들도 있지만 사람을 모으지 못해 결국 장롱 자격증이 되는 경우도 있다. 이런 엄마들의 심리를 이용해 돈을 버는 곳이 있다. 바로 방과 후 교사를 양성하는 아카데미다. 포털 사이트에서 방과 후 교사를 검색하면 교육하는 사이트가 수십 개 나온다. 이들은 교육을 제공하고 자격증 시험을 운영한다. 배우고 싶어 하는 사람들에게 시스템을 제공하는 것이다. 흔히들 자격증 장사라고 하는데, 자격증을 따기 위해 5만원씩 내는 사람이 1,000명이라면 가만히 앉아서 5,000만원을 버는 셈이다. 이것이 바로 시스템이다. 몸으로 직접 뛰어야 하는 일은 내가 아프거나 문제가 생기면 들어오는 수입도 함께 멈춰버린다. 그러나 시스템을 만들어 놓으면 내가 아플 때에도 돈이 들어온다.

배달통, 배달의 민족, 요기요 등 어플 시스템도 마찬가지이다. 그들은 배달하는 업체의 플랫폼을 제공하고 안전한 결제 시스템을 제공하며 먹거리를 분류해서 마치 마트에서 한 바퀴 돌면 육류부터 유제품, 과일, 싱싱한 야채까지 살 수 있게 편리함을 제공한다. '무엇을 먹을까' 고민하며 검색하지 않아도 클릭 한번으로 손쉽게 결제까지 가능하다. 음식점 사장님은 힘들게 음식을 해서 배달을 하고 남은 수익으로 수수료를 내고, 월급을 주고, 재료를 사는데 이런 플랫폼은 그저 상소하나 제공해주고 사람들이 드나들 수 있게 하면서 앉아서 돈을 번다. 내가 일본에서 스시를 먹고 있을 때도 어플은 돌아가고, 내가 아파서 병원에 입원헤 있어도 어플은 놀아간다. 이것이 바로 시스템이고 돈이 열리는 돈 나무다.

재능을 거래하는 사이트인 '오투잡'을 만든 대표 최병욱도 이 시스템을 활용했다. 강의 자료를 만드는 데 PPT를 만들 줄 몰라서 헤매는 사람들, 블로그와 카페를 만들고 싶은데 컴퓨터를 할 줄 몰라서 고민하는 사람들, 사업계획서나 제안서, 기획서 작성을 체계적으로 하고 싶어 하는 사람들 등 자신이 하기 힘든 일들에 대한 고민을 많이 하고 있다는 것을 알고 그들이 서로 재능을 사고 팔 수 있는 장소를 만들었다. 물론 그 전에도 커뮤니티에서 재능판매는 이루어지고 있었지만 개인적으로 거래가 이루어지는 경우가 많았다.

그는 좀 더 안전하게 거래를 할 수 있으면 좋겠다는 생각에 결제대금을 보관하고 결제가 완료되면 판매자에게 지급하는 안전거래시스템을 개발했다. 거기다 판매자를 믿고 맡길 수 있도록 경력과 자격증을 분석해 인증마크를 부여하고 작업기간과 주문 성공률, 문의에 대한 응답 시간 등을 구매자에게 보여준다. 이 사이트를 통해 구매자는 안전하게 구매하고 판매자는 1인 기업으로서 재능을 발휘하며 수익을 내고 있다. 플랫폼을 제공함으로써 판매자와 구매자, 그리고 자신까지 모두 이익을 얻을 수 있는 구조다. 한 달에 거래실적이 2,000여 건이 넘고 첫해에 매출 5억 원을 이루며 승승장구 하고 있다. 현재 31살인 최병욱 대표는 돈이 들어오는 시스템을 제대로 만들어 활용하고 있다.

협업을
활용하라

12권의 동화책을 써서 교과서에도 실린 사람이 있다. 그녀는 지금 책 쓰기를 배워서 동화작가양성 과정을 설립하고 아동코칭을 하기 위해 광주에서 서울까지 주말마다 왕복하며 책 쓰기 과정을 배우고 있다. 이미 동화책 12권을 썼는데도 제대로 시스템을 정착하기 위해 1,000만원이라는 거금을 투자해 배우는 것이다. 그녀는 '동화작가가 되는 방법'에 대한 책을 쓰기 위해 준비 중이다. 동화책을 쓰면 책을 쓰기 위해 몇 달, 혹은 1년이라는 시간이 걸리고 책 한권을 위해 수많은 책을 읽으며 분석해야 한다. 그렇게 책을 출간했을 때 베스트셀러가 되지 않는 이상 인세가 얼마 되지 않을뿐더러 인지도도 높지 않다. 그러나 동화작가가 되고 싶어 하는 사람들은 많이 있다. 그들을 위해 양성과정을 설립하고 자신의 노하우를 설파하는 것이다. 그것이 바로 콘텐츠를 제대로 생산해서 제공하는 1인 창업가이 길이다. 퍼스널브랜딩과 높은 수익이 동시다발적으로 발생한다.

브랜드디자이너 김우선 브랜벌스 대표는 대한민국 최고의 네이밍 전문가다. 브이푸드, 에버리치, 숨 쉬다, Syrup, 산들에, 아이깨끗해 등 수십 가지의 브랜드 이름을 개발했고 아모레퍼시픽 설화수의 글로벌 진출을 위한 스토리를 정교화 시켰으며 그 외 수많은 브랜드를 성공시켰다. 이름만 들어도 어마어마한 것들이 모두 그녀의 손에서 탄생한 것이라니 엄청나지 않은가? 그녀의 스토리를 담은 『어떻게 나를 차별화할 것인가』는 출간된 지 단 2일 만에 예스24 베스트셀러에 올랐다. 현재 몸담고 있는 회사를 나와 자신의 회사 '브랜벌스'를 차린 그녀는 수많은 러브콜에 행복한 비명을 지르고 있다. 회사명, 연구소명, 그룹명, 상표출원, 로고제작 등 1인 기업가들과 기업의 컨설팅을 하고 저자 강연회를 하며 수입을 다각화하고 있다. 걸어 다니는 중소기업이라는 말이 걸맞은 그녀는 회사 다닐 때 수입의 10배 이상 올리고 있다.

나는 컨설팅과 강연뿐만 아니라 책을 써서 인세를 받고 병원컨설턴트과정을 통해 컨설턴트가 되고 싶어 하는 사람들에게 비법을 전수해준다. 누군가는 컨설팅을 하고 강의를 하러 뛰어다니지만 나는 강의 기법을 알려주고 컨설팅 시스템을 알려주며 그들이 컨설팅을 잘 할 수 있도록 도와준다. 제대로 컨설팅을 할 수 있도록 실제로 병원에 함께 가서 컨설팅하는 모습을 보여주고 컨설팅을 연결시켜주며 수수료를 받는다. 실제로 내가 컨설팅을 하지 않아도 돈이 들어오는 인세 같은 개념이다. 이 모든 것을 혼자 하지는 않는다. 각 분야별 전문가와 협업을 통해 진행한다. 모든 것을 완벽하게 할 필요는 없다. 내가 잘하는 분야만 체계적으로 잡으면 나머지는 협력을 하거나 아웃소싱을 활용하면 된다. 이것이 바로 시스템이다.

빠르게 부자가 되고 싶다면, 넘버원이 아닌 온리원이 돼 독자적인 분야를 갖고 돈이 들어오는 시스템을 만들어야 한다. 나만의 노하우가 담긴 콘텐츠를 개발하고 시스템을 만들자. 피라미드를 쌓기 위해 하나하나 돌을 운반해서 30년을 일할 것인가, 3년 동안 기중기를 만들어서 1년 만에 피라미드를 완성할 것인가? 선택은 당신의 몫이다.

CHAPTER **9**

SNS로 무료
홍보하라

지금은 셀프 브랜딩 시대다. 스스로 나를 홍보해야한다. 마케팅 회사나 홍보 팝업창을 띄우는 것보다 가장 확실한 홍보 효과는 SNS이다. SNS란 Social Networking Service의 약자로 특정한 분야에 관심이 있거나 공유하는 사람들 사이의 관계를 구축해주는 온라인 서비스다. 블로그, 페이스북, 트위터, 카카오스토리 등이 있다. 요즘은 유튜브를 통한 홍보도 많다. 이 모든 SNS를 활용해서 나를 무료로 홍보해야 한다.

블로그는 자신을 알리는 가장 기본적인 수단이다. 나의 지혜와 재능이 블로그의 콘텐츠와 잘 맞물리면 블로그를 통해 내 재능을 극대화시킬 수 있다. 『내가 상상하면 꿈이 현실이 된다』의 저자 김새해 작가는 블로그를 통해 강연이 들어오고 책을 알렸다. 아침마당에서 30분 동안 자신의 스토리를 들려줄 기회를 얻었는데 그것도 모두 책과 블로그가 있었기 때문이다. 방송작가나 출판업계 사람들은 검색을 통해 섭외하는데 이때 가장 눈여겨보는 것이 블로그라고 한다. 블로그에 꾸준히 글을 쓰다가 출판사에게 출판 제의를 받고 책을 내는 일은 어제, 오늘 일이 아니다. 누구에게나 일어날 수 있는 일이다. 그러기 위해서는 내 콘셉트와 노하우를 담은 블로그를 제대로 키워야 할 필요가 있다.

블로그를 만들 때는 선택과 집중이 필요하다. 박학다식한 사람은 많은 것을 알고는 있지만 전문가로 보이지는 않는다. 맛집, 드라마, 영화, 일상, 보험, 리더십, 거기다 내가 주력할 무언가를 모두 다 한다면 "도대체 무슨 말을 하고 싶은 거야?"라는 말을 듣게 될 것이다.

하나에 집중하자. 법률상담이라면 개인회생, 부부관계, 형사사건, 채무해결, 부동산등 내 전문분야를 세분화해서 그분야만 집중적으로 파자. 한 분야를 깊게 하면 그 분야에 대해서 깊이 있게 사고할 수 있고 전문가로 포지셔닝 할 수 있다.

선택과
집중

일단 시작은 이렇게 블로그로 하라. 블로그에 내가 말하고자 하는 아이템 위주의 글을 꾸준히 올리고 그 글을 페이스북이나 카카오스토리 등 SNS로 확산시키는 것이다. 그리고 마무리로 커뮤니티 카페로 유입시켜 같은 부류의 사람을 묶어 놓는다. 같은 목적의 사람들이 모이면 힘이 생긴다. 블로그와 SNS로 신뢰를 쌓고 카페나 홈페이지 유입을 연결해서 공동구매나 강의, 책 등 지식 콘텐츠를 판매할 수 있다. 특히 카카오스토리는 뱅크월렛 카카오를 만들어 바로 결제도 가능하게 됐다. 상품의 홍보와 판매가 동시에 이루어지는 것이다. SNS는 시간 제약도 받지 않는다. 언제 어디서든 스마트폰만 있으면 접속이 가능하다. 스마트폰은 없어서는 안 되는 필수품이기 때문에 1인 창업을 위해 잘 활용해야 한다.

블로그를 SNS로 확산시킬 때는 글을 작성할 때 스마트에디션 화면 하단에 있는 '외부보내기 허용'을 클릭하고 '보내기'에서 페이스북이나 미투데이, 카페, 카카오스토리 등을 선택하면 된다. 매번 포스팅할 때마다 보내기가 귀찮다면 블로그와 연결한 SNS 계정을 등록해서 자동으로 올라가게 하자. 한번 글을 쓰면 블로그, 페이스북, 트위터에 모두 동시에 업로드된다.

학원을 운영하고 있다면 이제 발로 뛰며 홍보하지 않아도 된다. 카카오스토리를 만들어 학원에서 일어나는 소소한 일상들과 커리큘럼을 올리고 학습에 도움 되는 여러 가지 영상이나 노하우를 올리면서 소통한다면 자연스레 수강생은 모이게 된다. 수강생들이 친구신청을 하면 수강할인 쿠폰을 주고 옐로아이디를 등록하게 해서 1:1 상담을 통해 맞춤형 교육프로그램을 전달한다. 이렇게 소소한 일상과 정보를 제공하면 그 정보를 얻기 위해 학생들이 모여 플랫폼을 형성하게 되고 무엇보다 신뢰를 구축하게 된다. SNS에서 신뢰보다 더 큰 무기는 없다.

미디어통제권은 더 이상 기업의 소유물이 아닌 개인에게로 넘어갔다. 이제 1인 창업은 SNS를 할지 말지를 고민할 때는 지났다. 어떻게 활용해야할지를 고민할 때다. 그렇다면 어떻게 SNS를 활용해야 내 상품을 잘 팔 수 있을까? 우리는 정보의 홍수 속에서 살고 있다. 생활의 일부분처럼 가지고 다니는 스마트폰은 뉴스를 검색하고 다양한 정보를 얻는데 활용된다. 그러다보니 너무 많은 정보 속에서 어떤 정보가 중요하고 내게 맞는 건지 분별하기가 어려워졌다. 그래서 그런 정보들을 객관적이고 믿을 수 있는 것들만 뽑아서 구성하는 큐레이션Curation이 필요해졌다.

유명한 EBS『지식채널E』모음 중 가장 인기 있었던 10가지만 큐레이션 한다거나 세바시, 테드 강연 중 비슷한 주제끼리 묶은 강연을 큐레이션해서 올리거나 부위별 다이어트 비법 동영상을 큐레이션 하는 등 특정한 주제로 묶어서 필요한 사람들이 볼 수 있도록 도와주는 것이다.

큐레이션의
효과

최고 명사들의 짧지만 강렬한 5분 명사 강연을 모은다거나 각 지역 맛집을 특성별로 분류해서 모으는 것도 모두 큐레이션이다. 큐레이션을 잘 활용하면 많은 사람들이 공유를 하게 되고 잘 만든 큐레이션 속에서 나를 넣어 홍보할 수 있다. 예를 들어 '20대 추천 자기계발서' 10위에 대한 글을 쓴다고 하자. 이때 실제로 베스트셀러에 오른 20대 자기계발서를 넣고 그 안에 3위나 5위 정도쯤에 내 책을 넣는 것이다. 실제로 나는 3위에 내 책『20대 발칙한 라이프 쫄지 말고 당당하게』를 넣어 큐레이션 한 글을 카카오스토리와 블로그, 페이스북에 올렸고 수많은 공유를 일으켜 강의 요청이 들어오는 데 큰 도움이 됐다.

만약 건강식품을 팔고 있다면 '건강에 좋은 음식 10종'을 큐레이션할 때 내 건강식품을 같이 넣어보자. 좋은 정보라고 생각하기 때문에 사람들은 편견 없이 받아들이게 된다. 음식점을 운영한다면 '맛집 베스트10' 큐레이션 글에 내 음식점을 넣어서 홍보하는 것도 좋다. 정보화 시대에 필요한 정보만 제공하는 큐레이션 기법은 굉장히 효과적이다. 내가 매일 글을 쓴 블로그의 글을 주제별로 큐레이션해서 카카오스토리에 올리는 것도 좋은 방법이다. 클릭하면 바로 블로그 글을 볼 수 있게 되고 블로그에 올라온 다른 글을 보면서 체류시간이 길어질수록 페이지뷰 수가 늘게 되고 좀 더 빠르게 최적화시킬 수 있다.

한 가지에만 묶여있지 말고 다양한 루트를 통해 나를 홍보하자. SNS를 진솔 되게 나를 보여주는 도구로 활용한다면 브랜딩에 큰 효과를 볼 수 있다. 누군가가 내 이름을 검색했을 때 나를 잘 나타내주는 질 좋은 정보들로 가득하게 만들고 싶지 않은가? 지금부터 마구잡이로 글을 쓰는 습관을 버리고 나를 가장 잘 표현하는 글을 써보자. 내가 나를 가장 잘 홍보 할 수 있다. 이 모든 것을 무료로 마음껏 누려보자.

05

배움을
돈으로
바꿔라

"하루 종일 일하는 사람은 돈 벌 시간이 없다."

_ 록펠러

CHAPTER 1

월급쟁이
부자는 없다

왜 사람들은 곧 퇴직할 것이라는 걸 알면서도 앞날을 준비하지 않는 걸까? '사오정' '오륙도'라고 입으로는 떠들어대지만 결국 시대만 탓하면서 아무것도 하지 않는다. 이미 회사형 인간이 됐기 때문이다. 모든 것이 성과 위주이고 경쟁하며 서열이 정해져있는 회사에서 살아남기 위해 발버둥 칠수록 회사에 빠져들어 자신을 잃어버린다. 오직 회사 일만 열심히 하고, 생각 없이 주어진 업무만 처리하고, 회사에서의 생활이 사회의 전부라고 생각하게 된다. 그러다 회사에 위기가 닥치면, 회사를 살리기 위해 고군분투하며 자신을 내던진다. 회사를 자신과 동일시하는 것이다. 그러다 어느 날 갑자기 퇴직을 맞이한다. 이렇게 빨리 시간이 흐른 줄도 모르고 어느 날 갑자기 내밀 명함이 없어져버리는 것이다.

가만히 앉아서 생각만해서는 안 된다. 누구나 퇴근하면 따뜻한 이불속에서 드라마를 보며 쉬고 싶고 술 한 잔 기울이며 인생 얘기를 하고 싶다. 그게 편하기 때문이다. 회사에서 이리 치이고 저리 치이며 정신노동을 심하게 하고 퇴근 후 또다시 치열하게 공부하며 무언가를 하는 것보다 더 쉬운 일이다. <u>'조금만 더'하면서 '아직 내겐 시간이 좀 더 남았다'고 미루다가 허망하게 퇴직을 하고 그제야 후회를 한다.</u>

명령하고 지시내리는 일에 익숙한 회사 인간은 퇴직 후 초라한 자신을 보며 자격지심을 느끼고 분노한다. 심한 사람은 정신과 상담을 받기도 한다. 회사에서의 직위는 내 것이 아니다. 회사를 나오면 당연히 두고 나와야하는 것이다.

허망하게
퇴직할 것인가

나는 일주일에 3일만 내 회사로 출근해 일한다. 그리고 한 달에 3군데의 병원을 맡아서 일주일에 1~2회 출근해 병원 내부 시스템을 구축하고 건강보험과 연결해 진료 아이템을 개발하여 매출극대화를 할 수 있는 시스템을 확립한다. 세무나 노무, 경영, 마케팅 쪽 일이 들어오면 파트너 대표에게 일임한다. 각 분야별로 맡아서 하기 때문에 시간 활용이 더 수월하다. 병원에 근무할때는 주 6일 아침 9시부터 저녁7시까지 붙잡혀 있었다면 지금은 각 분야별로 맡아서 하기 때문에 시간활용이 더 수월하다. 병원에 근무할 때는 주 6일 아침 9시부터 저녁 7시까지 붙잡혀 있었다면 지금은 자유롭게 출근하고 일이 빨리 끝나면 오전에 출근해서 2, 3시에 퇴근하기도 한다. 수입도 월급 받을 때의 5배 이상이다. 월급쟁이 생활만 했을 때는 절대 만질 수 없었던 금액이다. 무엇보다 내 사업을 했을 때 가장 좋은 점은 자유로운 시간이다. 컨설팅 의뢰가 들어오는 족족 전부다 받으면 내 시간은 없어져버린다. 나는 철저하게 나만의 시간을 갖기 위해 스케줄을 조율한다. 조용히 혼자만의 시간을 가지고 다양한 장르의 책을 읽으면서 책 쓰기를 놓지 않고 세미나도 열심히 듣는다. 너무 바쁘게 살다보면 나를 잊기 때문에 기분전환을 위한 여행을 떠나기도 한다. 특히 사랑하는 남편과의 여행은 내게 큰 활력소가 된다. 회사에만 얽매여 있다면 가족과 함께 단 하루 시간을 보내는 것도 쉽지 않다. 그렇기에 더욱 내 사업을 해야 하는 것이다.

일을 할 때 항상 '나는 왜 이 일을 하는가?'를 생각해야 한다. 사이먼 사이넥은 저서 『나는 왜 이 일을 하는가?』에서 "일터를 적극적으로 리드하는 사람은 우리를 춤추게 하는 근원의 힘인 '왜'에 집중한다"라고 말한다. 대부분 기업은 '무엇을'과 '어떻게'에 집중한다. '무엇을 파는지' '무엇을'에는 어떤 것이 내재돼 있는지' '다른 것과 무엇이 다른지'에 포커스를 두고 설명한다. 그러나 너무 많은 비슷한 상품들이 쏟아져 나오는 요즘 포장용기나 제품명만 바꾸는 혁신만으로는 충성고객을 만들 수 없다. 애플은 '다르게 생각한다'는 신념하나로 제품을 만들었고 우리는 그 '왜'에 열광하고 애플이 만드는 노트북, 아이팟, 아이폰까지 모두 가지려고 안간힘을 쓴다. 애플처럼 우리도 우리가 하는 일에 대한 신념을 가지고 왜 일을 하는지를 먼저 생각하고 그 다음에 사람들이 내 제품을 원하는 이유를 연결시켜야 한다.

눈앞의 마쉬맬로우에만 취해서 미래는 생각하지 않는 사람이 될 것인가? 지금 당장 회사에서 주는 월급만 보고 승진했다는 기쁨에 취해 회사를 나와서 무엇을 할 것인지, 지금 왜 이일을 하는지는 잊고 살지는 않는가? 지금 일하고 있는 회사에서 왜 이일을 하는지를 생각하며 신념으로 무장하자. 회사에서 인정받은 사람이 회사를 나와 1인 창업을 했을 때도 인정받고 성공한다. 1인 창업을 할 때 '왜'를 생각하자. 다른 기업과 마찬가지로 '무엇을'에만 집중하고 '왜'를 생각하지 않는다면 오늘만 배불리 먹는 쥐처럼 살게 될 것이다.

당신에게는 이미 멋진 자원이 내재돼 있다. 이제 그 자원을 활용할 시간이다. 나에게 독특하고 특별한 아이디어가 있는데 자금이 부족하다면 어떻게 해야 할까? 가장 쉬운 방법이 대출이겠지만 부업으로 시작한 일이라 적게 시작하고 싶고 버리기에는 아까운 아이디어라면 어떻게 해야 할까? 그렇다면 크라우드펀딩을 이용해보자. 미국, 유럽 등지에는 벌써 몇 년 전부터 등장해 자리 잡고 있는 크라우드펀딩은 국내에 들어온 지 얼마 되지 않았다.

크라우드
펀딩

크라우드 펀딩이란 군중을 뜻하는 Crowd와 재원마련을 뜻하는 Funding이 합쳐진 신조어이다. 아이디어를 대중에게 공개하면 소셜 네트워크를 이용해서 내 아이디어를 홍보하고 사람들이 그 가치를 판단하고 투자해 자본을 만들어주는 방식이다. SNS를 활용하기 때문에 파급효과가 크고 쉽게 홍보가 가능하다. 펀딩에는 4가지 방법이 있는데 대출의 형태로 진행되어 만기에 원금과 이자를 상환해야 하는 '대출형', 투자자가 주식이나 수익증권을 취득하는 '지분투자형', 순수하게 기부하는 '기부형', 후원하고 제품이나 서비스로 리워드보상를 받는 '후원형'이 있다. 이중 기부형과 후원형은 적은 금액으로도 펀딩에 참여할 수 있기 때문에 처음 시도 해보는 사람이라면 활용해보자.

국내에서는 많은 크라우드 펀딩이 생겼다가 사라졌는데 그 중 살아남고 새로 생긴 크라우드 펀딩으로는 텀블벅, 와디즈, 스토리펀딩 등이 있다. 텀블벅은 독립 문화 창작자들의 지원을 목표로 한 펀딩으로 기부형, 후원형 크라우드 펀딩 사이트 중에서 가장 유명하다. 출판, 건축, 사진, 디자인, 게임, 요리뿐 아니라 폰트개발, 영상제작, 게임 개발 등의 분야에도 지원하고 모집이 성사되면 최종 기금 액의 5%를 수수료로 받는다.

카카오에서 만든 스토리 펀딩은 콘텐츠 크라우드 펀딩 서비스로 책, 음악, 신기술등 새로운 창작물을 만드는 사람 누구든지 펀딩을 제안하거나 참여할 수 있다. 특히 100만원 이하의 금액이 모여진 펀딩의 경우 친구에게 카카오톡으로 공유를 하면 500원 무료 후원 권을 제공해서 무료 후원 권으로 후원하는 재미를 맛볼 수 있게 한다. 무료로 펀딩한 사람도 성공하면 후원자들끼리 하는 파티에도 참여할 수 있어 소액투자자들에게 큰 관심을 받고 있다. 그 외에 공감 버튼 하트를 눌러서 창작자와 콘텐츠를 응원하는 '하트펀딩', 후원을 해야 콘텐츠를 볼 수 있는 '프리미엄 독점 콘텐츠 펀딩'등을 만들어서 적극적으로 후원하고 있다.

특히 위안부 여성의 삶을 다룬 영화 『귀향』, 전 세계에서 유

일하게 3D 프린터로 전자 의수를 제작한 '만드로' 대표 이상호 씨도 모두 스토리 펀딩을 통해 기회를 잡았다. 『귀향』은 6억 원 이상의 제작비를 모아 민족의 비극을 세상에 알릴 수 있었고, 이상호 대표는 1000만원이 넘는 후원을 받아 재능기부에서 시작한 일을 본업으로 발전시킬 수 있었다.

스토리펀딩은 출시 2년 만에 누적 후원금이 84억원을 돌파했고 2,000여명의 창작자들이 자신의 콘텐츠를 세상에 알리고 27만명이 넘는 후원자를 연결해 주었다. 한 사람당 평균 후원금은 3만원 정도로 적은 금액으로도 훌륭한 콘텐츠와 창작자를 후원할 수 있어 더 큰 인기를 얻고 있다.

신생 스타트업이나 1인 창작자를 위한 와디즈펀딩은 2012년 5월에 설립한 장수기업이다. 우리나라에 크라우드 펀딩 개념 정립도 되지 않은 상태에서 설립해 지금까지 이끌어온 신혜성 대표는 『세상을 바꾸는 작은 돈의 힘 크라우드펀딩』 책을 출간하고 크라우드 산업연구소를 만들어 크라우드 펀딩에 대한 트렌드나 연구 기사를 내며 크라우드 펀딩을 알리는데 앞장섰다. 현재는 회원 수 60만명, 연간 투자 중개 금액 150억원 규모로 성장했고 국내 크라우드 펀딩 투자금액의 60%가 와디즈를 통해 이뤄지고 있을 정도로 국내 1위 플랫폼으로 자리매김했다.

와디즈에서 진행한 펀딩 중 순수 일반 투자자들의 투자만으로 성공한 케이스가 있다. 바로 수제자동차 회사 모헤닉게라지스MOHENIC GARAGES다. 모헤닉은 펀딩 목표를 3억원으로 진행했고 191명의 투자자와 251,200,000원의 돈이 모금돼 성공적으로 종료됐다. 페이스북과 트위터로 일파만파 전파된 이 회사는 회사를 만든 배경을 스토리로 담아 올려 사람들의 마음을 움직였다. 그저 사업계획서 한 장 올린 것이 아니라 어떤 신념으로 이 회사를 만들게 되었고 앞으로 어떤 계획을 진행 중이며 어떤 특성과 매력이 있는지 스토리로 풀어내니 그것만으로 하나의 브랜드가 되어 파급효과를 높였다. 모헤닉의 김태성 대표는 처음에 캠핑용 자동차를 튜닝하기 위해 갤로퍼를 샀다가 자신이 원하는 스타일로 만들어주는 업체가 없다는 것을 알고 6개월 동안 자신이 직접 수리하면서 노하우와 경험을 쌓았다. 그렇게 갤로퍼를 베이스로 하는 모헤닉G 리빌드 자동차를 만드는 수제 자동차 회사가 만들어진 것이다. 수제다 보니 1년에 12대만 생산 가능하지만 2018년에 48대 생산 시스템을 갖추는 것을 목표로 하고 있다. 또 중고자동차를 수리하는 것에 그치지 않고 베이스로 활용해서 새로운 수제자동차인 모헤닉G 모델을 출시하기 위해 달리고 있다.

펀딩이 성공할 수 있었던 것은 자신의 스토리를 솔직하게 풀어내고, 자신만의 개성이 담긴 자동차를 갖고 싶어 하는 사람들의 욕구를 자극해 팬을 늘리고 그들과 화발하게 의사소통을 하면서 적극적으로 참여한 '열정' 때문이 아닐까? 크라우드 펀딩을 성공적으로 활용하기 위해서는 사람들과의 소통을 게을리 하지 말아야 한다. 기간 내에 완료되어야 하기 때문에 그 기간 내에 내 제품의 가치를 알리는데 주력해야 한다.

크라우드 펀딩은 기업 활동의 축소판이다. 아이템을 발굴하고, 그 아이템을 제품으로 개발해서 홍보하고 마케팅하고, 고객과 커뮤니케이션하며 신뢰를 쌓고 배송까지 모두 한 번에 이루어진다. 약 30~40일 정도 기간을 두고 진행되는데 이 기간 동안 많은 사람들에게 알려 펀딩을 최대한 많이 받을 수 있도록 해야 한다. 콘텐츠는 있는데 자금이 부족하다면 크라우드 펀딩을 활용해보자. 크라우드 펀딩 업체별로 특성이 다르므로 내가 하고자 하는 분야를 먼저 파악하고 그에 맞는 업체를 선정해서 사업계획서부터 작성해보자. 일단 시작이 중요하다.

이 외에 아이디어 제품의 사업화를 위해 지원해주는 곳은 많이 있다. 중소기업청과 K-Startup이 협력해 지원해주는 사업도 있고, 각 지역별 지원 사업도 있다. 여성을 위한 한국여성 발명협회, 여성기업 종합 정보 포털 www.wbiz.or.kr 에서는 예비, 초기 여성 창업자를 위한 보육센터와 창업자금 지원, 전문가 컨설팅을 제공한다. 정말 1인 창업을 하기로 마음먹었다면 방법은 많이 있다. 콘텐츠를 확고히 다진 후 팔수 있는 방법을 찾아보자.

돈이 많다고 부자인 것은 아니다. 회사에 얽매여서 하기 싫은 일을 하는 것이 아닌 내가 하고 싶은 일을 하면서 남들 눈치 보지 않고 자유롭게 사는 것. 그리고 그 일이 즐겁고 가치 있는 일이며 행복하다면 이미 부자다. 월급이라는 덫에서 벗어나 1인 창업으로 부를 이루자. 월급쟁이 부자는 없다.

CHAPTER **2**

관점을 바꾸면
돈이 보인다

많은 사람들이 포털 사이트에 '무자본 창업' '1인 창업 아이템'
을 검색한다. 검색하면 수많은 광고와 홍보 사이트가 뜬다.
클릭해보면 획기적인 1인 창업 아이템이라기보다는 또 다른
프랜차이즈의 일환인 경우가 많다. 그렇다면 도대체 어떤 아
이템으로 1인 창업해야 성공할 수 있을까?

사실 1인 창업 유망 아이템은 존재하지 않는다. 유망 아이템
을 찾기 전에 먼저 자신에게 질문 해보자. "1인 창업 하고 싶
은 이유가 무엇인가?"

회사를 그만두고 싶어서? 상사가 마음에 안 들어서? 월급
은 쥐꼬리만 한데 매일 야근에 상사 눈치 보랴 퇴근도 못하고

가정에도 소홀해져서? 적성에 맞지 않아서? 이유는 아주 많이 있다. 어떤 이유든지 중요한 것은 '내가 평생 동안 해도 질리지 않고 즐겁고 행복하게 할 수 있는 일이 있느냐'이다. 그것이 바로 1인 창업 유망 아이템이다. '나만의 경험과 노하우, 지식, 취미를 살려서 만든 것'이 있다면 절대 다른 사람과 바꿀 수 없는 나만의 무기가 생긴 것이고 누구도 따라할 수 없는 차별화된 아이템이 된다. 다른 사람이 비슷한 일을 한다고 해도 나만의 노하우와 경험은 절대로 공유할 수 없다. 어느 누구도 나와 같은 경험을 한 사람은 없기 때문이다. 이것을 살려서 1인 창업해야 한다.

우리가 추구해야할 진정한 가치는 '베스트'가 아니라 '온리원'이다. 수많은 1인 창업 아이템에서 살아남기 위해 '나'를 팔아야 한다. 당신에게 특별한 무언가가 있는가? 1인 창업가로서 온리원이 될 부가가치가 있는 사람인가? 스스로에게 질문을 던져보자. 온리원을 추구했을 때 비로소 당신은 성공할 수 있다.

'베스트'보다
'온리원'

　　　　　　'관점 디자이너' 박용후 씨는 카카오톡을 다른 메신저 서비스와 차별화시키기 위해 문자서비스 개념을 도입했다. 건별로 몇 개의 대화가 오고갔는지 카운팅해서 대화의 숫자를 표시했다. 그러자 사람들은 카톡을 무료문자라고 인식하고 고마워하면서 사용하기 시작했다. 제발 좀 써달라고 광고를 한 것이 아니라 관점을 살짝 바꿔 무료문자로 인식하게 했더니 카카오톡 사용자는 일파만파 퍼져나간 것이다. 그는 관점을 바꾸기 위해 이렇게 조언한다.

"성공하는 사람은 당연하지 않았던 것을 당연하게 만드는 사람입니다. 언제부터 문자대신 카카오톡을 하는 게 당연해졌나요? '이게 언제부터 당연해졌지?' 하고 질문을 던지는 습관을 가진다면 관점을 바꿀 수 있습니다."

관점을 바꾸기 위해서 우선 내가 가장 즐거움을 느끼는 일이 무엇인지 생각해보자. 그래야 내가 가야할 방향을 명확히 할 수 있다. 맛있는 요리를 했을 때, 여행을 가서 새로운 경험을 했을 때, 좋아하는 사람과 함께 무언가를 했을 때, 그림을 그릴 때 등 경험을 하거나 일을 할 때 즐겁고 행복하다면 그것이 바로 내가 앞으로 가야할 일이다. 사람들은 의외로 "당신이 가장 행복해 하는 일 3가지만 말씀해주세요"라고 물어봤을 때 바로 대답하지 못하고 머뭇거리는 경우가 많다. 한 번도 자신이 좋아하고 행복해하는 일이 무엇인지 생각해보지 못했기 때문이다. 자신에 대해 잘 알지도 못하면서 '아 회사일 지겨워. 내가 하고 싶은 일을 하고 싶어'라고 생각하는 것 자체가 모순이다. 우선 내가 좋아하는 일부터 찾아야 한다. 그리고 그 일에서 조금만 비틀어서 생각하면 남과 다른 온리원이 될 수 있다. 『네 안에 잠든 거인을 깨워라』의 저자 앤서니 라빈슨은 이렇게 말했다.

"무엇인가 큰 것을 해내고 싶다면 자신이 보여 온 기존의 한계 너머로 자신을 밀어 넣을 필요가 있습니다. 용기를 내어 과감해져야 하는 것입니다. 그리고 이 모든 것은 당신 스스로가 해야 합니다. 이렇게 하는 것은 누가 대신 해줄 수 있는 일이 아닙니다."

대부분의 사람들은 크게 생각하는 것을 두려워하고 지금 자신이 가지고 있는 자원을 활용한 계획을 세운다. 자신은 경험도 부족하고 지식도 없고 인맥도 없으며 무엇보다 돈이 없기 때문에 못할 것이라고 말한다. 하지만 관점을 바꾸면 생각이 바뀐다. 큰 것을 해내고 싶다면 일단 저질러야 한다. 일단 내뱉고 나면 어떻게든 해결하기 위해 방법을 생각해내게 된다. 자신이 이미 큰 사람이라고 생각하고 행동한다면 그곳에 도달하게 된다. 자신을 과소평가하지 말고 과대평가하라!

내가 무언가를 하고 싶다는 생각을 한다면 당신의 내면에 그 무언가를 할 수 있는 재료가 있기 때문이다. 우리는 우리가 할 수 없는 일을 하고 싶어 하지 않는다. 내가 할 수 있는 일을 바탕으로 한 일을 하고 싶어 한다. 누구나 회사에서 일한 경험, 취미, 살아오면서 겪은 수많은 경험을 가지고 있다. 보험이든 대출, 부동산, 쇼핑몰, 학원, 컨설팅, 병원 등 다양한 업종에 종사하고 있을 것이고 이 지식을 바탕으로 재료를 다듬으면 된다.

나는 큰 치과에서 4년 동안 쌓은 경험과 이후 4년의 중간관리자 경험, 타 병원 개원을 도와준 경험 등을 바탕으로 병원 컨설팅 회사를 차렸다. 컨설팅 일을 하다 보니 내 적성에도 맞고 시간과 돈으로부터 자유롭게 살면서 행복한 내 모습을 많은 사람들에게 알리고 그들에게도 기회를 만들어 주고 싶어 책을 썼다. 쓰다 보니 꿈이 없는 직장인과 청춘들에게도 꿈을 전달하는 메신저가 되고 싶었다. 그래서 그들을 위한 1인 창업으로 가는 길을 안내하는 책을 쓰게 됐다. 이렇게 생각은 생각에 꼬리를 물고 확장돼 꿈이 더욱더 확장된다. 계속해서 꿈을 따라 가다보면 꿈은 끝없이 이어진다. 꿈 너머 꿈이 이루어지는 것이다. 그리고 이 모든 것들은 다 내안에 있다. 눈을 감고 생각해보자. 내 안에 있는 재료로 나는 무엇을 할 수 있을지 어떻게 1인 창업으로 성공할 것인지 생각해보자. 바로 창업 아이디어가 떠오르지 않아도 좋다. 내가 하고 싶은 일을 먼저 찾는다면 꼬리에 꼬리를 물고 순식간에 당신은 당신만의 무기를 찾게 될 것이다.

나는 지금 현재 병원 시스템 및 건강보험 컨설팅과 교육을 주로 하고 개인의 동기부여와 꿈을 찾아주고 1인 창업 스쿨을 운영하는 '변화전문기업' 체인지영컴퍼니를 운영하고 있다.

처음부터 사업 능력이 뛰어나서 바로 창업으로 뛰어든 것은 아니다. 처음에는 치과위생사로 병원에 근무하면서 시스템을 배웠고 26살이라는 젊은 나이에 운 좋게 실장이 되어 환자관리와 직원관리를 직접 몸으로 부딪히면서 경험했다. 나보다 나이가 많은 직원 관리를 하다 보니 힘들어서 좀 더 말을 잘 전달하는 방법을 배워볼까 해서 '강사 과정'을 수료했다. 강사가 되고 싶어서가 아니라 단순히 말을 잘 하고 싶어서 도전한 것이다. 그러다 우연히 무료 강의 기회가 와서 강의를 하게 되었고 첫 강의는 완전히 망쳤다. 1시간 강의였는데 머릿속에서 뒤엉키면서 잊어버리고 너무 빨리 랩 하듯이 말을 해서 30분 만에 끝내버린 것이다. 게다가 수강생들 눈을 보면서 함께 호흡하며 진행해야 하는데 천장만 바라보며 말을 하고, 수강생이 질문하면 당황해서 얼굴이 벌게져 대답도 제대로 하지 못했다. 그렇게 첫 강의를 망치고 나서 제대로 배워서 해봐야겠다는 생각을 했고 1년 동안 무료로 강의를 하면서 경험을 쌓았다. 누군가를 가르친다는 것은 상상도 못했던 일이었는데 무료강의를 진행하면서 나로 인해 다른 사람이 변화되는 모습을 보니 보람되고 즐거웠다. 그렇게 첫 시작은 강사였다.

주말에는 강의를 하고 평일에는 치과에서 일을 하다가 함께 일하던 페이원장님이 병원 개원을 하면서 나가게 됐다. 개원이 처음이라 세팅을 도와달라고 요청해서 재료부터 매뉴얼, 건강보험까지 하나하나 세팅하고 교육하면서 '병원 컨설팅'이라는 새로운 영역에 발을 들여놓게 됐다. 그때 당시에도 아무 생각없이 도와주려고 했던 것뿐이라 컨설팅이라는 생각은 하지 못했다. 나도 의식하지 못한 채 2년 동안 교육과 컨설팅을 하면서 경험과 노하우가 축적됐다. 그리고 우연히 찾아온 좋은 기회에 병원을 그만두고 1년 동안 병원컨설팅 회사에 취직해서 일을 하면서 또 다른 경험을 쌓았다.

이런 모든 경험들이 쌓여서 1인 창업을 결심하게 되었고 컨설팅하고 있는 지금도 계속해서 경험과 노하우가 쌓이고 있다. 창업은 이렇게 해야 한다. 내가 평생 동안 해도 질리지 않고 즐겁고 행복하게 할 수 있는 일이어야 한다. 그 일이 지금 내가 다니고 있는 회사에서 쌓은 경험이나 취미, 지식, 노하우라면 연결해서 할 수 있으니 더욱 좋다. 그리고 그것이 바로 1인 창업 유망아이템이다. 다른 누군가가 정해 놓은 길을 가는 것이 아니라 남들이 넘볼 수 없는 나만의 특별하고 독특한 아이템으로 시작해야 한다. 만들어져 있는 직업을 하는 것이 아니라 내가 직업을 만들어 내는 것이다. 다른 사람이 비슷한 류의 직업을 만들어낸다고 하더라도 나는 계속해서 경험과 노하우를 쌓아 새롭게 변형을 하기 때문에 같을 수가 없다. 이제 더 이상 '1인 창업 유망 아이템'으로 검색하지 말자. 다른 곳에 눈 돌리는 시간에 내가 가장 잘 할 수 있고 가장 하고 싶은 일이 무엇인지를 생각하자. 그리고 그 일을 위해 먼저 해야 할 일이 무엇인지 우선순위를 정하고 차근차근 진행하면 된다. 서두르지 않아도 된다. 어차피 죽을 때까지 해야 할 일 아닌가? 중요한 것은 내가 이 일을 해서 즐겁고 재미있느냐 이다. 재미가 있어야 더 좋은 생각을 하게 되고 이것저것 새로운 시도를 하게 될 테고 그런 경험들이 또 나만의 노하우로 쌓이게 되어 새로운 아이템을 만들어내면서 확장하게 된다. 꿈은 꿈 너머 꿈으로 이어질 때 성공한다.

패러다임의
전환

기부의 패러다임을 바꾼 여인이 있다. 그녀는 아프리카 빈민들에게 기부가 아닌 '대출'을 해주기로 결심했다. 사람들은 돈이 없는 가난한 사람들에게 '돈을 빌려준다'는 그녀의 말에 코웃음을 쳤다. 그러나 그녀는 남아프리카로 날아갔고 '키바KIVA'라는 사이트를 만들어 개발도상국의 가난한 사람들과 이를 돕고자 하는 사람들을 직접 연결하는 P2P 방식의 소액대출 시스템을 개발했다.

대출 시스템이라는 관점을 생각한 '제시카'와 '매튜'는 "미국에 사는 한 사람이 염소 몇 마리를 사고 싶어 하는 아프리카인을 도울 수 있고 유럽에 사는 가정주부가 옥수수를 키울 수 있게 도와줄 수 있다. 키바는 궁극적으로 사람과 사람 사이를 연결하는 커뮤니티다"라고 말했다.

그들은 가난한 자들을 돕자고 말하며 눈물로 호소하지 않는다. "창업을 하고 싶어 하는 개발도상국의 가난한 사람들에게 돈을 빌려주는 비즈니스 파트너가 돼 달라"고 말한다. 실제로 키바를 통해 대출한 우간다 상인은 생선장사와 식당영업, 염소사업으로 원금을 모두 갚고 스스로 일어날 수 있는 힘을 얻었다.

우리는 그동안 가난한 사람들에게 돈을 주거나 먹을 것을 주면서 동정만 했지, 그들의 꿈과 희망을 들어보려 하지 않았다. 그들도 꿈이 있고 하고 싶은 것이 있을 것이다. 제시카와 매튜는 그들의 욕구를 캐치했고 기부 방식이 아닌 색다른 방식으로 그들의 내재돼 있는 꿈을 꺼내줬다. "그들은 자신의 사업 얘기를 하면서 약자로 남는 것이 아닌 스스로의 힘으로 일어날 수 있었습니다."

그들은 가난한 사람들에 대한 관점을 바꾸었고 현재 82개국, 대출기관 1382곳을 연결해서 약 1600만 명이 키바에 투자했으며 2200만 명이 9억5980만 달러를 빌렸다. 대출자가 돈을 갚으면 이 금액은 또 다른 투자금이 돼 다른 대출자에게 돈을 빌려줄 수 있는 자금으로 활용된다. 돈을 갚으면 끝나는 일반적인 기부와는 완전히 성격이 다른 것이다. 대출금의 상환 비율은 97.2%로 일반 대출기관보다 훨씬 높다. 관점을 바꾸면 답이 보인다.

'스트라입스'는 맞춤셔츠를 파는 온라인 사이트다. 특이한 점은 사이트에서 자신이 원하는 넥칼라, 커프스, 핏 스타일을 정하고 주문을 하면 자신이 지정한 날짜와 시간에 전문 스타일리스트가 찾아가서 치수를 잰다. 내가 원하는 대로 디자인할 수 있는 것이다. 바쁜 일상 속에서 내가 직접 셔츠를 사러 가지 않아도 내게 맞는 셔츠를 구입할 수 있어 인기를 끌고 있다. 게다가 고객 취향과 최신 트랜드를 고려해 1:1로 상담까지 해주니 패션 테러리스트들의 두려움도 해결해준다. 처음에는 셔츠만 제작했는데 남성들의 스타일링을 고려해 수트, 블레이저, 팬츠, 구두, 지갑, 벨트, 시계 등 풀 코디를 할 수 있는 상품을 늘려 팬 층이 더욱 두터워지고 있다. 스타일리스트가 찾아가는 도시도 서울에서 경기, 부산, 광주, 대전, 청주까지 확장하고 하남시에는 첫 오프라인 매장도 열었다.

스트라입스 이승준 대표는 원래 공대출신으로 IT 회사에 다니는 평범한 직장인이었다. 업무상 임원들에게 보고를 하는 일을 하다 보니 정장을 입을 일이 많았던 그는 가슴이 유달리

커서 사이즈가 맞지 않아 고민했었다. 특히 인터넷으로 옷을 잘 사지 않고 귀찮아하는 남자들의 특성을 파악하고 자신같이 고민하는 사람들을 위해 IT와 패션을 결합해서 모바일로 쉽게 주문하고 받을 수 있는 새로운 방법을 개발했다. 스타일리스트가 직접 가서 치수를 재고 입력하면 이후에는 간편하게 사이트에서 구매하기만 하면 된다. 귀차니즘의 남성들을 위해 온라인 쇼핑몰도 편리하게 주문할 수 있도록 디자인했다. 자신의 경험과 색다른 관점으로 '맞춤형 셔츠'라는 새로운 판로를 연 것이다.

스트라입스를 알리기 위해 처음에는 무작정 발품을 팔았다. 테이블을 들고 강남역과 홍대 길거리에 나가 직장인을 대상으로 홍보하고 회사 직원들이 자주 가는 식당을 물색해 식당 앞에서 프로모션을 진행하기도 했다. 그 결과 소문이 퍼지면서 기업에서 출장 요청이 들어왔고 이후에는 페이스북 광고를 통해 온라인으로 확장했다. 고객의 개인 취향까지 고려해서 옷을 만드는 쇼핑몰, 스트라입스는 '찾아가는 스타일리스트'라는 관점으로 바꾸었고 끊임없는 소통으로 성공할 수 있었다.

야후 공동창업자 제리양, 전 디즈니 및 갭의 CEO 폴 프레슬러, 구글 초기 투자자 바비 아즈다니, 드롭박스 1호 투자자 페자먼 노자드 등 국내외 굵직한 기업의 투자자들이 앞 다퉈 투자하겠다고 나서는 뷰티 이커머스 기업이 있다. 바로 온라인을 통해 K뷰티를 전 세계에 유통하는 하나의 플랫폼을 만드는 게 꿈이었던 하형석 대표의 미미박스이다. 그의 꿈은 벌써 이루어졌다. 2012년 2월에 창업해서 창업 5년 만에 한국을 비롯한 미국, 중국, 홍콩, 대만, 싱가포르 6개국에 550여명의 직원을 두었고 미국 K뷰티 온라인 시장 점유율은 20%를 차지하고 있다. 국내 가입자 수는 200만 명이 넘고 10만개에 가까운 제품이 거래되고 있으며 구매한 고객의 리뷰수도 62만개가 넘는다. 중국 상해와 미국 샌프란시스코에 지사도 설립했고 중국매출은 1년 만에 20배 성장했다. 어떻게 이 모든 것들을 빠르게 이룰 수 있었을까?

미미박스가 초창기에 급성장 할 수 있었던 것은 독특한 유통업 때문이다. 매달 구독료 1만 6,500원을 내면 7~8만원 상당의 최신 트렌드 화장품을 한 달에 한 박스씩 보내줬다. 보통 4~6개의 상품이 담겨져 있는 박스 안에는 스킨케어, 색조화장품, 헤어까지 뷰티 제품으로 꽉꽉 채워져 있다. 뿐만 아니라 뷰티 제품을 활용한 머리 스타일, 화장법 등을 함께 알려줘 처음 화장품을 접해보는 사람들도 쉽게 따라할 수 있다. 써보고 마음에 들면 미미샵에서 시중가보다 더 저렴한 가격에 살수도 있다. 미미박스는 고객에게 제공할 화장품을 협찬으로받는 대가로 고객의 피드백을 과학적으로 분석한 리포트를 제공했다. 소비자들의 피드백을 통해 얻은 고객의 연령과 지역,

피부타입 같은 정보들을 꼼꼼히 분석해서 20페이지의 주간보고서와 150페이지의 월간 보고서를 보내준다. 거기다 케이블 방송 뷰티 프로그램을 통해 화장품을 소개해주면서 마케팅을 해주니 제휴업체에서는 오히려 반기는 분위기였다. 1,000여 개의 브랜드와 제휴하면서 진행한 미미박스는 2014년 말 성공적으로 종료됐다.

이후 미미박스는 메이크업 아티스트와 협업해 그동안 쌓아온 고객의 정보를 분석해 불필요한 가격거품을 뺀 제품을 만들었다. 현재 아임미미, 포니이펙트, 누니, 본비반트 등의 자체 브랜드 제품을 생산하고 매주 수요일마다 신제품을 선보이며 지금까지 700개 정도의 제품을 만들었다. 거기다 온라인과 오프라인을 연결하는 '옴니채널' 매장을 내면서 새로운 도전을 했다. 매장의 70%를 메이크업 스튜디오로 꾸미고 메이크업을 경험할 수 있게 한 것이다. 그러자 반응은 더욱 뜨거웠다. 메이크업을 받은 고객들이 오히려 제품을 더 많이 구입하면서 서울에만 4군데 매장을 열었다.

공대 학생 신분으로 고구마 장사를 하고 쇼핑몰에서 운동화를 팔다가 20대 청년 2명과 함께 자본금 겨우 3,500만원으로 시작한 미미박스. 책상 4개가 겨우 들어가는 조그마한 사무실에서 아침 7시 30분부터 밤 12시까지 일하면서 하루에 100명에게 전화를 하며 일단 부딪혔다. 100명에게 전화하면 2, 3명 정도 만날 수 있었고 제안서만 하나 달랑 들고 찾아갔다가 문전박대를 당하기도 했다. 어려움을 딛고 시장에 나오자마자 1개월 만에 월 1억의 매출을 올렸다. 성공의 신화가 시작된 것이다. 2020년까지 12개국에 진출할 계획인 미미박스. 화장품을 파는 것이 아니라 '서비스'를 판매한다는 마음으로 달려왔기에 뷰티 유통에 새로운 역사를 쓸 수 있었던 것이다.

세상은 빠르게 변화되고 있다. 경쟁을 경쟁하지 말고 다른 사람들의 방식을 따르지 말고 나만의 방식을 찾자. 관점을 바꾸었을 때 온리원이 되고 돈이 보인다.

CHAPTER **3**

세미나에서 배운 비결을
응용해 실행하라

지식정보화 시대인 지금 정말 많은 세미나와 강연이 쏟아지고 있다. 평범한 사람들도 SNS를 통해 쉽게 나를 알리게 되면서 개인적으로 강연을 만들고 홍보하는 사람도 늘어났다. 내가 마음만 먹으면 언제든지 손쉽게 많은 지식과 정보를 습득할 수 있다. 그러나 세미나를 듣고 "아 정말 감동적이다" "저런 방법이 있었구나! 놀라워"라고 말하며 끝내면 돈만 버리고 남는 것은 없다. 세미나에서 배운 지식을 활용해야 한다. 많은 사람들이 세미나를 들으며 공감하고 고개를 끄덕이며 노트 한쪽 면을 멋진 아이디어로 도배한다. 그리고 집에 돌아가면 책장 한구석에 꽂아놓고 그 노트가 있었다는 사실 조차 잊어버린다. 세미나를 들을 당시에는 마치 내가 지금 강연을 하고 있는 사람이 된 것처럼 새롭고 흥분되지만 세미나가 끝남과 동시에 그 흥분도 사라져버리는 것이다.

일단 세미나를 들었으면 적는데 그치지 말고 직접 해보자. 우선 회사를 알리기 위해서는 마케팅을 배워야 했다. 카카오스토리 마케팅, 페이스북 마케팅, 블로그 마케팅, 유튜브 마케팅 등 마케팅에 관한 세미나는 모두 섭렵했다. 그러나 그것을 내 것으로 만들지 않으면 무용지물이다. 배운 것을 활용하기 위해 카카오스토리 채널을 만들어 불특정 다수에게 친구 신청을 하기도 하고 홍보시안을 만들기도 했다. 지금은 블로그와 페이스북을 활용해 홍보를 하고 있다. 블로그는 꾸준히 글만 썼을 뿐인데 파워블로거가 됐다. 블로그에 올린 글은 페이스북에 연동해서 올렸고 카카오스토리에도 연동한 글을 올렸다. 처음에는 10명 내외의 방문자가 오더니 점점 늘어서 1달 만에 400여명을 찍었을 때는 기쁨의 환호성을 질렀다. 내 블로그를 통해 책을 사는 사람이 생기고 강연 요청이 들어올 때는 제대로 배우길 잘했다는 생각이 들었다.

이렇게 세미나에서 배운 비결을 활용해야 한다. "1톤의 생각보다 1g의 행동이 중요하다"는 권동희 작가의 말처럼 일단 실행해야 한다. 크게 생각하고 작게 시작해보자. 생각의 크기만큼 이루어져 있을 것이다.

생각은 크게
시작은 작게

『퇴근 후 2시간』의 저자 정기룡 씨는 대전 중부경찰서장으로 근무하다가 정년퇴직하고 미래현장전략연구소를 설립해서 은퇴설계와 행복한 노후를 주제로 강연과 자문활동을 하고 있다. 그는 경찰로 재직하면서 퇴근 후 2시간을 자기계발에 투자했다. 제빵 기술을 배우기 위해 제과제빵 학원에 등록하고 떡 기술도 배우기 위해 투자했다. 그는 거기서 멈추지 않고 콩을 갈아 두부 만드는 법부터 노무사 자격증 공부까지 주변에서 좋다고 하는 건 닥치는 대로 배웠다. 자신의 적성을 몰라서 일단은 돈이 된다는 것은 무조건 달려든 것이다. 결국 제빵 기술과 떡 기술, 두부 기술 등은 무용지물이 됐지만 그때 쌓은 배움의 경험이 은퇴설계 강의에 필요한 자양분이 됐다.

어떤 것이든 버릴 것은 없다. 잘 모르겠다면 일단 닥치는 대로 투자해보자. 처음에는 자신의 일과 관련된 공부를 하다가 하다 보니 마케팅 분야가 필요해서 공부하게 된다. 컴퓨터 관련 공부를 하다 보니 관계에 관심이 가고 관계를 풀기위해 심리를 배우게 되고 배움은 배울수록 끊어지는 것이 아니라 이어진다. 일단 호기심을 갖고 먼저 두드리는 것이 중요하다. 첫 발을 떼면 자연스럽게 목표를 향해 달려가고 있는 나를

<u>발견할 것이다.</u>

내게는 장롱자격증이 있다. 베이비시터 자격증, 독서논술지도사 자격증, 자기주도 학습 지도사 자격증, SMAT 컨설턴트 자격증 등이 있다. 이 자격증들은 당시에는 필요할 것 같아서 땄지만 지금 전혀 쓰이질 않고 있다. 많은 사람들이 자격증 경쟁을 벌인다. 마치 자격증이 하나의 스펙인 것처럼 없으면 불안해한다. 어떤 사람은 30개의 자격증을 가지고 있다며 자랑스럽게 보여주기도 한다. 물론 자격증을 많이 갖고 있는가도 중요하다. 하지만 무조건 자격증을 따놓기만 하면 안 된다. 실제로 활용할 수 있어야 한다. 지금 당장 필요 없는 자격증에 목숨 걸지 말고 차라리 그 시간에 내게 필요한 것을 개발하는 것이 훨씬 도움이 된다.

어떤 것이든 완전히 백지 상태에서 만들어지는 것은 없다. 원래의 것을 다듬고 가공해서 개량한 것이다. 『아이디어를 물려 받아라』라는 책에는 이런 말이 나온다.

"혁신에 정말 필요한 것은 기존의 뛰어난 아이디어를 발굴해 보존하고 그것을 어떤 형태로 나의 필요성에 응용시킬 것인지를 생각하는 작업에 집중하는 일입니다. 새로운 아이디어를 찾으라는 것은 전기나 자전거를 다시 처음부터 발명하라는 것이 아니지요."

모든 것은 누군가에게서 배운 것을 응용하거나 좀 더 다르게 접근해서 만들어낸 것이다. 이때 배울 상대를 아무렇게나 골라서는 안 되고 나와 비슷한 분야의 일을 하는 사람의 방법을 참고해야 한다. 그들은 어떻게 이끌어왔고 운영해 가는지를 분석해서 내 것으로 만들어야 한다. 내가 창업하고자 하는 분야의 1인자의 브랜드 네임, 로고, 활동내용, 어떻게 홍보하는지 하나하나 전부 분석해서 내 것으로 만들어 보자.

반복하고
반복하라

　　　　　　세미나에서 배운 비결을 내 것으로 만들기 위해서는 먼저 녹음을 하거나 필기를 하자. 듣는 것만으로는 하루가 지나기 전에 50% 이상 기억하지 못한다. 한 달 후에는 5%도 기억하지 못한다. 녹음을 해서 이동 중이나 틈이 날 때 듣는다면 기억할 수 있고 필기를 했다면 다시 읽어보면서 기억을 더듬을 수 있다. 녹음 한 것은 집에 도착하자마자 다시 들으며 필기하면서 정리해보자. 대부분 사람들은 집에 가면 던져버리고 다시 보는 경우가 드물다. 나 또한 그랬기 때문에 이 방법이 효과적이다. 집에 도착하자마자, 혹은 집에 가는 길에 다시 한 번 듣거나 노트 필기한 것을 들춰보면서 생각을 정리한다. 이렇게 해야 오랫동안 기억할 수 있다. 아무리 열심히 적어도 활용하지 않으면 쓰레기나 다름없다. 그런 다음 정리한 것을 활용해서 강의안을 만들어보자. 내가 배워온 것들을 강의 자료에 넣어서 활용한다. 바로 넣어두지 않으면 어디서 배웠는지 잊어버리기 때문에 그때그때 짧게라도 넣어둔다. 이렇게 만든 강의 자료로 강의를 하면 사례가 풍부해진다. 가르치는 것만큼 배움에 효과적인 것은 없다. 가르치기 위해서 100% 내 것으로 만들어야 하고 완전히 숙달돼야만 입으로 자연스럽게 흘러나올 수 있기 때문이다.

세미나는 비슷한 주제의 것을 여러 번 들어야 한다. 한번 듣고 만다면 그저 새로운 정보를 접하는 것에 그치고 만다. 비슷한 주제의 세미나를 들으면서 그 전에 들었던 것과 비교 분석할 수 있고 좀 더 체계적으로 배울 수 있다. 특히 내가 창업하고자 하는 분야의 세미나라면 100번 이상은 들어야 한다.

완벽하다고 생각했을 때, 그때가 내 약점이 드러나는 때다. 항상 부족하다고 생각하면서 나를 가꾸어야 한다. 배움을 열망하고 배움에 투자하는 사람만이 성공한다. 세계적인 무용가 마사 그레이엄의 말을 기억하자.

"이 세상에서 절대 용납할 수 없는 것이 있는데 그것은 평범이다. 우리가 자기계발을 하지 않아 평범해진다면 그것은 죄악이다. 사명으로 움직이는 사람들은 평범해질 틈이 없다."

CHAPTER **4**

프랜차이즈가 아닌
온라인 카페를 개설하라

"잘 키운 커뮤니티 하나 열 프랜차이즈 카페 안 부럽다"는 말이 있다. 온라인 카페를 잘 키우면 수많은 돈을 쏟아 붓는 것보다 더 효과적이다. 프랜차이즈 카페는 돈을 투자해야 하는 대기업의 노예일 뿐이지만 온라인 카페는 무자본이다. 노트북과 손가락만 있으면 나만의 회사를 운영할 수 있다. 프랜차이즈 카페를 하는 사람들은 빚을 내거나 퇴직금으로 운영한다면 온라인 카페는 원금손실이 없고 빚 없이 시작할 수 있으며 스스로 운전할 수 있다. 남이 만들어 놓은 시스템이 아닌 내가 만든 시스템으로 직접 운전대를 잡자.

현재 온라인 카페의 수는 천만 개에 육박하고 있고 매일 수

천 개에서 수만 개의 카페가 개설되고 있다. 그 속에서 살아남기 위해서는 어떻게 해야 할까? 일단 내가 만들고자 하는 카페를 모두 가입해서 분석해야 한다. 벤츠를 사려면 벤츠 매장에 가야하듯이 여러 카페를 둘러보면서 활용할 것은 활용하고 버릴 것은 버리면서 벤치마킹해야 한다.

카페만 만들어 놓는다고 회원들이 알아서 글을 올리고 관계를 형성할 것이라는 생각은 버려야 한다. 내가 하나하나 가꿔나가야 한다. 마침내 열매를 맺어 회원들과 함께 나눌 때 카페는 활성화 된다. 카페는 내가 목표로 정한 소비자들이 가입하게 해서 하나의 시장을 만들어주고 그들과 소통을 하며 신뢰를 쌓을 수 있게 도와준다. 카페 내에서 내가 생산한 콘텐츠를 판다면 이미 쌓아놓은 신뢰가 있기 때문에 효과는 더욱 커진다. 블로그는 불특정 다수가 방문을 하는 곳이기에 정보만 취하고 사라지는 경우가 많고 SNS는 홍보하기에는 좋으나 회원을 잡아두기에는 역부족이다.

블로그와 SNS는 무료마케팅으로 활용하고 카페로 유입시켜 그들을 붙잡아 둬야만 수익을 극대화 할 수 있다. 카페는 플랫폼 중에서 가장 효율적이고 파급력이 높다. 카페는 하나의 회사이고 회원들은 고객이다. 우리의 역할은 고객을 만족시키는 것이다.

어떻게
운영해야 하나

회원 수가 많다고 수익이 높은 것은 아니다. 어떻게 운영하느냐에 달려있다. 내면아이 치유에 관련한 카페를 운영하는 N씨는 회원수가 200명이 조금 넘지만 매달 6~7명에게 상담을 해주면서 한 달에 300~400만원의 수익을 올리고 있다. 직장을 다니면서 운영하고 있기 때문에 카페를 통한 수입이 쏠쏠하다. 오히려 직장에서 받는 월급보다 더 많을 때도 있다. 그녀는 블로그를 카페로 유입시키는 홍보 매개체로 활용하며 좋은 정보를 제공한다. 온라인 카페는 홈페이지 대신 활용할 수 있고 회원들의 기본 정보를 얻을 수 있기 때문에 활용도가 높다. 카페를 통한 단체 쪽지, 메일, 문자 발송이 가능하고 그들의 관심사와 직업을 알 수 있다. 이 정보를 토대로 내 콘텐츠를 개발할 수 있고 팔 수 있다.

그렇다면 카페를 어떻게 만들어서 운영해야 할까? 카페 운영의 7가지 노하우를 소개한다.

첫째, 타깃을 명확히 해야 한다. 가입할 사람들이 어느 분야의 사람인지를 파악할 수 있어야 한다. 이런 대상 회원을 명확하게 파악해야 회원맞춤형 카페를 디자인할 수 있다. 카페의 색상과 문구, 대문구성, 메뉴구성, 게시내용, 이벤트 컨셉, 그리고 팔아야 할 콘텐츠까지 회원에게 맞춰야 한다. 이때 상업적이지 않으면서 신뢰감이 가도록 제작해야 하며 핵심적인 과정이 드러나게 만들어야 한다. 이렇게 시장을 형성해 놓으면 회원들은 필요한 자료를 얻기 위해 가입을 하게 된다.

타깃을 정할 때는 분야를 좁히는 것이 중요하다. 너무 넓은 분야의 타깃으로 정하면 수많은 커뮤니티 사이에서 살아남기 힘들 수 있다. 예를 들어 부동산 관련 분야를 선정했다면 부동산 중에서도 땅을 팔 것인지, 빌라, 아파트, 상가 등 수많은 상품 중에서 주력상품을 선정해야 한다. 만약 빌라를 선택했다면 대상자를 신혼집이 필요한 신혼부부로 좁히는 것이다. 같은 빌라라도 대상자를 좁히면 더 쉽게 플랫폼이 형성된다. 이때 카카오스토리나 페이스북 등 SNS를 활용해서 신혼부부들에게 꼭 필요한 정보를 제공하는 것이다. 결혼 준비를 하고 있는 사람들에게 결혼에 필요한 정보를 제공하고, 신혼 생활에 도움이 될 자료를 주면서 플랫폼을 만든 후 카페로 유입시키는 것이다. 이미 SNS로 신뢰를 쌓았기 때문에 카페에서 파는 빌라를 쉽게 구입하게 된다. 타깃을 명확히 할수록 성공 확률은 높아진다.

둘째, 처음에는 지인들 아이디까지 동원해서 인원을 채워넣는 것이 좋다. 그래야 우연히 지나가다가 들린 사람들이 가입버튼을 누를 확률이 높아진다. 방문하자마자 수초 안에 가입의사를 결정하기 때문에 그들의 마음을 얻기 위해서는 어느 정도 회원 수가 유지돼야 한다. 100여명 정도 모이게 되면 그때부터는 회원 수가 쉽게 늘 수 있다.

셋째, 회원들은 정보를 보기 위해 가입한다는 사실을 명심하고 질 높은 콘텐츠 개발에 집중해야 한다. 하루 최소 4시간 이상은 카페에 집중할 수 있도록 하자. 틈틈이 들어가 댓글도 달아주고 새로운 정보로 가득 채워야 한다. 이때 운영진 혼자서 게시글을 도배하지 않도록 하고 다른 아이디를 만들어 글을 올리고 리플을 달아주며 카페가 활발하게 돌아가고 있다는 것을 보여줘야 한다. 어느 정도 인원이 모이면 스텝을 모집해서 게시판을 맡기면 혼자서 채우지 않아도 된다. 이때 스텝은 내가 하는 전 과정을 들은 사람으로 선택하는 것이 좋다. 내 가치를 알고 선택한 사람들이기 때문에 비전을 나누고 함께 나아갈 수 있다.

넷째, 처음에는 게시판의 개수를 줄여야 한다. 너무 많이 있으면 오히려 혼란을 초래할 수 있고 질을 떨어뜨릴 수 있다. 핵심적인 게시판 몇 개만 만들어 놓고 질 높은 정보를 제공하자. 사람들은 정보를 얻기 위해 가입한다는 사실을 절대로 잊어서는 안 된다. 게시판 메뉴는 언제든지 새롭게 만들 수 있다. 운영하다가 잘 이용하지 않는 게시판은 과감하게 삭제하고 반응이 좋은 게시판은 가장 위쪽에 배치한다든지 계속해서 변화를 줘야 한다.

다섯째, 처음에는 글을 볼 수 있는 권한을 최대한 낮춰야 한다. 너무 빡빡한 회원제도는 오히려 가입을 꺼리게 만든다. 모든 글을 오픈하고, 회원 수가 모이면 그때 등업제도를 만든다. 어느 정도 활성화된 카페에서는 질 좋은 정보를 얻기 위한 등업제도가 경쟁심을 유발해서 큰 효과를 준다.

여섯째, 게시글을 올릴 때는 블로그처럼 키워드를 잡아서 올려야 한다. 사진도 여러 장 넣어서 글을 쓰고 스크롤이 너무 긴 것보다는 한눈에 들어올 수 있게 쓰는 것이 가독성이 좋다. 다른 곳에 쓴 사진과 글을 그대로 올리게 되면 저품질에 걸릴 수 있으니 조심하자. 카페 게시글 수와 댓글이 카페등급에 큰 영향을 주니 댓글 수에도 신경을 써야 한다.

일곱 번째, 블로그와 SNS, 타 카페를 활용해 홍보하자. 카페에 혹하는 정보를 올린 다음 나와 비슷한 타깃의 층이 있는 카페에 스크랩을 해서 글을 올리는 것이다. 좋은 정보를 본 사람들은 더 많은 정보를 얻기 위해 스크랩 해온 카페의 출처를 확인하고 가입하게 된다. 그러나 그전에 미리 타 카페에서 좋은 글을 올리면서 신뢰를 쌓아둬야 한다. 처음부터 홍보 글을 올리거나 하면 운영진이 싫어할 수 있고 회원들의 마음을 얻을 수가 없다. 심하면 강퇴 당할 수도 있고 오히려 이미지만 나빠질 수 있으니 정보를 올리면서 관계를 구축하자. 개인저서가 있다면 저서 안에도 카페를 소개하고 강연을 갈 때도 소개하자. 강연장에서 바로 가입한 사람들에게 소정의 선물을 증정한다거나 이벤트를 내걸면 가입인원을 늘릴 수 있다. 내가 나를 홍보해야 한다.

우수 회원에게
집중하라

잘 만든 카페는 나를 브랜딩 해준다. 카페가 나 자체이기 때문이다. 실제로 큰 규모의 카페를 운영하는 운영진에게 책을 써달라는 요청이 들어오기도 하고 광고 요청도 많이 들어온다. 이때 너무 많은 광고로 도배를 하면 오히려 신뢰를 깨뜨릴 수 있고 지저분해 보인다. 내가 운영하고자 하는 취지에 맞는 광고 몇 개만 남겨 두고 과감하게 거절할 용기가 필요하다. 오로지 나만의 콘텐츠만으로 승부해야 오래 살아남을 수 있다. '한국 영업인 협회'는 거절 없이 판매할 수 있다는 영업비법으로 비싼 프로그램을 제공하지만 열렬한 팬 층이 두텁기 때문에 높은 수익을 올리고 있다.

모든 회원을 잡으려고 하지 말고 10%의 우수회원에게 집중해야 한다. 카페 회원의 대다수는 유령회원이라고 해도 과언이 아니다. 그들의 마음까지 얻겠다는 생각은 버리고 내 콘텐츠에 열광하는 10% 회원에게 집중하자. 이제 무조건 퍼주기식 정보 제공만 하는 카페의 시대는 지났다. 운영진은 질 높은 정보를 제공하고 회원은 그 정보에 적당한 비용을 지불하며 상호이익이 되는 방향으로 가야한다.

강의로 수익을 올리고 싶다면 카페 회원들을 통해 수강생을 모집할 수 있다. 아직 강사로서 인지도가 낮고 부족하다고 생각이 든다면 무료강의나 세미나를 해보자. 매달 기부강의 형식으로 진행한다면 공짜라는 인식보다는 사회에 환원한다는 개념으로 다가와 퀄리티가 떨어지는 부작용이 없다. 무료강의를 통해 컨설팅이나 다른 프로그램으로 모집을 해보자.

카페는 이런 모든 것들을 쉽게 이루게 해주는 장소를 제공해준다. 온라인 카페를 활용해서 자신의 경험과 노하우를 콘텐츠로 만들어 세상을 위한 가치를 만들어내며 부를 창출하는 백만장자 메신저로 살아가자.

온라인 카페를 위한 7가지 운영 노하우

- 타깃을 명확히 한다.
- 처음에는 지인을 동원해 회원 수를 늘린다.
- 질 높은 콘텐츠 개발에 집중 한다.
- 처음에는 게시판의 개수를 줄인다.
- 처음에는 글을 볼 수 있는 권한을 최대한 낮춘다.
- 게시글을 올릴 때는 블로그처럼 키워드를 잡아서 올린다.
- 블로그와 SNS, 타 카페를 활용해 홍보한다.

TED처럼 콘텐츠를
무료로 제공하라

훌륭한 아이템을 선정해 제품을 만들고 콘텐츠를 생산했는데
왜 아무도 사가지 않을까? 나는 이 콘텐츠의 가치를 잘 아는
데 왜 사람들은 몰라줄까? 분명 내가 파는 콘텐츠는 훌륭하지
만 비싸다며 사주지 않는다. 사람들은 그 가치를 모르기 때문
이다. 파는 사람이 누구인지도 모르고 파는 물건이 얼마나 가
치가 있는지 모르기에 선뜻 지갑을 열지 않는다. 수많은 정보
속에서 내 것을 팔기란 쉽지 않다. 훌륭한 제품을 만들었는데
가치가 전달되지 않으면 사람들은 비싸다고 말하고 우리는 정
말 비싼 줄 알고 가격을 내린다. 가격을 내렸는데도 팔리지 않
으면 더 내리게 되고 사람들은 '싸고 가치 없는 것'으로 인식하

게 된다. 결국 저렴한 가격으로 이익을 남기지도 못한 채 가치 없고 인기 없는 제품으로 문을 닫게 된다.

가치가 전해지지 않은 것은 존재하지 않는 것과 같다. 내가 스스로 그 가치를 전달해야 한다. 지금은 '상품의 질' 싸움이 아니라 '가치 전달' 싸움이다. 내 상품을 '얼마나 잘 포장해서 파느냐'는 '얼마나 잘 알려졌느냐'의 차이다.

가치를 전달하기 위해서 가장 좋은 방법은 '무료' 전략이다. 나는 처음 병원컨설팅 사업을 알리기 위해 무료 컨설팅을 진행했다. 무료로 진행한다는 것을 알리는 것이 가장 어려웠기에 무료 세미나부터 열었다. 한 달에 한번 무료로 필요로 하는 강의를 열어 자료도 아낌없이 퍼주었다. 그렇게 만난 인연들과 내가 배우고 싶어서 참여한 여러 분야의 세미나에 만난 다양한 사람들과의 인맥으로 첫 단추를 끼웠다. 힘겹게 성사된 무료컨설팅이기에 병원에 직접 찾아가 모니터링을 하고 내부 시스템의 잘못된 점과 부족한 점을 짚어주고 해결방안을 제시했다. 전화상으로나 메일로 얘기하지 않고 직접 찾아가 얼굴을 보며 열정적으로 일하고 컨설팅을 해주자 높은 확률로 컨설팅 의뢰가 들어왔다. 한 달에 몇 백 만 원짜리 상품도 있고 6개월, 1년 단위의 큰 건도 있었지만 고질병이었던 문제점을 콕 집어내니 나의 고객이 된 것이다.

가치를 확산
시켜라

무료 전략은 상대방에게 마음의 짐을 지워주기 때문에 성공적이다. 무료로 한번 교육을 하고 "언제부터 시작할까요?"라고 제안하면 대부분의 사람들은 거절을 하지 못한다. 정말 돈이 없거나 마음에 들지 않는 이상 대부분은 마음의 짐 때문에 받아들이게 된다. 지금 당장 결정을 하지 않더라도 몇 달 후 다시 연락이 와서 컨설팅을 의뢰하기도 한다. 이런 점을 활용해보자. 물론 콘텐츠의 질은 밑바탕이 되어야 한다.

TED는 '마법의 18분 강연'이라는 슬로건을 내걸고 무료로 콘텐츠를 제공해 세계적인 지식컨퍼런스로 자리 잡았다. 회원권이 1,900만원이고 1회 참가비가 900만원에 달하는 어마어마한 금액을 자랑하는 TED는 강연자로 힐러리 클린턴 미국무장관, 빌 게이츠, 앨 고어 미국 부통령, 구글의 창립자 래리 페이지, 말콤 맥도웰 같은 저명인사들 뿐 아니라 세계적인 학자들이 참여한다. 빌 클린턴의 경우 1회 강연료가 5억 원 이상이라고 하니 TED의 1회 강연료는 그에 비하면 저렴한 편이다.

그러나 TED 강연의 진짜 가치는 고가의 참가비나 유명한 강연자에 있는 것이 아니라 플랫폼이라는 점이다. 18분이라는 시간동안 강연자가 쏟아낸 엄청난 아이디어와 아이템을 웹사이트에 올려 무료로 공유한다. 전 세계인이 볼 수 있도록 자막서비스도 제공한다. 어플을 만들어 다운받아서 언제 어디서나 자투리 시간만 나면 볼 수 있게 해주고 "시간이 얼마나 있으십니까?"라는 질문을 통해 내가 원하는 시간에 맞는 강연 추천도 해준다. 누구나 손쉽게 TED 강연을 들을 수 있는 것이다. 이것이 바로 가치 확산이다. 이제 TED하면 명실상부 최고의 강연 콘텐츠 플랫폼으로 떠올릴 것이다. 우후죽순 만들어진 TED식 강연들은 오히려 TED의 유명세를 빛나게 만들 뿐이다. 자신의 지식을 무료로 나눌 때 더 크게 돌아온다.

그렇다면 언제 어디서나 무료로 들을 수 있는 강연비가 왜 이렇게 비싼 것일까? 비싸게 받아도 잘 팔릴까? 처음 TED가 무료로 동영상 공개를 결정한 것은 모험이었다. 하지만 그의 판단은 옳았다. 무료로 뿌린 강연이 몇 백배의 가치를 담아서 다시 돌아왔다. 동영상이 무료로 풀리자 전 세계 사람들의 관심을 끌었고 직접 듣고 싶어 하는 사람들의 문의가 넘쳤다. 동영상으로는 느낄 수 없는 감동을 현장에서는 직접 누릴 수 있고 강연이 끝난 후 강연자의 얘기를 직접 들을 수 있기 때문이다. TED가 계속 문을 걸어 잠그고 비싼 비용을 지불하는 사람들에게만 강연을 오픈했다면 지금의 강연플랫폼으로 자리잡지 못했을 것이다.

무료로 콘텐츠를 제공한다고 가치가 떨어지는 것만은 아니다. 어떻게 무료전략을 펼치느냐에 따라 가치는 더 높아진다. 주변을 둘러보면 성공한 기업들은 모두 무료로 제공한다. 우리는 구글과 네이버의 검색엔진을 무료로 사용하고 유튜브의 동영상을 무료로 감상한다. 신문을 직접 받으면 돈이 들지만 인터넷 신문은 무료로 구독할 수 있고 각종 정보를 얻을 수 있다. 페이스북과 트위터, 카카오톡의 SNS도 모두 무료다. 그들은 무료로 콘텐츠를 제공하고 사람들이 모일 수 있는 플랫폼을 제공했고 플랫폼을 활용한 사업을 해서 수익을 얻는다. 플랫폼이 되기 위해서는 무료로 전달하는 콘텐츠가 훌륭해야 한다. 무료라고 쓰레기 같은 콘텐츠를 제공한다면 사람들은 한 번 보고 버리고 다시는 찾아오지 않는다. 무료일수록 더 완벽하게 만들고 최선을 다해야 한다.

'스마트 경영 연구소' 이길성 소장은 '스마트 의료경영 관리자 실무과정' 세미나를 매달 열어 1회 강의에 높은 금액을 받는 대신 수강생들의 병원에 직접 찾아가 무료 컨설팅을 해준다. 의료경영에 필요한 각종 서식 30개, 엑셀 동영상 61개, 기업용 서식 1,248개를 무료로 제공하고 홈페이지를 통해 계속 업데이트해서 제공한다. 처음에는 그도 '서식을 모두 무료로 제공하면 여기저기 퍼져서 강의를 계속 이어나갈 수 있을까?'라는 생각을 했다. 그러나 그의 생각은 오산이었다. 무료로 받은 수강생들은 처음에는 스스로 활용해보려고 하고 이것저 것 문의를 하지만 결국 그에게 연락해 컨설팅을 의뢰한다. 잘 만든 무료 콘텐츠는 그에게 날개를 달아줬다.

미국 뉴욕 브로드웨이에는 수많은 뮤지컬 극단들이 있다. 이곳은 극장 예매창구나 인터넷 사이트를 통해 직접 판매하기 도 하지만 러시 티켓과 로터리 티켓이라는 저가정책을 펼쳐서 판다. 러시 티켓은 당일에 남은 표를 할인해서 오전 10시부터 극장 앞에서 판매하는 방식이다. 보통 뮤지컬 가격이 오케스 트라석 82~160달러, 앞부분 좌석 69~160달러, 프리미엄이 188~277달러로 고가인데 러시 티켓을 이용하면 37달러에 살 수 있다. 10시 정각에 판매하기 때문에 일찍부터 와서 줄서서 기다리는 사람들로 인산인해를 이룬다. 로터리 티켓은 일종 의 경품 추첨 같은 것인데 상영시간 2시간 전에 시작한다. 추 첨 시작 전 상자 안에 이름과 국적을 적어서 넣어두면 된다. 러시 티켓과 마찬가지로 37달러에 구입할 수 있어 많은 사람 들이 추첨 전에 모여든다. 18장의 티켓을 두고 약 100여 명이 몰리기도 한다.

이 두 가지 티켓 판매방식은 수십만 명의 유동인구가 있는 곳에서 하기 때문에 엄청난 홍보효과가 있다. 당신도 한번 쯤 지나가다가 가게 앞에 줄이 길게 서있으면 맛집으로 생각하 고 자연스럽게 줄을 서서 먹은 적이 있을 것이다. 이런 방식은 '우리 공연은 사람들이 줄을 서서 보려는 수준 높은 공연'이라는 것을 자연스럽게 노출할 수 있는 것이다. 특히 로터리 티켓은 재미있는 추첨 방식으로 뽑히면 환호성을 지르며 주변에서 축하인사를 건네며 박수를 치는 등 주변의 호기심을 자극한다. 뽑힌 사람은 마치 자신이 행운의 주인공이 된 것 같은 기분에 공연도 즐겁게 보고 주변에 일리면서 구전효과도 만든다. 극단 측에서는 가장 인기가 없는 맨 뒷자리나 맨 앞좌석, 가장 비싼 오케스트라석 중에서도 사이드 좌석을 팔기 때문에 홍보효과 대비 수익이 크다. 무조건 비싸게만 파는 것이 아니라 이런 이벤트적인 요소를 가미함으로써 브로드웨이의 뮤지컬이 전 세계에 알려지고 사랑받는 것이다.

무료가
돈이 된다

일본의 '타다카피'는 공짜복사라는 뜻을 가진 복사전문매장이다. 게이오대 학생 5명이 오셔나이즈라는 회사를 만들어 운영하는 복사기 제조업체인 타다카피는 재고처리를 위해 학생들에게 무상으로 복사를 해줬다. 공짜복사라는 전혀 수익이 날 것 같지 않은 서비스로 2007년 한 해 2억 엔을 벌었다. 어떻게 이런 일이 생길 수 있었을까? 답은 복사지 뒷면에 있다. 복사지 뒷면에 기업들의 광고를 실었던 것이다. 사람들은 길거리에서 나눠주는 수많은 광고전단지를 읽지도 않고 그냥 버린다. 하지만 내가 필요해서 복사한 문서는 오래도록 간직하게 되고 뒷면에 있는 광고는 자연스럽게 읽게 된다. 이 점에 착안한 타다카피는 수많은 기업들로부터 의뢰를 받아 광고를 실었고 학생들은 무료로 복사를 할 수 있어 인기가 높다. 일본 전역 65개 대학에 사업장을 차린 오셔나이즈는 복사뿐 아니라 포스터 및 복사기 포장 등으로 확대하고 있다. 공짜시스템으로 손 하나 안대고 돈을 벌어들인 것이다.

이러한 타다카피의 사례를 듣고 바로 실천에 옮긴 사람이 있다. 바로 '애드투페이퍼'의 전해나 대표다. 그녀는 뒷면보다는 앞면에 광고를 넣으면 더 효과가 높다는 것과 학생들이 복사보다는 출력을 더 많이 한다는 사실에 착안해서 무료 프린트서비스를 제공했다. 출력을 하면 생기는 위아래 여백에 기업광고를 넣어 홍보를 하고 학생에게는 출력비의 부담을 덜게 했다. 자금이 부족했던 그녀는 2009년 '서울시 청년창업프로젝트 2030', 2010년 중소기업청에서 운영하는 '예비기술 창업자 지원 사업'에 연달아 선정돼 사업자금과 경영 노하우를 배워 아이디어를 현실화했다. 지금은 대학생 필수 어플이 된 애드투페이퍼는 150개 대학교에 애드투페이퍼 존이 설치돼 있다. 어플에 가입하면 최초로 500원을 선물하고 광고를 볼 때마다 50애딧을 충전할 수 있다. 이렇게 광고를 보고 무료로 받은 애딧으로 프린트를 할 수 있다. 과제 제출이 많은 대학생들에게 유용한 필수 어플이 된 애드투페이퍼는 공짜전략을 잘 활용한 기업이다.

무료전략으로 성공한 사례는 굉장히 많다. '내가 만든 제품은 최고야' '이 정도면 비싼 가격에 팔리겠지'라고 말하며 사람들이 알아줄 때까지 가만히 기다리지 말고 가치를 널리 알리자. 무료로 나눠줄수록 돈을 번다는 역발상이 필요하다.

CHAPTER 6

솔루션을
판매하라

우리는 판매가 부진하면 콘텐츠의 질을 높일 생각을 하지 않고 가격할인, 이벤트, SNS 마케팅에 열을 올린다. 중요한 것은 '고객의 관점'에서 보는 것이다. 내가 팔고자 하는 것의 본질을 생각해보자. 관점을 다르게 했을 때 브랜드 컨셉이 명확해진다. 우리는 무언가를 팔 때 서비스를 제공한다고 생각한다. 그러나 이제는 서비스가 아닌 솔루션을 제공해야 한다. 고객이 안고 있는 문제를 분석해서 해결해주는 것이 바로 1인 기업가가 가야할 메신저의 길이다.

우리는 왜 TV를 볼까? 심심해서? 할 일이 없어서? 드라마나 오락프로그램은 재미와 즐거움을 주고 뉴스는 유익한 정보를 준다. 그렇다면 TV는 우리에게 즐거움을 주는 것이고, TV를 만드는 업체는 즐거움을 주는 사업을 하고 있는 것이다.

자동차를 판매하는 것도 마찬가지다. 단지 빠르고 편안하게 이동할 수 있는 운송수단이 아니다. 만약 A 딜러가 "이 자동차는 날렵한 유선형으로 바람의 마찰을 최소화했고 최고급 썬팅으로 태양을 완벽하게 막아줍니다"라고 말하고 B딜러는 "가족의 행복을 지키기 위해 완벽한 에어백을 구비했고 언제든지 여행을 가서 아침에 호숫가 옆에서 눈뜨는 행복감을 누릴 수 있답니다"라고 말한다면 누구에게서 차를 구입하겠는가? 단지 바퀴 4개가 달린 운송수단으로서의 차가 아닌 차로 인한 행복과 즐거움, 스피드를 사는 것이다. 사람들마다 추구하는 가치는 다르다. 훌륭한 딜러라면 자동차의 스펙만 강조할 것이 아니라 대화를 통해 그들이 자동차를 삼으로서 얻게 되는 가치를 파악해서 그 가치를 충족시켜주어야 한다. 이것이 바로 솔루션이다. 우리가 구입하는 것은 제품 그 자체가 아니라 솔루션이다.

'무엇'이
아닌 '왜'

마크 트웨인의 소설 『톰 소여의 모험』에서 톰 소여는 엄청난 장난꾸러기다. 장난이 심한 톰 소여에게 화가 난 이모는 어느 날 울타리 전체를 페인트칠하라는 벌을 내린다. 톰은 페인트칠을 해야 할 울타리가 너무 넓어보였고 친구들이 페인트칠 하는 자신의 모습을 보고 비웃을까봐 걱정을 한다. 고민 끝에 톰은 기발한 아이디어를 떠올린다. 톰은 페인트를 칠하며 굉장히 즐겁고 행복한 표정을 지었다. 친구들이 와서 물어보아도 톰은 들은 체도 하지 않고 너무 재미있다는 듯이 페인트칠을 계속 했다. 그러자 하나 둘 친구들이 와서 자신도 해보자고 조른다.

"안 돼. 이 울타리는 우리 이모가 무척 신경을 쓰시거든. 이걸 멋지게 칠할 사람은 1000명이나 2000명 중에 한 사람 밖에 없을 거라고 이모가 그러셨어."

"정말? 그럼 한번만 해볼게. 부탁이야. 이 사과 한 입 줄게."

톰은 원래 자신이 갖고 있던 구슬로 친구들을 매수하려고 했지만 상황을 반전시켰다. 그는 페인트칠이라는 어떻게 보면 힘들고 하찮아 보이는 일을 가치 있는 일로 탈바꿈했다. 친구들이 서로 하고 싶어 하고 탐낼수록 그 가치는 올라갔다. 결국 톰은 그늘 아래에서 쉬면서 반나절도 안돼 페인트칠을 마칠 수 있었다. 봉이 김선달이 누구나 마실 수 있는 대동강 물을 돈을 받고 판 것처럼 눈에 보이지 않는 가치를 담아 파는 것이 솔루션 판매다.

애플의 아이팟은 최초의 MP3 플레이어도 아니고, 첨단 기술의 집합체도 아니다. 언제 어디서나 음악을 들을 수 있는 문화를 만들어 새로운 개념의 음악서비스를 제공한 것이다.

IBM컴퓨터는 단순히 컴퓨터 기계를 파는 것이 아니라 컴퓨터를 사는 사람들에게 회계처리를 효율적으로 하거나 업무를 원활히 하는 솔루션을 판다고 생각했다. 관점을 바꾸었기에 IBM은 엄청난 수익을 올리며 살아남을 수 있었다. 이처럼 우리는 '무엇을 사는지'가 아니라 '왜 사는지'를 생각해야 한다.

나는 컨설팅을 하면서 이점을 강조한다. 우리는 여러 가지의 가치 중에서 당장 필요하다고 생각하는 가치에 투자를 한다. 명절을 앞두고 당장 쓸 돈이 많아지는 경우, 내가 사려고 한 신상백이 입고 된 경우, 여름휴가를 맞아 비행기 표를 사야 하는 경우 등 다른 일들이 더 가치가 있다고 생각한다면 치료를 미루게 된다. 치료는 내가 생각한 그 어떤 것보다 가치가 적기 때문에 밀려나는 것이다. 한정돼 있는 지갑을 열게 하는 것은 가치다. 그렇다면 우리가 해야 할 일은 치료에 가치를 부여하는 것이다. 미루면 미룰수록 오히려 더 큰 병이 된다는 사실을 주지시키고 적기에 치료하는 것이 가장 가치 있는 일이라는 것을 인지시켜야 한다. 주변 병원들과 경쟁하면서 자꾸만 가격을 내리고 새로운 이벤트를 하면서 외적으로만 가꾸려고 하지 말고 그들에게 치료의 가치를 알리는 것이 가장 중요하다. 외부 마케팅에 쓸 한정된 돈으로 내 상품이 더욱 크고

급한 것 이라는 것을 인지시키는 데 집중한다면 그 가치는 더욱 높아질 것이다.

고객은 병을 치료하는 것이 아니라 가치를 산다. 임플란트를 함으로써 '씹는 즐거움' 이라는 가치를 사고, 교정과 미백으로 '아름다움' 이라는 가치를 산다. 충치치료를 적기에 하고 정기적인 스케일링을 함으로써 건강한 치아라는 가치를 산다. 철저하게 고객의 관점에서 볼 때 솔루션을 팔 수 있다.

시계를 차는 사람들은 시간을 알려주는 기계로만 생각하지 않는다. 늘 손에 쥐고 있는 스마트폰이 시간을 알려주기 때문에 실용적인 기능만 생각했다면 다양한 디자인의 시계를 사지 않을 것이다. 그들은 시계를 통해 사회적 지위를 드러내고 자신의 개성을 표출한다.

얼마 전 내 책이 나오자 남편이 만년필을 사줬다. 사실 몽블랑 만년필을 갖고 싶었지만, 몽블랑은 가장 저렴한 것이 70만 원대다. 그중 내가 갖고 싶었던 만년필은 100만 원대였다. 만년필 하나에 100만원이라는 돈을 쓸 수 없다고 생각한 남편은 여기저기 검색을 하면서 찾아보았고 촉이 금도금이 된 파커 만년필을 샀다. 물론 너무 고마웠고 굉장히 유용하게 잘 쓰고 있지만 '언젠가는 몽블랑을 갖고 말겠다'는 미련을 버리지 못하고 있다. 사실 30만 원짜리 금도금된 파커 만년필과 70만 원짜리 일반 몽블랑 만년필을 비교했을 때 파커 만년필이 훨씬 좋다. 그런데 왜 몽블랑에 미련을 못 버리는 걸까? 몽블랑을 가짐으로써 작가로서의 라이프 스타일을 사기 위함이다. 기능이나 외형의 문제가 아니다. 욕구의 문제인 것이다.

선글라스는 비단 태양을 피하기 위해서뿐만 아니라 패션의 한 부분이기도 하다. 태양이 없는 실내에서도 선글라스를 쓰고 태양 아래에서는 머리위에 쓰거나 입고 있는 옷에 걸어둔다. 눈을 보호하기 위한 것 뿐 아니라 개성을 표현하는 것이다. 밋밋한 옷에 선글라스 하나 걸치면 패션이 완성된다.

이렇게 욕구를 자극하고 가치를 창출하면 '니즈Need'는 '원츠Want'가 된다. 니즈가 필요에 의한 요구라면 원츠는 욕구의 극대화다. 배고프다는 생각이 니즈라면 설렁탕을 먹을 것인지, 피자를 먹을 것인지를 결정하는 것이 원츠다. 내가 팔려고 하는 것이 시장에 널린 아주 흔한 것이라고 해도 가치를 부여하는 순간 옥석이 된다. 이러한 욕구는 가격의 한계도 없앤다. 아무리 비싸도 욕구가 높다면 가격은 장애요인이 되지 않는다.

'니즈'와
'원츠'

지금 팔려고 하는 정보와 지식이 있다면 가치를 부여하자. 정보는 상품이 파는 곳 어디에나 있고 필요하다. 지금 당신이 연인과 데이트를 즐기고 있다고 하자. 연인과의 데이트 코스를 짜려고 하는데 어디가 좋을지 주변사람들에게도 물어보고 인터넷으로 검색도 한다. 그중에서 가장 괜찮은 코스를 선택해서 데이트를 즐기고 나 또한 SNS에 올려 정말 강력 추천하는 곳이라고 쓴다. 나와 같은 데이트 코스를 검색하던 사람이 내가 올린 글을 보고 그곳에 가서 추천한 음식을 먹고 데이트를 즐기게 될지도 모른다. 이 모든 것들이 바로 정보인 것이다. 무엇을 먹든, 어디를 가든 정보검색은 필수인 것이다. 지금 세상은 정보의 홍수 속에 놓여있다. <u>사람들은 정보에 기꺼이 지갑을 연다. 그 정보가 정말 가치가 있다면 말이다.</u>

내가 평소 관찰력이 뛰어나다면 그 관찰력으로 사람들이 불편해하는 것을 찾아내어 새로운 것을 만든다든지 흉내를 잘 낸다면 연기코칭이나 감정표현을 가르치는 일을 할 수 있다. 사람들이 좋아하는 정보를 팔려면 흐름을 잘 알아야 한다. 매일 아침 신문을 읽고, 서점에 가서 요즘 잘 팔리는 책의 트렌드를 훑어보자. 그들의 마음을 엿보아야 솔루션을 판매할 수 있다.

바보는 롤렉스 시계를 판매한다. 천재는 롤렉스 라이프 스타일을 판매한다. 우리는 천재의 삶을 살아야 한다.

CHAPTER **7**

쉽게 편하게 공짜로
창업하려고 하지마라

'섹시 심볼'의 대명사 마릴린 먼로. 그녀는 존 F. 케네디, 이브 몽탕, 아인슈타인, 조 셍크, 자니 하이드 등 수 많은 사람들과 염문을 뿌리고 3번의 결혼을 했다. 태어날 때부터 사생아로 자라 외롭게 컸으며 외할머니와 어머니는 정신병원에서 생애를 보내고 7살 때 양부모 밑에 들어가게 된다. 그러나 양부모에게도 버림받아 10여개의 보육원과 고아원을 전전하면서 살았다. 16살 꽃다운 나이에 그녀는 고아원이 싫어 결혼을 택했고 그때부터 성공을 목표로 달렸다. 어릴 때는 굉장히 청순한 이미지였지만 성공을 위해 그녀는 지금의 이미지를 만들어냈다. 섹시한 이미지를 만들기 위해 영화 『나이아가라』에서 일부러 한쪽 하이힐 굽을 잘라 특유의 걸음걸이를 만들었다. 이로 인해 골반이 틀어져서 극심한 골반 통증에 시달렸지만 그녀는 자신의 이미지 구축을 위해 코르셋을 즐겨 입으며 더욱 박차를 가했다. 꽉 조이는 코르셋으로 인해 허리통증과 소화 장애는 고질병처럼 그녀를 따라다녔다. 붉은 립스틱으로 입술을 두 배로 부풀리고 좀 더 섹시하게 보이기 위해 입술 옆에 점을 찍었다. 자신의 이미지를 브랜딩하기 위해 그녀는 부단한 노력을 했다. 백치 금발미녀로 알려져 있지만 사실 그녀는 굉장히 이지적이고 철학적인 여성이었다. 그녀가 내뱉는 말 하나하나 모두 고도의 계산이 깔려 있었다. "잘 때 무엇을 걸치고 자냐"는 기자의 질문에 "당연히 샤넬 NO. 5죠"라고 말한 그녀는 당시 샤넬의 모델이었다. 그녀의 말 한마디에 샤넬의 가치는 전 세계로 퍼지게 되었다.

"우리 모두는 스타이고 빛날 가치가 있다."

마릴린 먼로의 말을 기억하며 브랜딩을 위해 최선을 다하자. 그녀는 브랜딩을 위해 건강도 버렸다. 물론 그녀처럼 건강을 버리면서까지 해서는 안 되겠지만 그만큼 나를 브랜딩하는 창업은 쉽지 않다는 것을 알아야 한다. 우리는 너무나도 쉽고 편하게, 공짜로 창업을 하려고 한다.

1인 창업은 나 혼자 하는 사업이지만 그렇기에 더더욱 철저한 사전 준비가 필요하다.

월화수목
금금금

공병호 박사는 연구소를 열기 전 두 달 동안 중국과 미국, 대만 등지를 돌아보면서 시장조사를 했고 피터 드러커와 오마에 겐이치를 벤치마킹해서 자신만의 콘텐츠를 개발했다. 내가 히고자 하는 분야의 시상조사는 필수다. 책 한권을 쓰기 위해서는 30~50권의 경쟁도서를 분석해야 한다. 그들과는 다른 특별한 무기가 있어야 주목받을 수 있다.

공병호 박사는 1회 강연에 2,000만~3,000만원을 받고 공병호 아카데미를 통해 하루에 1,000만원을 번다. 이렇게 되기까지 그는 24시간을 철저하게 사용했다. 누군가는 밤 11시에 잠자리에 들어 아침 7시에 일어나 하루를 시작할 때 그는 새벽 3~4시에 일어나 남들보다 일찍 하루를 시작한다. 나 또한 새벽 5시에 일어나 시원한 물 한잔 마시고 집필에 들어간다. 새벽의 한 시간이 오후의 3시간보다 더 유용하다. 어디에서도 연락 올 곳이 없고 고요하기 때문에 집중할 수 있어 일을 빠르게 처리할 수 있다. 또 성공한 사람들은 자기관리에도 철저하다. 쓸데없는 시간 낭비를 하지 않기 위해 술·담배를 끊고 운동을 하며 규칙적인 생활 패턴을 유지한다.

대부분의 직장인이 쉬는 휴일에 더 바쁜 것이 바로 1인 창업가이다. 나는 주말에는 외부 강연을 다니고 평일에는 병원컨설팅을 한다. 주말과 평일의 경계가 없이 일을 하기 때문에 남들이 주말에 쉴 때 평일에 쉬는 경우가 허다하다. 어떤 날은 한 달 내내 '월화수목금금금'의 연속 일 때도 있다. 물론 힘들다. 힘들지 않다는 것은 거짓말일 것이다. 운전을 잘 하지 못하기 때문에 버스와 지하철로 이동해서 한 시간 거리를 3시간 걸려서 가기도 한다. 그럴 때는 새벽밥을 먹고 별을 보며 움직여야 하기 때문에 더더욱 피곤하다. 하지만 그렇다고 해서 이 삶을 버리고 싶지는 않다. 내가 즐거워서 하기 때문이다. 운전을 하지 않는 대신 버스와 기차 안에서 책을 쓰고 강연준비를 한다. 이동시간이 아까워서 일부러 그 시간을 활용해 강연준비를 하고 집에 와서는 노트북은 멀리 두고 가족과 시간을 보낸다. 내 일도 중요하지만 가족과 함께하는 시간도 중요하다. 집에서도 일만 한다면 일을 하는 목적이 상실돼 버린다. '일을 하기 위한 일'이 아닌 '내 행복을 위한 일'을 해야 한다. 그러기 위해서는 사회에서의 '나'와 가정에서의 '나'의 역할에 충실해야 한다. 아이가 있다면 아이와 함께할 시간도 필요하다. 저녁에 집에 들어가서는 신나게 가족과 함께 시간을 보내자. 그리고 밤에 내 일을 하거나 새벽시간을 활용하는 것이다. 새벽시간은 아무도 깨어있지 않기 때문에 오롯이 나 혼자만의 시간을 누릴 수 있어 더 좋다.

안정된 보수를 받으며 평생을 안정적으로 살수는 없다. 나 또한 안정적인 삶을 간절히 원했고 회사형 인간이었다. 그러나 내가 하고 싶은 일을 찾은 순간부터 매 순간이 새로운 도전의 연속이다. 처음 해본 일이라 실수투성이에 넘어지기도 하지만 그렇게 나를 채찍질 했을 때 가장 나답게 살 수 있다. 개인의 삶을 나라가 한 명, 한 명 들여다보며 도와줄 수는 없다. 나라를 탓하고 내 처지만 한탄하면서 주저앉지 말고 위기를 기회로 받아들여야 한다.

가정 형편이 좋지 않아 대학교를 휴학하고 마케팅 회사에 입사했으나 1년 만에 부도가 나서 일자리를 잃은 청년이 있다. 결국 할 줄이는 것이라고는 디자인뿐이라서 부산의 한 월세 방에서 1인 창업을 시작한 26살의 청년. 6평 남짓한 월세 방에서 컴퓨터 몇 대로 홈페이지 제작을 하다가 창업한 지 몇 달 만에 위기가 닥치자 바로 일본으로 떠나 QR코드 사업에 뛰어들었다. 2013년에 국내 최초로 3D프린팅 전문 연구소를 설립했고 3D프린터를 활용해 액세서리, 휴대폰 거치대, 캐릭터 피겨, 조립용 키트 등 다양한 디자인 상품을 개발했다. 이에 그치지 않고 중소기업을 위한 산업용 기술 콘텐츠 개발도 진행 중이다. 1인 기업으로 시작해 20명의 직원과 연구소, 분점을 낼 정도로 성장한 그는 위기가 닥칠 때마다 포기하지 않았고 새로운 분야를 개척하면서 사업을 다각화했다. 트렌드를 읽고 배우며 변화에 발 빠르게 대응하기 위해 노력했기에 지금의 그가 있는 것이다. 현재는 3D 인력 양성에 앞장서며 다품종 소량생산을 위한 전문 인력을 육성하고 있다.

목적
의식

1인 창업가에게 가장 중요한 것은 목적의식이다. 내가 지금 하고 있는 일에 대한 목적의식 없이 그저 남들이 하는 대로만 따라가는 것은 주체성이 없기 때문에 결국 무너지게 된다. 무엇보다 자신이 하는 일을 진심으로 사랑하고 목적의식을 지닌다면 내가 해야 할 일이 떠오르게 될 것이다. 그 일을 파고들자. 이 정도면 됐다 싶을 때 더해야 전문가가 될 수 있다.

1인 창업은 처음에는 수입이 일정하지 않고 성공에 대한 보장도 없다. 회사 다닐 때보다 더 치열하게 노력해야 하고 철저한 자기 관리를 해야 한다. 적어도 6개월에서 2년은 투자를 해야 한다. 그렇게 노력을 한다고 해도 살아남을 수 있을 것인지는 장담할 수 없다. 하지만 회사와 놀이의 경계가 없이 내가 하고 싶은 일을 마음껏 주도적으로 할 수 있다는 점에서 1인 창업은 매력적이다. 매력적인 1인 창업을 성공시키기 위해서는 반드시 갖추어야 할 5가지 덕목이 있다.

첫째, 폭넓고 깊은 지식을 탐구해야 한다. 누구라도 내게 돈을 내고 배우고 싶어 할 만큼 지식을 갖추고 있어야 한다. 그 지식이 거창한 것이 아니어도 좋다. 한 분야에서 탁월한 지식이면 된다.

둘째, 지식을 끊임없이 탐구하고 배워야 한다. 세상은 빠르게 변화되는데 나만 제자리에 멈춰 있어서는 안 된다. 인풋이 있어야 아웃풋이 있는 법. 신문과 책을 읽으며 트렌드를 읽고 발 빠르게 대응할 수 있도록 배움에 게을리 해서는 안 된다.

셋째, 필요하다면 함께 사업을 할 사람을 찾아라. 1인 창업이라고 해서 반드시 혼자서 해야 하는 것은 아니다. 도움이 필요하다면 언제든지 요청할 수 있어야 한다. 이때 동업자로 하는 것보다는 각자의 역할을 담당하며 협력 관계로 있는 것이 좋다. 서로 동등한 입장에서 시작 한다면 각자의 역할에 충실히 할 수 있고 더욱 돈독한 관계를 유지할 수 있다. 예를 들어 내가 하고자 하는 사업에 세금관리가 잘 안된다면 세금을 담당해주는 사람에게 지불을 하고 맡기는 것이다. 그에게는 다른 사람들을 소개해주거나 연결해주는 방식으로 협력할 수도 있다. 크몽이나 오투잡 같은 재능판매 플랫폼을 활용해도 좋고 아이디어만 있다면 앱 개발을 아웃소싱으로 연결해주는 플랫폼 업체 위시캣을 활용할 수도 있다. 위시캣은 앱 개발, 웹 디자인, 쇼핑몰제작, 워드프로세스 제작 등 내가 직접 할 수 없는 개발에 관련된 것들을 아웃소싱 연결해주는 플랫폼이다. 만들고자 하는 앱 관련 프로젝트를 등록하면 앱 개발자가 보고 연락을 주거나 우리가 파트너 목록을 보고 연락을 할 수도 있다. 이런 온라인 아웃소식 플랫폼을 잘 활용해서 시간을 아끼고 효율적으로 활용해야 한다. 우리는 우리가 가장 잘 할 수 있는 일에 시간을 투자해야 한다. 방법은 굉장히 많으니 혼자서 끙끙 앓으며 고민하지 말자.

넷째, 자신의 이름이 박힌 저서를 써라. 1인 창업가로 성공한 사람 중에 저서가 없는 사람은 거의 없다. 책은 개인브랜딩을 형성하기에 가장 쉽고 빠른 방법이다. 물론 책 한권을 쓰기 위해서는 수많은 노력과 시간이 필요하다. 하지만 회사에서 전혀 도움 되지 않는 일에 몇 십 년을 쏟아 붓는 것이 낫겠는가, 아니면 몇 달 투자해서 책을 써서 나를 브랜딩 하는 것이 낫겠는가? 회사에서는 아무리 이름난 사람이라고 해도 회사 밖을 나오면 나는 그저 평범한 사람에 지나지 않는다. 나를 가장 빛나게 해주는 것은 내 이름이 박힌 저서라는 것을 잊지 말아야 한다.

다섯째, 사업을 다각화하라. 이때 여러 분야의 일을 문어발 식으로 경영하라는 뜻이 아니다. 연관성 있는 사업을 다각화하여 수입이 여러 곳에서 들어오게 하라는 뜻이다. 나는 병원 컨설팅일을 하면서 치과건강보험과 상담, 병원코디네이터, 치과 임상 교육 등 강의를 하고 강사과정으로 강사를 발굴한다. 그리고 내 일에 관련된 책을 쓰고 책을 통해 들어오는 강연과 1:1 컨설팅을 한다. 이 모든 일은 새롭게 공부해야 하거나 전혀 다른 분야가 아닌 연관된 분야다. 한 가지 콘텐츠를 개발했다면 하나의 일에만 집중하는 것이 아니라 다각화해 계속적으로 잠재돼 있는 가치를 끌어올려야 한다.

1인 창업은 어찌 보면 외롭고 힘든 싸움일 수도 있다. 월급쟁이에서 회사를 그만두고 1인 창업을 시작하는 것은 쉽지 않은 결정이다. 3개월만 고정수입이 없어도 마음이 흔들리고 가족들이 힘들어한다. 특히 자본금이 필요한 창업이라면 더욱 힘들 수밖에 없다.

혼자서 하는 사업이기 때문에 마케팅을 비롯한 세무도 스스로 해야 한다. 그렇기에 내가 스스로 해낸다는 보람도 있다.

오랫동안 꿈꿔온 일이 있다면 회사에 있는 지금 시작해보자. 꾸준한 자기 계발과 배움만이 나를 최고의 1인 창업가로 만들어 준다.

CHAPTER **8**

1인 창업으로 젊을 때
경제적인 자유를 누려라

호모 헌드레드 시대. 100세 시대는 더 이상 꿈이 아니라 현실이다. 앞으로 살아가야 할 시간은 많이 남았는데 직장에서 버틸 수 있는 시간은 점점 줄어들고 있다. 자꾸만 높아지는 취업 문턱에 많은 젊은 남녀들이 결혼을 기피하고 결혼을 하더라도 맞벌이를 해야 하기 때문에 출산을 미룬다. 50대에 직장을 나와서 앞으로 살아가야할 50년이 막막하기만 하다. 이제 더 이상 장수는 축복이 아니라 해결해야할 문젯거리가 되었다.

50대 초반에 명퇴를 한 K씨. 그에게 남은 건 퇴직금뿐이었다. 아직 대학생인 자식들 공부를 시키려면 무언가를 해야 했기에 퇴직금에 부족한 돈은 대출을 해서 치킨 집을 차렸다. 그러나 그는 시작한 지 얼마 되지 않아 바로 후회했다. 직장에 다닐 때보다 더 많은 시간을 투자하고 노력을 해도 직장 다닐 때의 수입의 절반도 되지 않았다. 겨우 월수입 200만원으로 아르바이트생 월급도 주기 힘들어 아내는 식당에 서빙 일을 시작했다. 주말에 여유롭게 여행을 다닐 수도 없다. 주말에는 치킨 집을 찾는 곳이 많아 더 바쁘기 때문이다. 직장 다니던 때가 그립지만 돌아갈 수도 없다. 이 나이에 다른 직장에 들어갈 수도 없고 그렇다고 다른 사업을 하자니 이미 벌여놓은 사업을 접을 수도 없다. 울며 겨자 먹기로 치킨 집에 올인할 수밖에 없는 것이다.

비전을
명확히 하라

고용률 58.8%, 체감 실업률 12.5%인 지금 자영업만이 살 길이다. 하지만 K씨처럼 무모한 자영업자가 되어서는 안 된다. 같은 자영업자라고 해도 어떻게 하느냐에 따라 달라진다. 내가 하고 싶어 하는 일인지, 비전이 무엇인지를 명확하게 세워야 한다. 비전이 없는 일은 아무리 내 사업이라고 하더라도 행복하지 않다. 1인 창업을 하는 이유는 내가 하고 싶은 일을 하며 즐겁고 행복하게 살기 위함이 아닌가? 그런데 오히려 직장 다닐 때의 몇 배를 일하고 수입도 적고 즐겁지 않다면 차라리 막노동을 하는 것이 낫다. 같은 시간을 일한다면 수입이 배는 많을 것이다.

자영업자이자 1인 창업의 대표적인 성공 모델은 '공병호 경영연구소'의 공병호 소장, '세계화전략연구소'의 이영권 소장, '자녀경영연구소'의 최효찬 소장, '구본형 변화경영연구소'의 고 구본형 소장 등이 있다. 이들은 하고 싶은 일을 마음껏 하기 위해 직장을 박차고 나와서 1인 연구소를 만들었다. 자신의 경험과 노하우를 마음껏 풀어내며 즐겁게 일한다.

공병호 소장은 한 인터뷰에서 어지간한 기업만큼 돈을 번다고 밝힌 적이 있다. 1년에 10억 이상의 수익을 올리는 그는 1년에 평균 200~300여건의 강의를 다니고 5~6권의 책을 쓴다. 지금까지 그가 쓴 책은 100여권이 훨씬 넘는다. 그는 대출을 하거나 퇴직금을 투자해서 성공한 것이 아니다. 노트북과 펜 하나로 여기까지 왔다. 그의 강연은 초창기에는 자기계발, 재무관리, 성공 등에 치우쳐 있었다. 그러나 수많은 책을 읽고 배움에 투자를 한 지금은 연애, 은퇴설계, 창업, 소셜미디어 등으로 확장되고 있다.

일은 하면 할수록 가지를 쳐서 커지고 프로젝트 형식으로 함께 하기도 하면서 방법도 다양해진다. 반드시 한 가지 일만 해야 하는 경우는 없다. 아주 작은 것부터 시작하면 싹을 틔워 생각하지도 못했던 분야까지 퍼져나간다.

이제 1인 창업은 머나 먼 이야기가 아니다. <u>한 살이라도 젊을 때 창업 준비를 하고 준비가 되면 바로 나와야 한다. 어차피 회사는 나를 평생 책임져 주지 않는다. 젊을 때 수많은 경험을 해야 빠르게 성공할 수 있다.</u>

덩치가 크고 키가 크다고 운동을 잘하는 것이 아니다. 오히려 큰 키가 방해가 되기도 하고 움직임이 둔해진다. 일도 마찬가지다. 큰 기업이라면 부서별로 나눠 일을 처리하고 단계별로 체계적으로 진행하다보니 일의 진척이 느리다. 1인 기업가는 혼자서 일을 하기 때문에 빠르게 일을 처리할 수 있다. 한 달 걸릴 일을 일주일 만에 처리할 수도 있는 것이다.

큰 기업에서 직원을 거느릴 욕심을 버리고 일단 1인 창업으로 시작하자. 혼자서 잘 하다가 오히려 덩치가 커지면 마이너스가 되는 경우도 많이 있다.

시대의 흐름을 분석하고 창업하기 좋은 아이템을 찾기 어렵다면 '창조경제 박람회' 2016년 12월 시행 : creativekorea-expo.or.kr 등의 오프라인 박람회를 방문하거나 중소기업청의 홈페이지 www.smba.go.kr, K-Startup www.k-startup.go.kr 홈페이지를 방문해서 아이디어를 얻을 수 있다. 특히 K-Startup은 여러 가지 사업을 진행하고 모집을 하고 있으며 1인 창조기업 비즈니스센터를 무료로 이용할 수 있다. 일일 이용을 할 경우에는 회원 가입 후 패밀리카드를 발급받으면 되고 장기 입주를 원하는 경우에는 선정평가를 거쳐서 채택되어야 가능하다. 지역별로 보유하고 있는 장비도 다르기 때문에 잘 알아보고 내게 맞는 센터를 활용하면 된다.

한 1인 창업가는 이 센터의 3D 프린트를 활용해서 일반인을 모델로 한 커리커쳐 피규어 제작을 하고 있다. 고객의 특성을 살려서 밑그림을 그리고 3D프린트를 활용해서 제작하는 것이다. 무상으로 사무실과 3D 프린트를 사용할 수 있으니 번뜩이는 아이디어만 있다면 이런 정부지원을 적극 활용해보자. 하고 싶다면 두드려라! 두드리는 자에게 문은 열린다.

1인 창업의 가장 좋은 모델은 메신저로서의 삶이다. 내가 쌓아온 경험과 지식, 노하우를 마음껏 나누면서 수익을 얻는 것이다. 내 이야기를 책으로 써서 브랜딩하고 칼럼과 강연, TV 출연으로 수익을 창출한다. 미디어 출연과 저서는 다시 나를 강력한 브랜드로 만들어주고 칼럼 기고료와 강연료는 천정부지로 치솟게 된다. 'ㅇㅇ'하면 나를 떠오르게 되고 1:1 면담요청이 들어오면서 컨설팅으로 이어지게 된다. 그리고 후학양성으로 더욱 넓어지면서 선순환 구조가 이뤄지게 되는 것이다.

이제 당신은 어떤 메신저로 살아갈 것인지 결정했을 것이다. 그렇다면 어떻게 포장하고 팔아야 할 것인지를 고민해야 한다. 만약 당신이 천연화장품을 만들어 팔겠다고 결심했다면 판매할 저가·중가·고가 프로그램을 만들어야 한다.

먼저 저가로 천연 화장품 만드는 1일 특강을 열어 노하우를 공개한다. 이때 친절하게 모든 것을 알려주되 핵심적인 것은 고가인 과정 프로그램으로 연결시켜야 한다. 1일 특강에 감동한 사람들은 아주 쉽게 고가의 프로그램에 참여하게 된다. 4~10주로 탄탄한 커리큘럼을 짜서 그들을 충성고객으로 만들어야 한다. 이 외에도 친연 향수나 천연비누 만드는 방법을 특강으로 열어 회원들에게 다양한 프로그램이 있다는 것을 알린다. 모든 수업을 들은 이들에게 내가 만든 특별한 천연화장품을 판매한다. 이들은 수업을 들었기 때문에 만들 수 있지만 새로운 화장품을 많이 경험해야 활용할 수 있기 때문에 구입하게 된다. 그리고 이들은 또 다른 화장품을 만들려고 하는 사람들을 끌어온다.

화장품만 팔겠다는 생각에서 벗어나서 그들에게 화장품 만드는 비법을 전수한다는 메신저의 마인드를 가져야 성공할 수 있다. 그들의 심장을 뛰게 만들고 할 수 있다는 마인드를 심어줘야 한다. 그것이 바로 동기부여를 해주는 메신저의 삶이다.

'인맥'에서
'꿈맥'으로

소위 '미쳤다'는 소리를 듣는 사람끼리 함께하자. 평범한 사람들 사이에 있으면 내가 미친 것이지만 미친 사람들 안에 있으면 나는 평범하다. 드롭박스 창업자 드류하우스턴은 "내 주변 5명의 평균이 나 자신입니다"라고 말했다. 부자가 되고 싶다면 부자와 어울려야 하고 강사가 되고 싶다면 강사와 어울려야 한다. 당신 주변에 그런 사람들로 가득하다면 부자가 되는 것은 쉽다. 당신이 되고 싶은 사람이 있다면 그런 사람들로 가득 채우자. <u>꿈 친구들과의 인맥을 '꿈맥'이라고 한다. 꿈으로 맺어진 친구는 서로 응원하고 밀어준다. 지금까지 만들어 온 것이 인맥이었다면 이제는 꿈맥을 만드는 데 집중하자.</u>

벼룩은 높이뛰기의 명수다. 자신 몸의 몇 백배, 몇 천배까지도 뛸 수 있다. 이 벼룩을 병 안에 가두면 병에서 나가기 위해 쉴 새 없이 뛴다. 그때마다 병뚜껑에 부딪히면서 나중에는 병의 높이만큼만 뛰게 된다. 병뚜껑을 다시 열어주어도 벼룩은 그 사실을 깨닫지 못하고 병 높이만큼만 뛴다. 그것이 바로 벼룩의 한계다. 자신의 무한한 가능성을 묻어두고 자신을 과소평가한 것이다.

어쩌면 우리는 이 벼룩과 같은 생각을 하고 있는 것이 아닐까? 자신의 가능성을 무시한 채 나는 안 될 것이라고 피하기만 해왔다. 당신은 위대하고 무엇이든 될 수 있다. 아주 사소한 습관도 다른 누군가에게는 큰 도움이 될 수도 있다.

이제 자신을 과대평가할 시간이다. 자신의 능력을 최대한 발휘해서 젊은 지금 경제적인 자유를 누리자.

"하루 종일 일하는 사람은 돈 벌 시간이 없다."

록펠러의 말을 기억하라! 자신의 가치를 얼마나 높이느냐에 따라 앞으로의 소득과 삶의 질이 달라진다.

독자 메일과
저자 인터뷰

『1인 창업이 답이다』책 출간 후 정말 많은 분들의 사랑을 받았습니다. 제 책을 읽고 창업 관련 문의 메일을 보내신 분도 있고, 책을 통해 용기를 얻었다며 감사하다는 인사메일, 본인의 이야기를 아주 길게 써서 답답함을 토로하신 분, 외국에서 사업하시는데 책을 통해 도움을 많이 받았다는 분, 그리고 따끔한 질책과 오타를 발견해서 페이지별로 자세하게 적어주신 분도 있었습니다. 회사를 박차고 나와 1인 창업하고 제 경험을 토대로 쓴 책이 이렇게 많은 분들의 사랑을 받을 줄은 몰랐습니다. 너무나도 감사드리며 제가 받은 메일 중 독자의 개인정보가 담긴 내용만 빼고 도움이 될 만한 글을 추려서 기재합니다. 또한 온·오프 신문, 잡지 등 여러 언론·미디어에서 인터뷰와 칼럼 요청을 받았는데, 그때 받은 질문 중 독자들이 꼭 알았으면 하는 질문들을 추려서 정리해 보았습니다. 도움이 되길 바랍니다.

독자의 메일 1

독자 안녕하세요. 저는 올해 갓 서른이 된 울산에 거주하고 있는 직장인입니다. 선생님의 책 마음속에 너무 와 닿게 읽었습니다. 저도 직장에 사표를 던지고 싶은 적이 한두 번이 아닌데요. 용기가 자꾸 안 생기더라고요. 사업이 제 목표입니다. 현재 생각하고 있는 아이템은 천연 화장품 및 휴대폰 케이스, 북 아트 등인데요. 혹시 시작하기에 앞서 조언해주실 수 있는 부분이 있으시다면 니무 감사하겠습니다. 감사합니다.

이 작가 안녕하세요.^^ 제 책이 도움이 되었다니 기쁩니다! 천연화장품, 휴대폰 케이스, 북 아트를 생각하고 있다고 하셨는데 그 부분이 지금 많은 사람들이 뛰어들고 있는 것으로 알고 있습니다. 그들과 다른 차별화할 점을 먼저 생각해야 할 것 같네요. 그렇게 사업아이템으로 좋은 것 같지는 않습니다.

우선 사업은 오래도록 할 수 있는 것이어야 합니다. 내가 즐겁고 재미있어하는 일이어야겠지요. 평생해도 재미있고 돈이 되지 않아도 즐거운 일이어야 합니다. 그래야 직장을 그만두고 사업을 하는 것이 의미가 있고 후회가 없습니다. 그저 회사를 때려치우고 싶다는 생각에 무작정 사업을 해서는 성공할 수 없습니다. 회사를 다니면서 먼저 내가 가장 사랑하는 일이 무엇인지를 생각해야할 것 같습니다.

저는 치과위생사로 약 10년을 일했고 그때의 경험을 살려 병원컨설팅 일을 하고 있습니다. 앞으로도 평생 이일을 해도 즐겁게 일할 것 같습니다. 제 적성에 딱 맞는 일이거든요. 이00님도 그런 일을 찾으셔야 합니다. 요즘 뜨는 아이템을 선택하는 것은 위험합니다.

틈새시장을 찾아서 다른 사람이 하지 않는 일을 하거나 같은 일을 하더라도 완전히 차별화해야만 성공할 수 있습니다. 그렇지 않으면 돈만 쓰고 이득은 없을 수 있습니다. 그렇게 아이템을 먼저 찾고 직장의 끈을 놓지 마시고 작게 시작하세요. 그러다 사업이 커지면 그때 나오셔도 됩니다. 내가 사랑하는 일을 찾기 전에 먼저 나와 버리면 매달 나가는 돈과 사업을 키워야 한다는 부담감 때문에 조급해지고 어쩔 수 없이 하기 싫은 일도 하게 됩니다. 그러면 결국 처음 사업을 시작하게 된 동기가 무너지게 되고 처음에 말씀하셨던 누구나 쉽게 접근할 수 있고 유행하는 그런 아이템만 좇게 됩니다. 그러다 유행이 다하면 사장하게 되어버리는 것이지요. 하고 싶은 일을 마음껏 하며 시간의 자유를 누리고 싶어서 회사를 그만두고 1인 창업을 하는 것일 텐데 결국 회사를 나와서도 하기 싫은 일을 억지로 하고 그것조차 사업이 잘 되지 않아 전전긍긍해 한다면 회사를 나오는 것이 무슨 소용이 있을까요?

먼저 제 책에 나온 것처럼 사랑하는 일을 찾으세요! 그리고 나만의 노하우, 취미, 경험, 노하우, 지식을 살려 나만이 할 수 있는 아이템을 만드세요. 그 아이템을 사람들에게 알려줄 자체 일일특강을 만들어보세요. 어렵지 않습니다. 마케팅 회사에서 일한 경험을 살리고 싶다면 '고객을 한 번에 사로잡을 수 있는 000 마케팅 일일특강' 이라고 주제를 정하고 2시간 정도 시작합니다. 온오프믹스나 페이스북, 블로그 등에 올려서 강의를 홍보하고 실제로 모이지 않았다고 하더라도 잘 끝난 것처럼 후기를 작성해서 올립니다. 그리고 2기를 모집 합니다. 그렇게 계속하다보면 활성화된 마케팅 특강이라고 생각하고 사람들이 한, 두 명씩 모이게 됩니다. 일일특강을 하다보면 더 많은 노하우와 지식이 쌓이게 됩니다. 가르치면서 배운다고 하지요? 일일특강의 경험으로 자체 프로그램을 만들어서 4주 정도 진행합니다. 하나씩 가격을 올리면서 진행을 하는 것이지요. 처음에는 두렵겠지만 작게 시작하시면 됩니다. 하다 보면 실수도 하게 되고 '다음부턴 이런 부분은 보완해야지'라는 계획도 생기게 됩니다. 일단 시작이 중요합니다! 시작하세요. 그 다음에 회사를 나와도 늦지 않습니다.

날씨가 많이 춥습니다. 감기조심하시고 원하시는 모든 일 이루시길 바랍니다.

독자의 메일 2

독자 감사합니다. 이선영 선생님, 선생님의 말따나, 단지 제가 직장 일을 하기 싫어서 성급히 생각하고 있는 것 같습니다. 제가 관심가지고 좋아하는 일을 먼저 찾는 것이 급선무겠네요. 어디서부터 어떻게 찾아야 할지 조금 막막하긴 하지만 직장생활하면서 한번 열심히 찾아보도록 하겠습니다. 혹시 사업과 관련된 유용한 정보를 얻을 수 있는 책, 잡지 혹은 미디어가 있다면 소개 좀 해주실 수 있을까요? 아이템 선정부터 전망, 유통 초짜가 혼자 검색하기엔 역시 조금 힘이 드는 부분이라 선생님께서 유용하게 보신 책, 미디어 등의 정보를 공유 받고 싶습니다.

이 작가 제가 좋아하는 일을 잘 모르겠다면 내가 잘하는 일이나 내가 하고 싶은 일을 찾는 것도 좋습니다. 내가 잘 하는 일은 잘하니깐 쉽고 빠르게 성공의 반열로 오를 수 있습니다. 찾는 방법으로 마인드맵을 추천합니다. 시작을 '1인 창업'으로 놓고 하고 싶은 이유, 그걸 하기 위해서 내가 해야 할 일, 어떤 아이템으로 할 것인지 등 생각의 흐름대로 따라가면서 적다보면 좋은 아이디어가 떠오르게 됩니다.

예를 들어 '왜 회사를 그만두고 싶은가? - 내가 하고 싶은 일을 하며 즐겁게 살기위해- 어떤 일을 할 때 즐거운가? - 회사에서 새로운 아이템 개발할 때 제일 신난다. - 그 아이템은 무엇인가? - 회사를 알리는 광고 컨텐츠 개발 - 컨텐츠 개발 관련 강의를 하는 건 어떨까? - 그러기 위해서 무엇을 준비해야하는가? - 먼저 관련 강의를 들어보자.' 이런 식으로 질문에 꼬리를 물면서 만들어가는 것입니다. 생각나는 대로 적다보면 내가 좋아하는 일, 내가 잘하는 일을 찾게 됩니다. 그리고 그 일을 어떻게 개발해서 1인 창업 아이템으로 만들 것인가 방법도 보입니다. 혼자 막연하게 생각하기 어려울 때는 마인드맵을 활용하길 추천합니다.

내가 하고 싶은 일을 찾았다면 이제 본격적으로 세미나도 듣고 공부해야겠지요? 비지니즈, 창업 쪽 매거진을 검색하면 굉장히 많이 나오니 그걸 보시면서 감각을 잃지 않는 것이 좋습니다. 그리고 네이버 카페에 '일인 기업가들의 공부방' 이라는 곳과 '트렌드 헌터'라는 곳이 있습니다. 1인 기업가로 성장하는데 도움을 줄 세미나나 좋은 글들도 많고 다른 사람들의 성공 노하우도 있으니 활용하시면 됩니다.

시장조사, 통계는 국가통계포털 http://kosis.kr을 활용 하시면 됩니다. 국가통계포털은 우리나라의 대부분의 정보가 들어있습니다. 인구 수, 미분양현황, 업종별 지역별 업체수와 매출 등 많은 정보를 얻을 수 있습니다. 내가 하고자 하는 일에 얼마나 많은 사람들이 뛰어들었는지, 매출은 어떤지를 알고 싶다면 꼭 활용하세요. 이때 키워드를 잘 잡아야 하는데요 검색할 때 잘못 입력하면 내가 원하는 자료를 얻지 못할 수도 있습니다. 국가통계포털에 일단 검색을 하시면 되는데 예를 들어 '컨설팅 업'이라고 검색하면 굉장히 많은 내용이 뜹니다. 여기서 '전문, 과학, 기술서비스업 조사:시도/산업/매출액규모별 현황'을 클릭하시면 지역별, 매출액규모를 알 수 있습니다. 여기서 '일괄설정'을 클릭하셔서 보고자 하는 항목을 선택해서 '적용'을 클릭하면 자세하게 보실 수 있습니다. 그 외 다양한 통계내용을 보실 수 있으니 활용하시면 됩니다.

시대의 흐름을 분석하고 창업하기 좋은 아이템을 찾고 싶다면 '창조경제 박람회' 2016년 12월 시행: http://creativekorea-expo.or.kr 등의 오프라인 박람회를 방문하거나 중소기업청의 홈페이지 http://www.smba.go.kr, K-Startup https://www.k-startup.go.kr 홈페이지를 방문해서 아이디어를 얻을 수 있습니다. 특히 K-Startup은 여러 가지 사업을 진행하고 모집을 하고 있으며 1인 창조기업 비즈니스센터를 무료로 이용할 수 있습니다. 일일 이용을 할 경우에는 회원 가입 후 패밀리 카드를 발급받으면 되고 장기 입주를 원하는 경우에는 선정평가를 거쳐서 채택되어야 가능합니다. 지역별로 보유하고 있는 장비도 다르기 때문에 잘 알아보고 내게 맞는 센터를 활용하면 됩니다.

도움이 되셨나요? 제 블로그는 http://changeyoung.com입니다. 병원컨설팅 관련 글들이라서 도움이 되실지 모르겠습니다만 어떻게 글을 올리고 홍보하는지 보시면 좋을 것 같습니다. 제 책을 읽어보셨다면 아시겠지만 1인 창업으로 성공하기 위해서는 지속적인 공부가 필요합니다. 일단 먼저 시작하시고 꾸준히 공부하면서 수정 보완해 나가시면 됩니다. 그때까지 회사를 다니시면서 준비하세요. 모든 준비가 완료되었을 때 회사를 박차고 나와 사업에 뛰어드세요. 절대 성공은 한 번에 이루어지는 것이 아니라는 것을 기억하시고 탄탄히 기초를 다져나가시길 바랍니다. 원하시는 것 모두 이루시길 바랍니다. 응원합니다!

독자의 메일 3

독자 안녕하세요. 이선영 작가님! 저는 현재 서울아산병원에서 입사 8개월 된 29살 남자 간호사입니다. 작가님의 책을 읽고 고민하면서 작가님을 롤 모델로 삼고 싶다는 생각을 많이 했습니다. 진심으로요. 고민 중에 여러 가지 드리고 싶은 질문이 많아서, 이렇게 용기를 내 메일 쓰게 되었습니다. 답장을 해주신다면 정말 큰 도움이 될 것 같습니다!

간단하게 저의 소개를 하자면 학생 때부터 원래 의료경영과 창업에 관심 있어서 여러 방면으로 고민도 해보고 많은 생각을 가지고 있었고, 서울아산병원 중환자실 간호사로 3교대 업무를 하고 있습니다. 우연히 서점에서 작가님의 책을 발견한 뒤 호기심을 갖고 읽어보게 되었고, 많은 영감을 얻었습니다. 처음에는 단지 창업에 대한 책이라고 생각하여 책을 펼쳤는데 작가님도 제가 생각하는 방향과 비슷한 방향으로 창업을 한 의료인이라는 사실에 더 관심을 갖고 책을 읽게 되었습니다. 책을 읽으면서 저의 비전과 앞으로 할 창업에 대해서 많은 고민도 하게 되었고, 의료경영과 책 집필, 강의를 하면서 살고 싶은 저는 책을 통해 큰 도움을 얻어 정말 감사하게 생각하고 있습니다.

허나 아직 저는 창업이라는 계획을 가지고 있는 직장인이고 뛰어들어 부딪혀 본 경험이 없기에 궁금하고 모르는 것이 너무나 많습니다. 그래서 용기를 내어 작가님께 메일을 써보기로 결심했습니다. 답변해주시기 쉽게 몇 가지 질문을 정리해보았습니다.

1 제가 직장을 다니면서 창업에 대한 준비를 하다가 사직을 하고 싶은데 어떤

것들을 준비하면 좋을지 모르겠습니다. 작가님은 주로 치과를 대상으로 컨설팅을 하시는 것으로 알고 있어서 저랑 조금 다른 점이 있긴 하겠지만 어떤 준비들을 하셨는지 구체적으로 알려주신다면 감사드리겠습니다.

2 제가 지금 일하고 있는 서울아산병원이 너무 크고 전 그 큰 병원에 있는 중환자실에서 일하는 간호사일 뿐이니 전체적인 병원경영에 대해서 알기가 어렵습니다. 간호사로서는 더할 나위없는 최고의 직장이고, 성장하기도 좋고, 경력으로도 훌륭한 곳이지만, 지금 일 하고 있는 일이 나중에 의료경영 컨설팅을 위해서 도움이 되지 않는다고 생각도 많이 들고 있습니다. 그래서 일을 하다가 1년이 되는 시기에 그만두고 차라리 좀 더 작은 종합병원. 혹은 1차 병원에 들어가서 작가님처럼 경험을 쌓는 게 낫지 않을까 라는 생각을 많이 했습니다. 작가님이 경험한 바로는 병원에서 실장으로서 일했을 때 경험이 더 도움이 되셨나요? 아니면 의료컨설팅회사에서 1년 동안 일하셨던 것이 도움이 되셨나요? 조언 부탁드립니다.

3 현재 1인 기업가로 프리랜서로 일하시면서 하시는 일 중에 "병원 컨설팅" 이라는 업무로 하는 일이 어떤 것들이 있는지 궁금합니다. 막연하게만 알고 있지, 구체적으로 어떤 업무들을 하는지 몰라 앞으로의 청사진을 계획하는데 어려움이 있습니다. 알려주시면 감사드리겠습니다.

4 저도 작가님처럼 주제를 하나 정해서 블로그를 시작해볼까 생각도 하고 있는 중인데 어떻게 생각하시는지요.

이 작가 안녕하세요. 같은 업계라 더욱 반갑습니다. 질문이 많은데 하나씩 답변 드리겠습니다.

1 저는 치과를 그만두기 전에는 치과 실장으로 일하면서 주말에는 병원관련 아카데미에서 강사과정을 수료하고 강사로 활동했습니다. 시작을 강사로 하시면 여러 사람 앞에서 서서 얘기할 때 힘들어 하는 사람

들에게 연습할 기회가 되니 도움이 됩니다. 아카데미 강사과정을 수료하면 내부 강사로 활동을 시작할 수 있다는 장점이 있으니 먼저 이것부터 시작하셔도 좋습니다. 아카데미는 병원관련 아카데미를 검색하거나 강의를 검색하면 아카데미 정보가 나오니 확인하시면 됩니다. 혹은 네이버 카페에서 '병원코디네이터' '간호조무사' '간호사'를 치면 아카데미가 운영하는 카페가 나오니 가입하셔서 둘러보시고 마음에 드는 곳에서 강사과정을 수료하셔도 됩니다.

그리고 페이 원장님이 개원하게 되면서 나가실 때 가서 세팅을 도와드렸고 그게 많은 도움이 되었습니다. 아는 원장님이 있다면 개원할 때 도와드린다고 하시고 따라다니면서 보시는 것도 좋고 이직을 계획 중이신데 이직하실 때 개원 병원에 가시는 것도 좋습니다. 개원하는 과정을 직접 따라다니면서 보시고 어떤 서류와 절차가 필요한지를 경험하시면 나중에 컨설팅 회사를 차릴 때도 도움이 됩니다.

자격증은 많다고 다 좋은 건 아니겠지만 아직 경력이 8개월로 너무 짧기 때문에 여러 경험이 필요합니다. 코디네이터 자격증이나 보험심사관리사 등의 자격증을 따시고 공부하시면서 '어떻게 가르치고 있는지'를 보세요. 나중에 직접 가르치셔야 하니까요. 전 건강보험 강사가 되기 위해서 여러 아카데미의 건강보험 세미나를 들었고 강사로 활동하면서도 꾸준히 세미나를 들으면서 내 것으로 흡수해서 강의안을 업그레이드 했습니다. 강사별로 강조하는 부분이 다르고 같은 내용이라도 전달하는 방식이 다르기 때문에 아직 내 강의스타일이 정해지지 않았을 때 많은 강의를 들으시고 롤 모델을 정하시면 좋은 강의스타일이 만들어집니다. 처음에는 한명을 정해놓고 따라하는 것도 좋습니다. 내 강의 내용을 녹음해서 들어보고 말투도 바꿔보면서 엄청난 노력이 필요합니다.

강사로 활동할 계획이 없다고 해도 컨설팅을 하시려면 교육도 해야 하기 때문에 이 부분은 필요합니다. 저는 처음에 강의 할 때는 한 달 전부터 매일 2~3시간씩 인형 앉혀 놓고 연습했습니다. 그다음 페이지에 뭐가 나올지도 다 외울 정도로 연습을 했는데도 첫 강의가 1시간 분량이었는데 30분 만에 끝내버려 좌절하기도 했습니다. 그래도 꾸준히 강의를 하고 연습한 결과 지금은 건강보험 관련 강의는 연습을 하지 않아도 술술 나옵니다. 완전히 제 머릿속에 있거든요. 그렇게 되기까지는 최소 1년은 걸립니다. 1년 동안 무료강의로 시작해서 일단 '어떻게 수강생을 설득할 것인가.'를 고민하세요. 수강생 설득이 완성되면 그다음부터는 원장님 설득도 쉬워집니다.

그리고 내가 하고자 하는 분야에 대한 세미나는 모두 섭렵하셔야 합니다. 저는 건강보험 청구사 1급 자격증까지 땄고 지금도 꾸준히 공부하고 있고 중간관리자를 위한 경영, 상담, 환자관리, 직원관리, 콜 관리등 병원관련 세미나는 모르는 분야는 무조건 다 들었습니다. 제가 알고 있어도 더 잘 알기위해서 같은 주제의 세미나도 연자가 다르면 들었습니다. 세무와 노무 부분도 약해서 들었는데 그 부분은 기본만 알면 될것 같고 깊이 들어가야 한다면 전문가와 협력해서 진행하는 게 좋다는 결론을 내렸습니다. 똑똑한 1인 기업가는 에너지를 낭비하지 않고 필요하면 협력과 외주로 내가 더 잘 할 수 있는 부분에 집중을 합니다. 그래야 시너지 효과가 나고 강점을 더 강화시킬 수 있습니다.

또 홍보가 우선시 되어야 한다는 생각에 카카오스토리 마케팅, 블로그 마케팅 등 마케팅에대한 세미나를 섭렵했습니다. 병원관련 세미나 뿐만 아니라 일반 경영세미나나 서비스디자인 관련 세미나, 게임이론을 활용한 인간관계와 다른 분야의 강의 등 분야를 가리지 않았습니다. 어떤 것이든 연결되어 있기 때문에 다른 분야의 것이라고 해도 병원에 가져오면 더 멋지게 활용할 수도 있습니다. 중요한 것은 '꾸준히 공부하는 것'입니다. 여러 세미나를 듣다보면 인맥도 쌓을 수 있습니다. 공부를 하는 사람들은 서로 모여서 공유하는 것을 좋아하기 때문에 그런 모임에도 참여를 하고 활동을 하다보면 더 많은 길이 열리게 될 것입니다.

2 전 직원 15명에 원장 3명인 병원에 실장으로 4년을 일했습니다. 중간관리자로 있으면 환자관리, 직원관리, 병원관리 모두 해야 하기 때문에 폭넓게 보는 눈을 키울 수 있고 전반적으로 병원이 돌아가는 것이 보이니깐 컨설팅 할때도 큰 도움이 되었습니다.

이직 하면 행정쪽으로 들어가신다고 하셨는데 큰 병원에 행정이 나뉘어져 있다보니 진료와 행정 모두 배울 수 있는 조금 작은병원은 어떠신가요? 세무와 노무, 경영부분을 별도로 하는 사람이 없다면 그런 일도 배워서 하신다면 더 도움이 되실 것 같습니다. 중요한 것은 경험이기 때문에 직접 부딪히면서 할 수 있는 병원으로 옮기시는 것을 추천합니다.

저는 경영실장님이 계시긴 했지만 거의 제휴업체 관리만 하셔서 매출이나 보철물, 환자 통계등을 내고 다음달 목표 계획하는 것을 직접 다했습니다. 물론 세무와 노무부분은 좀 약하지만 나머지 내부관리는 제가 담당을 하다 보니 지금의 내부시스템 컨설팅에 도움이 될 수 있었습니다. 독자님이 먼저 하시고 싶은 분야를 결정하시고 그에 맞는 일을 배우고 경험할 수 있는 병원으로 옮기신다면 좋을 것 같습니다.

컨설팅 회사에 바로 입사하는 것 보다는 병원에서 좀 더 경험하고 가시는 것이 좋습니다. 저는 이미 8년이라는 경험이 있는 상태에서 컨설팅 회사에 입사했고 바로 실전에 투입되었습니다. 직접 찾아가서 계약하고 교육하고 관리를 했는데 만약 병원경험이 없었다면 제대로 하지 못했을 테고 중간에 회사를 나와야 했을 것입니다. 회사에서는 1년 동안 일하면서 병원 뚫는 루트와 컨설팅 진행하는 프로세스, 응대방법 등을 배웠습니다.

병원에서의 경험과 회사에서의 경험 모두 제겐 꼭 필요한 경험이었습니다. 그러나 중간관리자로서의 실정경험이 없었다면 회사에서의 경험도 무용지물이었을 것입니다. 병원에서 먼저 경험을 쌓고 가시길 추천 드립니다.

3 제가 하고 있는 병원컨설팅은 주로 내부시스템입니다. 세무나 노무는 제가 부족하기 때문에 병원에서 원하시면 파트너와 함께 컨설팅을 진행하고 제가 단독으로 하는 건 내부시스템과 건강보험 컨설팅입니다.

원장과 직원이 서로 교류가 없고 소통이 원활하지 않으면 환자에게도 친절하기 어렵고 매출도 오르기 어렵습니다. 컨설팅 들어가자마자 바로 병원을 바꾸려고 하면 직원들의 반발을 살 수 있고 병원을 나갈 수도 있습니다. 그래서 먼저 직원과 원장이 친해질 수 있게 하고 그다음에 병원의 철학과 사명, 비전을 정합니다. 함께 만들면 더 잘 지킬 수 있고 주인의식이 생깁니다. 함께 정한 철학에 맞게 병원을 분석하고 전략도 함께 짭니다. 모든 것을 하나하나 전 직원의 참여하에 진행해야 실천도가 높습니다. 중간 중간 직원들과 1대1 면담을 진행하면서 진행

상황 체크하고 동기부여하면서 직원관리를 합니다. 어느 정도 소통이 잘 되면 그때부터 환자관리를 진행하고 전체 시스템을 세팅하고 매뉴얼도 함께 만듭니다. 내부시스템은 이렇게 진행을 하고 건강보험은 차팅부터 상담, 건강보험 매출을 높이기 위한 진료시스템 수정, 동의서까지 모두 관리합니다.

병원마다 원하는 것이 다르고 상황마다 다르기 때문에 먼저 모니터링 후 원장님과 충분히 상담을 한 후 진단을 내리고 진행을 하고 있습니다. 독자님과 분야는 다르지만 같은 의료계이기 때문에 도움이 되셨길 바랍니다.

4 블로그로 우선 나를 브랜딩 하는 것은 중요합니다. 주제를 잘 정해서 시작하세요! 저는 자체 교육프로그램과 강의를 만들어서 블로그에 올리고 홍보했습니다. 블로그는 내 얼굴이기 때문에 우선 블로그에 글을 쓰고 글쓰기 설정을 '본문허용'으로 한 다음 치과 인들이 자주 모이는 네이버 카페에 '퍼가기' 해서 제 블로그 URL을 연동해서 홍보했습니다. 카페뿐만 아니라 페이스북에도 연동해서 홍보하고 필요하면 치과신문에 기사를 냈습니다.

블로그를 꾸준히 하면서 강의홍보뿐만 아니라 병원시스템 관련 좋은 정보와 글을 써서 제공하니 그 글을 통해 컨설팅 의뢰가 들어오기도 했습니다. 먼저 자신의 생각을 정리한 글을 쓰고 정보를 제공하세요. 그리고 직접 만든 강의를 올리세요. 사람이 안모여도 좋습니다. 꾸준히 무언가 하고 있다는 것을 알리는 것이 중요합니다. 그렇게 하다보면 어느 순간 강의장이 꽉 차 있을 것입니다.

디테일한 상담은 만나서 하면 좋지만 아쉽게도 메일상이라 자세한 상담이 힘드네요. 아무쪼록 도움이 되셨길 바라고 차근차근 준비해나 가시길 바랍니다. 너무 서두르지 마시고 하나씩 준비해 나간다면 원하 시는 꿈을 이루실 수 있습니다!

독자의 메일 4

독자 안녕하세요. 저는 현재 개강을 일주일 앞둔 대학생입니다. 책 읽는 것을 좋아해서 책은 자주 읽지만 책을 읽고 이렇게 책을 쓴 분께 메일을 보내는 것은 처음입니다. 저는 대학생이지만 하고 싶은 게 무엇인지 몰라서 방황하는 제 주변 친구들과는 달리 하고 싶은 게 많아서 방황하고 있습니다. 특히나 무언가를 배우 고 제 자신을 발전시키는 데에도 욕심이 굉장히 많아서 미래에 관한 자기계발서 도 많이 찾아서 읽어봅니다. 그러다가 이번에 창업에 관한 책을 처음 읽어보았습 니다. 제가 그동안 읽어왔던 자기계발서와 비슷한 내용도 많았지만 제가 이 책에 서 색다름을 느낀 것은 작가님의 경험이 녹아있는 것과 책을 쓰라는 말씀 때문입 니다. 책을 쓰라는 것은 저에게 굉장히 새롭게 다가왔습니다. 저는 자주는 아니 지만 작년부터 일기를 꾸준히 쓰려고 노력하고 있습니다. 제가 겪은 일이나 했던 생각을 어딘가에 남겨놓지 않으면 미래의 언젠가 내 과거를 잃어버린 듯한 느낌 이 드는 것 같아서 말이죠. 이 책을 읽고서 제가 그동안 썼던 일기를 바탕으로 책 을 써보고 싶다는 생각을 하게 되었습니다. 글 쓰는 솜씨가 없어서 제 글이 제대 로 전해질 수 있을지 모르겠습니다. 저는 그저 작가님의 책을 읽고 작가님 덕분 에 이런 생각을 하게 되었다는 것을 알려드리고 싶었습니다. 그리고 독자로써 책 을 써주셔서 감사하다는 말도 전해드리고 싶었습니다. 마지막으로 끝까지 읽어주 셔서 감사합니다.

이 작가 안녕하세요. 독자님. 고민 많이 되시죠? 그래도 정말 대단하시네요. 전 그 나이 때는 미팅이다 뭐다 쫓아다니면서 자기계발에는 관심도 없었거든요. 그날그날 학교 공부와 아르바이트로 하루를 보내기에도 버거웠으니까요. 이렇게 일찍 시작하신다는 것은 시간을 번 것입니다. 하고 싶은 게 많아서 문제라고 하셨는데 전 문제라고 생각하지 않아요. 하고 싶은 게 없는 사람들이 더 많은데 하고 싶은걸 찾았다는 사실만으로도 이미 성공의 반열에 들어선 것입니다. 아직 확실하게 내 천직을 못 찾아서 그럴 수도 있고 전부다 관심이 있어서 그럴 수도 있습니다. 하나하나 차근차근 하시면 됩니다.

저도 글 솜씨가 없었어요. 그런데 그것과는 별개로 책을 쓸 수 있습니다. 책을 쓰는 방법을 몰라서 네이버에 검색을 하다가 우연히 책 쓰기 과정이 있다는 사실을 알았고 가장 유명한 3군데 책 쓰기 일일특강을 들었습니다. 어디가 가장 괜찮은지 저울질을 한 것이지요. 그리고 한 군데를 선택해서 책 쓰기 과정을 등록했고 제목과 목차 만드는 방법, 책을 쓸 때 사례를 어떻게 각색하고 인용하는지, 결말은 어떻게 쓰면 좋은지 등 책을 쓰는 방법을 배웠습니다. 물론 처음에는 어려웠지요. 그러나 막상 첫 문장을 써보니 술술 써 내려 가기 시작했습니다. 잘 안 써질 때는 내 얘기를 쓰면 술술 쓸 수 있습니다. 일단 무조건 쓰고 그다음에 퇴고할 때 수정하면 됩니다. 원래 초고는 쓰레기라고 하지요. 그렇게 첫 책을 완성하고 나니 두 번째, 세 번째 부터는 쉬워지더군요.

그리고 아웃풋을 하려면 인풋이 많아야 하는데 이미 책을 많이 읽고 있다고 하시니 충분히 인풋을 하고 있으십니다. 내가 쓰려고 하는 책에 관련된 책 최소 20권은 읽어보시고 쓰시면 도움이 되실 것입니다. 시중에 책 쓰기 관련 책도 많이 있으니 읽어보시길 권합니다. 저는 책을 쓰기 전 책 쓰기 책을 작가별로 10권 사서 읽었습니다. 그들은 어떻게 책을 쓰라고 강조하는지 분석하시고 내 것으로 만드세요.

하고 싶은 것들이 많다고 하셨는데 얕게 하지 마시고 깊이 파세요. 하나를 정했다면 그에 관련된 책이나 세미나 같은 것을 찾아서 들어보세요. 전 세미나 비용에만 1년에 3천만 원을 투자할 정도였습니다. 그렇게까지는 힘들겠지만 무료나 저렴한 세미나도 많으니 찾아보세요. 하고자 하는 일과 관련된 세미나를 듣고 정보를 얻다보면 그에 관련된 여러 가지 길이 보일 것이고, 시야도 넓어질 것입니다. 인맥도 자연스럽게 형성이 되고요. 아직 젊으시니 이렇게 차근차근 시작하시면 어린 나이에도 1인 창업 할 수 있습니다. 긍정적인 에너지가 느껴져서 너무 기분이 좋습니다. 응원합니다!

인터뷰 Q&A

인터뷰 질문 1 본 책을 한 줄로 요약한다면?

자신만의 지식, 정보, 경험, 노하우, 취미, 일상의 소소한 아이템으로 1인 창업하여 평범한 사람도 부를 창출하는 시스템을 만들 수 있도록 도와주는 책

인터뷰 질문 2 지난 10년 동안 자영업 창업자의 생존율은 16.4%에 불과합니다. 하지만 지난 7월 신설법인은 8936개로 2개월 연속 역대 최고치를 경신했습니다. 한국 사회에서 생존율이 낮다는 것을 알면서도 창업을 하려는 이가 계속 늘어나는 이유는 무엇이라고 생각 하십니까

창업이 늘어나는 건 좋은 현상입니다. 다만 그 내면을 들여다보면 낙관적이지만은 않습니다. 청년층 실업률이 12.5%로 17년 만에 최대치를 기록하면서 일자리를 구하지 못한 20대 청년들이 창업의 길로 뛰어들고 있기 때문입니다. 차근차근 준비를 하고 시작한 것이 아니라 무작정 시류에 편승하여 시작을 하다 보니 문제가 생기는 것이지요. 거기다 취업은 했지만 직장에 적응하지 못한 20대들도 합류하고 있어 창업율은 점점 더 늘어날 전망입니다. 청년뿐만 아니라 은퇴한 60대는 회사를 나와서 퇴직금을 모두 쏟아 부으며 생계형 창업으로 뛰어들고 있습니다.

창업율은 늘어만 가는데 생존율은 왜 저조할까요? 2015년 OECD 국가 중 창업기업 생존율이 41%로 룩셈부르크 66.8%, 호주 62.8%, 미국 57.6%, 이스라엘 55.4%, 이탈리아 54.8% 최하위를 달성하고 창업 후 10년 이상 지속하는 사업자는 8.2%로 설립한지 평균 5년안에 폐업하는 것으로 나타났습니다. 초기에는 쉽게 진입하지만 우리나라의 대부분 창업이 생계형63%로 세계 최고 수준에 치중하다보니 얼마 지나지 않아 폐업하는 것입니다.

창업하면 대부분 카페, 치킨집, 음식점을 쉽게 생각하는데 진입장벽이 낮아서 경쟁이 심하고 살아남기 어렵습니다. 현재 우리나라 커피전문점은 6만개, 치킨집은 3만개를 돌파했습니다. 인터파크가 디초콜렛 커피전문점을 4년 동안 끌어오다 해마다 20여억 원의 적자를 버티지 못해 문을 닫았습니다. 이 정도 되는 업체가 이런 브랜드로 고군분투하다 문을 닫을 동안 솔직히 저조차 이런 데가 있는 줄 몰랐을 정도로 시장에서 이름을 각인시키고 살아남기가 어렵습니다. 치킨계에서는 1위를 자랑하는 BBQ도 1500개 점포를 개설했지만 이중 10%인 150여개가 문을 닫을 정도니 다른 브랜드는 어떻겠습니까? 커피업계도 마찬가지입니다. 문만 열면 성공할거 같은 대기업 커피전문점들도 폐점율 5%는 기본입니다. 전문적인 시스템과 관리가 잘 이루어지는 프랜차이즈도 살아남기 힘든데 개인적으로 시작하는 매장은 더욱 힘들겠지요.

게다가 창업에 실패 후 다시 창업하는 비율이 평균 0.8회라고 합니다. 미국 같은 경우는 평균 2~3번인데 우리나라는 실패하면 그대로 주저앉은 경우가 많다는 것이지요. 창업에 모든 돈을 다 쏟아 붓고 실패하면 빚더미에 깔리기 때문입니다.

신설 법인 숫자에만 주목하며 창업율이 높다고 좋아할 것이 아니라 실패한 창업자들을 어떻게 도울 건지 방안을 마련하고 그들이 재기할 수 있도록 도와야 할 것입니다.

인터뷰 질문 3 자영업자가 넘쳐나는 현 한국 사회에서 작가님이 창업을 권하는 이유가 궁금합니다. 더군다나 작가님은 보다 젊을 때 창업의 길로 들어서라고 권하고 있는데 이유가 무엇인가요?

내가 가장 잘하는 것, 가장 좋아하는 것으로 창업을 한다면 즐겁게 일할 수 있고 성공하기가 쉽습니다.

많은 사람들은 주5일 아침부터 저녁까지 8시간 이상씩 매일 일을 하고 아끼고 모은 돈으로 60대에 은퇴해 늙어서 누려야 한다고 생각합니다. 젊을 때는 오늘의 기쁨은 잠시 미뤄두고 미래를 위해 아껴야 한다고 말합니다. 그렇게 미래를 저당 잡힌 채 목적 없이 일을 하며 저축을 하는 것이지요. 그래서 남는 게 뭘까요? 겨우 집 한 채 가질까 말까이지요. 겨우 집 한 채 갖기 위해서 많은 것을 포기하고 산다면 인생이 얼마나 허망할까요? 저는 젊은 지금 창업해서 누리시길 권합니다.

《부의 추월차선》 본문 중에 가장 기억에 남는 말이 있습니다.

"하루에 8시간씩 일하다보면 결국엔 사장이 되어 하루 12시간씩 일하게 될 것이다."

"40년 동안 죽도록 일만 하다 휠체어 탈 때쯤에나 부자가 될 수 있을 것이다."

퇴직하고 나서 적성을 찾으면 늦습니다. 회사 다니는 지금 미리 준비해서 퇴직 후를 대비해야합니다. 저는 직장생활을 하면서 주말에는 강의를 하고 세미나를 들으면서 준비를 했습니다. 직장이라는 안전한 울타리 안에 있을 때가 창업 준비하기 가장 좋을 때입니다. 시간이 없다, 바쁘다는 핑계로 미루지 말고 지금 준비해야합니다.

저는 아침에 1~2시간 일찍 출근해서 강의준비를 했고 점심시간에 책을 읽으며 지식을 쌓았습니다. 퇴근 후에도 병원에 남아서 강연 자료를 만들고 삐걱거리는 병원 시스템을 개발했습니다. 시간이 없다는 말은 핑계입니다. 단 10분이라도 자투리 시간이 남는다면 그 시간을 헛되이 보내지 말고 내가 사랑하는 일에 투자해야 합니다.

지금 미리 내 적성을 찾아 내 사업을 하고 죽을 때까지 신나는 일만 합시다. 직장에 취업해서 월급 받으면서 천천히 부자 되는 것 말고 젊을 때 창업해서 더 빨리 부를 이루고 남들보다 30년 빨리 은퇴하고 내 삶을 오롯이 누린다면 더 행복하지 않을까요?

인터뷰 질문 4 지식, 정보, 경험, 노하우를 콘텐츠화한 '창의성 창업'에 대한 설명을 부탁드립니다.

사람들은 흔히 '창업'하면 남들과 다른 특별한 사람이거나 무언가 대단한 아이디어가 있어야 한다고 생각합니다. 카페나 치킨집, 음식점이나 인형 뽑기방, 1인 라면집 등 유행하는 아이템을 찾기도 합니다. 하지만 이런 아이템은 소자본이라도 자본이 필요하거나 점포가 있어야 합니다. 특히 외식업은 평균 수명이 3년이고 365일 내내 일해야 직장 다닐 때 받는 월급보다 조금 더 벌 수 있습니다. 그렇게 되면 창업하려는 이유가 퇴색되겠지요. 창업을 하려는 이유가 좀 더 자유롭게 내가 하고 싶은 일을 하며 행복하게 살기 위해서 아닌가요? 그렇다면 '1인 창업 유망 아이템'을 찾아 인터넷 창을 떠돌아다닐 것이 아니라 '내가 가장 하고 싶은 일이 무엇인가?', '내가 평생 동안 해도 질리지 않고 즐겁게 일할 수 있는 것이 무엇인가?'를 생각해야 합니다. 시류에 편승한 아이템은 인기가 끝나면 사장되고 맙니다. '나만의 경험과 노하우, 지식, 취미, 정보를 살려서 만든 것이 바로 유망아이템입니다. 그리고 그것을 활용해서 컨텐츠화 한 것이 창의성 창업입니다.

저는 이런 지식창업, 창의성창업을 해야 한다고 생각합니다. 지식 창업은 임대료나 인테리어비, 인건비를 줄일 수 있고 사업자등록도 집 주소로 할 수 있습니다. 무점포로 돈 한 푼 들이지 않고 창업할 수 있는 것이지요. 회사를 위해 충성을 다해도 남는 건 퇴직금뿐이지만 자기계발에 올인 한다면 '나 자신'이 남습니다. 내 경험과 지식, 노하우는 그 누구와도 바꿀 수 없는 나만의 무기입니다. 그것을 끄집어내어 사업으로 만드는 것은 내손에 달려있습니다. 모든 사람들은 자신만의 특별한 경험과 노하우가 있습니다. 특별하다고 생각하지 않고 자신을 과소평가하기 때문에 찾지 못하는 것이지 조금만 생각을 비틀면 '나만의 팔 것'이 생깁니다. 그것을 찾아야 합니다.

회사에 영혼 없이 다니면서 월급만 바라보지 말고 능동적으로 일을 하며 내가 사랑하는 일을 찾는데 몰두하시기 바랍니다. 당신의 가치는 당신만이 압니다. 직장에 얽매여 하기 싫은 일을 돈 때문에 어쩔 수 없이 하고 있다면, 자신만의 특별한 경험과 노하우, 지식을 아이템으로 만들어 1인창업해서 시간과 돈으로부터 자유롭게 사시길 바랍니다. 회사는 나를 사랑하지도, 책임져 주지도 않는다는 사실을 잊지 마세요!

존 록펠러 3세의 말을 기억하세요.

"행복으로 가는 길에는 두 가지 간단한 원칙이 있다. 첫째, 내 흥미를 끄는 것이 무엇인지, 잘할 수 있는 게 무엇인지 찾아낸다. 그런 다음에는 내 모든 것을 쏟아 붓는다. 내가 가진 힘과 소망과 능력을 모두다."

인터뷰 질문 5 지식, 정보, 경험, 노하우를 콘텐츠화 해서 어떻게 팔아서 수익을 얻나요?

팔 것을 찾았다면 팔아야겠지요? 내 아이템을 모바일 온리 시대인 현재 상황을 이용해 팔아보는 겁니다. 2016년 3월, KT경제경영연구소의 조사에 따르면 세계 주요 50개국의 스마트폰 보급률이 70%에 달하고 우리나라는 91%라고 합니다. 이 모바일을 활용한 사업을 한다면 더욱 효과적이겠지요? 디지털 공간에 내 전문분야 관련 커뮤니티를 만들어 플랫폼을 형성합니다. 기본 플랫폼으로는 네이버 카페가 가장 좋습니다. 카페는 다른 SNS와 달리 폐쇄적인 성향이 있기 때문에 지속적인 판매와 회원관리가 편리합니다. 카페에 고객이 궁금해 할 내용과 문제에 대해 속 시원히 해결해줄 정보를 제공해줍니다. 어느 누구도 말해주지 않았던 비밀스런 이야기도 나만의 이론과 철학으로 제시합니다.

그 다음 내가 올린 정보와 이론을 정리해서 소책자로 만들고 페이스북, 인스타그램 등 SNS를 통해 홍보하고 고객이 스스로 요청하게 합니다. 이때 많은 사람들이 스마트폰으로 볼 확률이 높으므로 스마트폰으로 보기 편하게 카드뉴스 형태로 콘텐츠를 제작하면 좋습니다. SNS도 여러 개를 운영하면 지칠 수 있으므로 꾸준히 관리할 수 있는 채널 한가지만 선택하는 것이 좋습니다. 정보뿐만 아니라 좋은 책 추천이나 소통의 창으로 활용해서 정보가 널리 퍼져 나갈 수 있도록 해야 합니다. 세미나를 들으러가고 좋은 사람들과 함께하는 모습을 올리는 것도 좋습니다. 그 모습이 다른 사람들의 관심을 불러일으키고 참여도를 높일 수 있습니다.

이런 방식으로 퍼뜨리면 무료 소책자에 담긴 정보를 얻고 싶은 사람들이 카페에 가입하게 되고 그 회원들을 모아서 세미나를 진행하고 코칭 및 컨설팅을 진행하면 됩니다. 이미 여러 정보와 소책자로 전문가로 자리매김했기 때문에 당신은 사람들의 목마름을 해결해 줄 수 있는 유일한 사람이 됩니다. 여기다가 소책자를 다듬어 책으로 출판하면 제대로 전문가로 브랜딩이 됩니다. 책 한권으로 여러 기관에서 강연요청과 칼럼요청, 인터뷰 요청도 들어올 수 있고요. 그럼 더욱더 전문가로 인식이 될 수 있겠지요.

이 과정을 계속해서 반복하면서 회원 수를 늘려 플랫폼을 형성합니다. 어느 정도 회원 수가 모이면 내 강의와 책을 소비하는 사람이 생길 테고, 그들과 1:1로 만날 수 있는 창구를 형성합니다. 바로 '컨설팅'이라는 것이지요. 최종 목표는 온라인 강의와 오프라인 강의를 적절히 믹스해서 일을 적게 해도 돈이 들어오는 시스템을 구축하는 겁니다. 그래야 시간과 돈으로부터 자유를 얻어 가정과 일, 모두 잡을 수 있겠지요.

이런 온라인 사업은 퇴근 후 집에서도 할 수 있는 일이기 때문에 직장을 다니면서도 가능합니다. 자본금도 0원에서 시작하기 때문에 잃을 것도 없습니다. 시류에 편승해서 남들이 좋다고 하는 것이나 유행하는 아이템을 좇지 말고 '나만의 것'을 찾아서 플랫폼을 형성하길 바랍니다. 전문가로 브랜딩 하기 위해서는 지속가능한 성장을 할 수 있도록 배움을 게을리 하지 말아야 한다는 것을 잊지 말아야 합니다.

인터뷰 질문 6 파트4에서 1인 창업 성공법칙 중에서 '책을 쓰라' 라고 하는데 창업에 있어서 책의 중요성 등 창업과 책의 관계에 대해서 말해주세요

책은 지식의 창고입니다. 실제로 경험한 사람들의 생생한 사례로 넘치지요. 내가 모든 일을 실제로 경험해볼 수 없기에 책으로 간접경험을 할 수 있습니다. 수많은 창업 책과 성공과 실패에 관련된 사례로 가득한 책을 읽으면 아이디어가 떠오르게 됩니다. 실제로 성공한 사람들은 모두 아무리 바빠도 시간을 쪼개서 책을 읽습니다. 한비야는 매년 100권 읽기 프로젝트를 실행하면서 꿈을 키웠고, 오프라 윈프리는 힘든 시절 책을 통해 희망과 빛을 보았다고 합니다.

인풋이 있어야 아웃풋이 있는 법이지요. 책을 쓰기위해서는 수많은 책을 읽어야 합니다. 그리고 창업으로 성공하기 위해서는 책을 읽는데서 그치는 것이 아니라 책을 써야 합니다.

현재 박사 1만 명 시대라고 하지요. 석사까지 포함하면 90만 명의 고학력자가 넘쳐나고 있습니다. 그러나 그들도 취업불안에 휩싸이기는 마찬가지 입니다. 조금이라도 학위가 높으면 취업이 잘 될 거라고 생각

하고 너도나도 돈을 투자하면서 학교를 가지만 결국 남는 것은 빚뿐입니다. 석박사의 졸업장보다 더 빛나는 건 내 이름 세 글자가 박힌 저서입니다.

실제로 책을 써서 1인 기업가로 활동하는 사람들이 많습니다. 최근 1인 창업이 붐을 일으키면서 1인 창업관련 책을 쓰고 스스로 전문가로 자리 매김하면서 활동하는 사람들이 늘고 있습니다. '1인 기업가를 꿈꾸는 사람들'이라는 네이버 카페를 운영하는 최서준씨는 스스로 출판사를 만들어 『나는 책 쓰기로 1인 플랫폼을 세워 성공했다』외 2권의 책을 출간했습니다. 처음에는 소책자로 시작했다가 책을 써서 공식적인 전문가로 브랜딩 한 것이지요.

김미경 원장은 강사로 굉장히 유명하지요. 하지만 그녀가 만약 책을 쓰지 않았다면 국민강사로 발돋움하지 못했을 것입니다. 그녀는 『나는 IMF가 좋다』라는 책으로 이름을 알리면서 꾸준히 책을 썼고 책을 통해 전문가로 발돋움하면서 강의료도 올라갔습니다. 인지도가 올라가면서 TV 프로그램 〈파랑새〉에 출연하게 되었고 지금의 국민강사가 될 수 있었던 것이지요. 그녀가 성공하게 된 계기는 바로 '책'입니다.

혜민스님도 『멈추면 비로소 보이는 것들』 책을 써서 수많은 사람들에게 좋은 말씀을 들려주는 강연을 하고 있습니다. 혜민스님의 강연티켓은 20만원이라는 고가임에도 순식간에 매진되고 표를 구하려는 대기자만 수백여 명에 이르기도 합니다.

책을 쓰면 그 분야의 전문가라고 생각하는 것이 일반 상식입니다. 1인 기업가라면 나를 전문가로 제대로 알리기 위한 수단으로 책을 써야 합니다. 책은 1인 기업가로서 성공하기 위한 아주 최소한의 장치입니다. 책은 나를 알리고 전문가로서 발돋움 하기위한 기초공사이고, 강연으로 수입을 올리는 것이지요.

전문 작가들은 책만 쓰기 때문에 오로지 인세수입만을 목표로 합니다. 하지만 인세수입만으로 먹고살기에는 현재 출판업계가 그리 상황이 좋지 못합니다. 유명한 작가의 책이나 소설이 아닌 이상 보통 자기계발서로는 2쇄까지 가지 못하고 1쇄에서 사장되는 책들이 너무나도 많습니다. 그렇기 때문에 더더욱 책만 쓰고 끝나는 것이 아니라 강사로서의 자질도 갖춰야 하는 것입니다. 저자로서 내 책에 대해 조리 있게 잘 설명하고 그 내용을 짜임새 있게 갖추어 강연을 하고 프로그램을 만들어 자체 프로그램을 돌리면 그게 바로 사업이 됩니다.

인터뷰 질문 7 월간 병원컨설팅의 건수는? 건당 컨설팅 기간은? 금액은?

월간 병원 컨설팅 건수는 평균 3~4건이고 금액은 병원규모와 진행 컨설팅 내용에 따라 다릅니다. 보통은 3개월~6개월, 혹은 1년 단위로 계약을 하고 3년 동안 꾸준히 관리를 하고 있는 병원도 있습니다. 컨설팅은 끝나도 관리를 원하면 기한 제한 없이 관리를 진행하기도 합니다. 금액은 기간과 컨설팅 내용에 따라 다르지만 평균 건당 1,000만원 ~3,000만 원 정도로 진행이 되고 교육만 진행하면 시간별로 책정하기도 합니다.

인터뷰 질문 8 창업을 위해 어떤 준비를 하셨는지요?

창업 전부터 9년 동안의 병원 근무 경험과 4년간의 중간관리자 경력, 1년의 병원컨설팅 회사 경력, 2년의 타 병원 개원과 교육을 도운 경험으로 노하우를 쌓았습니다. 창업하기로 결심하고부터는 직장생활을 하면서 창업에 필요한 세미나를 듣고 업무에 필요한 교육을 찾아다니면서 들었습니다. 병원 컨설팅에 도움 되는 업무관련 강의뿐만 아니라 게임화기법을 활용한 창의력개발, 의사해결능력 등의 강의, 카카오스토리와 페이스북, 블로그 마케팅, 카페마케팅, 1인 창업 과정, 강의력을 키울 수 있는 강의, 독서모임, 저자강의 등 업무 지식 이외 평소 관심 있거나 의식을 확장시킬 수 있는 강의라면 분야를 가리지 않고 들었습니다.

병원에서 일할 당시에는 창업을 할 줄도 몰랐고 창업에 필요할 줄도 몰랐지만 제 역량 강화를 위해 들었던 여러 세미나가 창업을 할 때 밑거름이 되었습니다. 직장생활 할 때 생각 없이 일을 하는 것이 아니라 나를 위해 투자를 하는 것이 필요합니다.

사실 창업 후 1년 동안은 월, 화, 수, 목, 금, 토, 일 하루도 쉬지 않고 매일매일 강의 일에 컨설팅 모니터링에 분석설명을 하러 서울, 경기도, 천안, 대전 등지를 돌아다녔습니다. 무료 모니터링을 하고 컨설팅과 교육이 필요하다는 내용을 설명한다고 바로 컨설팅으로 연결되는 것이 아니라 헛걸음만 하는 경우가 더 많았습니다. 일주일에 3일은 컨설팅 일을 하고 2일은 모니터링을 하러 병원을 돌아다니거나 컨설팅회사를 알리기 위한 강의를 하고 주말 2일은 다른 사람들의 세미나를 들으며 지식을 쌓았습니다.

처음 회사를 차리는 것이기 때문에 마케팅 분야 세미나 등 창업에 필요한 세미나도 찾아서 들었습니다. '카카오스토리 마케팅', '페이스북 마케팅', '블로그 마케팅' 등 마케팅 분야 세미나를 모두 섭렵하고 옐로우

아이디를 만들고 카카오스토리채널을 만들어 홍보도 하고 '카페 마케팅'세미나도 들어 카페도 만들고 할 수 있는 모든 것은 했습니다. 여러 곳의 세무서를 찾아다니면서 상담도 받고 세무지식도 쌓았습니다. 매달 무료강의를 하면서 컨설팅회사를 알리고 수강생이 적어서 남는 게 없어도 강의기획을 계속 했습니다.

처음에는 이렇게 매일 일을 해도 한 달에 수익이 100만원도 안 될 때도 많았습니다. 무료로 진행하다보니 오히려 돈을 더 쓰는 경우가 많았거든요. 보다 못한 신랑이 "매일 일을 하며 힘들어하는데 돈은 안 되니 그냥 쉬는 게 어떻겠냐"고 말할 정도로 새벽에 별을 보고 출근해서 밤에 별을 보고 퇴근하는 날이 지속되었습니다. 거기다가 충북 음성에서 서울, 의정부, 부천, 대전, 천안등지로 다니니 출퇴근 시간만 왕복 5~6시간이 걸렸습니다. 버스를 타면 거의 기절직전이었지만 그 시간도 아까워서 버스 안에서 강연 자료를 준비하고 틈새 독서를 했습니다. 힘들어하는 저를 보고 서울에 집을 얻어서 주말부부로 사는 게 어떻겠냐고 말하는 사람도 있었습니다. 하지만 저의 목표는 '가족과 행복하게 사는 것'이기 때문에 일 때문에 행복을 포기할 수는 없었습니다. 그래서 출퇴근시간이 6시간이 걸려도 오히려 그 시간을 활용하며 쓸데없이 허비하지 않았습니다.

그런 시간이 있었기에 지금 이렇게 누릴 수가 있는 것이지요. 지금은 블로그를 통해 연락이 오고 이전 컨설팅을 했던 병원에서 재계약을 하거나 소개를 해주면서 계속적으로 연결이 되고 있습니다. 컨설팅을 하면할수록 노하우가 쌓여서 교육의 질도 높아지고 병원 매출도 올라가니 만족도도 높습니다.

1인 창업한다고 바로 수익으로 연결되는 것이 아니라 최소 1년의 미친 노력이 필요합니다. 그리고 그 이전부터 계속해서 경험과 노하우, 지식을 쌓아 와야 합니다. 어떤 경험이든 필요 없는 것은 없습니다. 당신이 지금까지 경험해온 모든 것들이 다 1인 창업의 밑거름이 됩니다.

인터뷰 질문 9 아이디어를 구체적인 아이템으로 만드는 대표님만의 노하우가 궁금합니다.

특별한건 없고 책을 많이 읽는다는 겁니다. 최근에는 육아 때문에 좀 소홀이 했는데요, 확실히 책을 읽으면 아이디어가 샘솟고 의식이 확장되어 자신감도 생깁니다. 또, 잘하는 병원이나 실장님들과 친분을 맺고 병원을 직접 찾아가 배우는 겁니다. '어떻게 하면 가장 많은 시간을 보내는 직장 내에서 행복할 수 있을까?'를 고민하는 병원과 실장님들이 아주 많이 있습니다. 그런 분들과 소통하고 필요하면 찾아가서 노하우를 배웁니다. 그리고 좋은 내용의 강연이 있으면 찾아다니면서 듣고 내 것으로 만듭니다. 책을 읽고 강연을 듣고 좋은 사람들과 대화를 하다보면 아이디어가 떠오르는데 그 아이디어를 생각으로만 그치지 않고 바로 메모합니다. 집에 가서 메모해둔걸 PPT로 만들어 구체화하고 바로 실행에 옮깁니다. 저는 구체화하지 않으면 잊어버리기 때문에 주로 PPT를 활용하는데 사람마다 활용하는 방법이 다르니 자신만의 방법을 찾는 것이 중요합니다.

인터뷰 질문 10 좋은 아이템 혹은 콘텐츠를 돈으로 만드는 비결은 무엇일까요?

항상 다르게 생각해야합니다. '이렇게 하면 잘 팔리겠지'라는 생각으로 접근하면 안 됩니다. 고객의 입장에서 생각해야합니다. 저 또한 시행착오를 많이 겪었는데요. 중간관리자 과정을 4주로 해서 실습도 하면 도움이 될 것 같아서 자체 프로그램을 만들었는데 단 1명만 신청이 들어왔습니다. 제 생각과 고객의 생각은 달랐던 거죠. 고객은 '이왕 시간과 돈을 쓴다면 제대로 배우고 싶다'고 생각합니다. 4주 동안 주말마다 세미나를 듣기 위해서는 포기해야하는 것이 많습니다. 중간관리자라면 나이가 어느 정도 있는 경우가 많기 때문에 육아와 집안 일 때문에 매번 나오기가 어렵습니다. 그렇기 때문에 하루 8시간을 교육받더라도 하루 만에 끝내고 싶어 합니다. 시행착오를 겪은 후 중간관리자 일일특강, 데스크 일일 특강 등을 만들었는데 신청수가 너무 많아서 2주 만에 2기까지 모집이 완료되었습니다. 자체 프로그램을 만들 때는 '만약 나라면 이 시간을 투자해서 듣고 싶은 만큼 매력적인가?'를 생각하고 만들어야 합니다. 내가 팔려고 하는 것이 고객이 원하는 것인지 부터 분석해야 명확한 전략이 나옵니다.

내가 팔 지식과 경험, 노하우가 매력적인지 알고 싶다면 비슷한 분야의 팔고 있는 것과 비교해보시고 다른 곳에서 다루지 않는 나만의 특별한 노하우를 강조해서 만드시면 됩니다. 저는 다른데서는 절대 주지 않는 강연 자료와 그동안 모아오고 직접 만든 병원 서식들을 무료로 모두 드립니다. 이렇게 무료 서비스로 차별화 할 수도 있습니다.

팔 콘텐츠를 모두 만들었다면 블로그와 카페, 페이스북에 홍보합니다. 그리고 온오프믹스같은 강연정보를 올리는 사이트에 올려 좋은 강연을 찾는 사람들에게 내 강의를 알리는 겁니다. '이런 곳도 있구나'라고 고객의 머릿속에 인식될 수 있도록 하는 것이지요. 그렇게 꾸준히 하다보면 처음에는 모집이 잘 안되더라도 조금씩 늘게 되고 나중에는 먼저 연락이 오는 경우도 생기게 됩니다. 처음에는 단 한명이라도 시작하고 후기를 올리면서 꾸준히 강의가 진행되고 있다는 것을 보여주는 것이 중요합니다.

그런 다음 네이버 카페도 만들어야 합니다. 내 강의를 들은 사람들이 내용이 너무 좋아서 다른 강의 정보도 얻고 싶은데 찾기 어려워서 못 듣는다면 너무나 안타까운 일이겠지요. 카페는 내 팬들을 모을 수 있는 장소라고 생각하시면 됩니다. 내 글과 내 경험, 노하우를 좋아하는 사람들이 모였으니 내가 무엇을 팔든 잘 팔리겠지요. 페이스북이나 온오프믹스, 블로그 등 SNS로 꾸준히 활동을 알리고 카페로 내 팬들을 관리하면 자연스럽게 콘텐츠가 돈으로 연결이 됩니다.

인터뷰 질문 11 창업 준비과정에서 특히 어려웠던 부분이 있다면 무엇이었나요?

지식창업이다 보니 별다른 장소가 필요한 것이 아니기 때문에 집주소로 사업자를 내면 되니까 사업자를 내는 데는 어려움이 없었습니다. 다만 아직 회사이름을 모르는 사람들에게 내 존재와 회사 이름을 알리는 첫 시작이 어려웠습니다.

처음에는 바로 컨설팅을 시작할 접점이 없어서 그 접점을 만들기 위해 1년 동안은 무료 모니터링을 했습니다. 바쁘게 움직이고 몸은 힘든데 오히려 돈은 마이너스가 될 때는 진짜 너무 힘들었습니다. 거의 신랑이 벌어온 월급으로 생활을 하고 제가 번 돈은 세미나비와 컨설팅 부대비용으로 다 썼습니다. 마이너스가 되면서까지 발품을 팔아도 연결되는 건 많이 없었습니다. 20건 중에 1건 연결될까 말까였지요. 그래도 꾸준히 주말에는 자체 세미나를 만들어서 홍보하고 평일에는 1~2일정도 컨설팅하고 남는 날은 여러 병원을 다니면서 무료로 모니터링 하면서 문제점을 분석하고 컨설팅 제안을 했습니다.

제가 사는 곳이 충북음성이라 매일 왕복5~6시간동안 버스와지하철을 타고 서울, 경기도, 천안, 대전 등지의 병원을 다니면서 일을 했습니다. 출퇴근 시간 때문에 스트레스도 만만치 않았습니다. 빨리 자리 잡고 싶은데 쉽게 되지 않아 마음은 조급함으로 가득차서 신랑에게 짜증을 많이 냈습니다. 시댁도 가까워 결혼 후 새로운 생활에 적응하기도 쉽지 않았습니다. 이혼을 생각할 정도로 힘든 나날이 펼쳐졌습니다. 일은 하고 있지만 마음은 평화롭지 못했지요. 여러 가지가 복합적으로 작용해 창업 시작하고 약 1년여가 가장 힘들었던 시기가 아니었나 싶습니다. 그리고 가장 열정이 넘치는 시기였기도 했고요.

그러다가 어차피 서울로 이사 가지 못할 거라면 짜증만 낸다고 잘 되는 것도 아니었기에 생각의 방향을 바꾸었습니다. 풀벌레소리와 밤하늘의 별을 바라보며 이 모든 것에 감사했습니다. 제 첫 책 공저 『버킷리스트3』를 쓰면서 나를 돌아보는 시간을 갖고 나와의 대화를 나누면서 긍정적으로 관점을 바꾸었습니다. 그랬더니 남편과의 사이도 좋아지고 컨설팅도 하나 둘 연결되기 시작했습니다. 모든 것은 마음먹기 달려있다고 하지요. 계속 부정적인 생각만 하면서 조급해하기만 했다면 어쩌면 실패했을지도 모릅니다.

계속 좋은 책을 읽으면서 마음을 다스리고 책을 쓰면서 CEO마인드를 정립했습니다. 컨설팅 일에 집중 할 뿐만 아니라 나를 알리고 내 스토리를 들려주기 위해 책 쓰기도 멈추지 않았습니다. 출산 2달 전에 쓴

『병원매출 10배 올리는 절대법칙』은 저를 병원 컨설팅 업계의 전문가로 자리매김 시켜주었습니다. 지금은 웬만한 병원에는 제 책을 모두 가지고 있을 정도로 사랑받고 있습니다. 그렇게 약 2년여 간의 열정과 노력으로 극복하고 지금의 자리에 섰습니다.

창업 첫 시작 1~2년은 나를 알리고 브랜딩 하는데 가장 힘을 쏟아야 하고 가장 바쁜 시기이자 가장 힘든 시기입니다. 이시기에 얼마나 투자하느냐에 따라 미래가 달라집니다. 관련 책도 많이 읽고 세미나도 듣고 꾸준히 공부하면서 발품을 팔아야 성공합니다.

인터뷰 질문 12 1인 기업 CEO가 주의해야 할 점을 꼽는다면 무엇인가요?

처음 창업할 때 혼자 하기 두려워서 동업을 했었는데요. 동업이다 보니 수익 분배를 하면서 트러블이 생겼습니다. 일은 매일 계속 하는데 남는 것이 없었습니다. 일의 진행도 혼자 하는 것 보다는 느리게 진행이 되다보니 많이 답답했지요. 결국 6개월 정도 동업하다가 따로 사업자를 냈습니다. 동업하면 친구 사이가 멀어진다고 하는데 다행히 잘 마무리 했고 지금은 협력관계에 있습니다. 1인 기업은 혼자서 모든 것을 해야 하지만 그렇다고 전부다 잘 할 필요는 없습니다. 세금적인 부분은 세무사에게 맡기고 내가 부족한 부분은 외주를 주거나 파트너와 협력해서 하시면 됩니다.

저는 치과건강보험과 시스템 컨설팅을 주로 하고 있는데 경영이나 세무, 노무 부분은 다른 대표님께 맡기고 시스템컨설팅 깊은 부분은 또 전문가이신 다른 대표님과 함께 합니다. 포토샵이나 디자인쪽 사람이 필요하면 오투잡이나 크몽 같은 재능사이트에서 돈을 주고 맡깁니다.

재능사이트는 잘 찾아보면 저렴하면서 괜찮은 재능이 많은데요. 생각보다 다양한 분야가 있어서 활용하시면 좋습니다. 지식창업의 첫 시작은 이런 재능사이트에서 하시는 것도 좋습니다. 이곳에서 적은 금액으로 내 재능을 팔다가 아이템을 개발해서 다른 곳과 차별화해서 본격적으로 시작하시면 됩니다.

1인 창업할 때 주의해야할 점 또 한 가지는 처음부터 큰돈을 들여서 사업을 확장하거나 무리하게 대출을 해서는 안 된다는 것입니다. 저는 처음에는 1인 소호사무실을 활용했습니다. 여러 군데 검색해서 발품을 팔아서 다니면서 꼼꼼히 체크했습니다. 세미나실이 넓은지, 주말에 강의를 많이 하는데 그때 3시간 이상 사용할 수 있는지, 금액은 어느 정도인지 등 필요한 부분을 확인했습니다. 제가 계약한 곳은 세미나실이 2개나 있고 10명 정도는 수용 가능하며 주말에는 오히려 사람들이 사용하지 않아 사용이 자유로웠습니다. 따로 토즈 같은 강의실을 대관하지 않아도 되었기에 금액이 절감되었습니다. 계약한 1년 동안 자체 세미나를 기획해서 여러 병원관련 카페나 블로그를 통해 홍보하고 강의를 하면서 컨설팅을 알렸습니다. 이렇게 작게 시작하시면 됩니다.

마지막으로 주의해야할 것은 부정적인 생각입니다. 어떤 사업을 하느냐에 따라 다르지만 대부분 안정기에 접어드는 데는 1년 정도의 시간이 걸립니다. 경우에 따라 그 이상 걸릴 수도 있고요. 이 버퍼링 시간동안 '나는 안 돼' '잘못된 선택이었던 거야'라는 생각은 하지 말아야 합니다. 방향이 잘못되었다면 수정해야겠지만 평생 내가 하고 싶었던 일이라면 일단 해야 합니다. 수많은 실패 속에서 방향을 바꾸고 수정하면서 내 노하우와 경험은 더 깊어지고 단단해지게 됩니다.

1인 기업의 최고의 매력은 시간의 자유가 아닐까요? 내가 스스로 시간을 컨트롤해서 스케줄을 짤 수 있습니다. 직장인처럼 시간의 노예가 되어 쫓기듯이 사는 것이 아니라 내가 주체적으로 조절할 수 있는 것입니다. 단, 그만큼 철저한 자기관리가 필요하겠지요. 마치 회사에 출근하는 것처럼 아침에 정해놓은 시간에 일어나 미리 세워놓은 계획대로 실행해야 합니다. 자칫 잘못하면 게을러질 수 있기 때문에 항상 마인드 정립을 해야 합니다.

저는 아무도 일어나지 않는 새벽시간을 활용했습니다. 새벽 5시에 일어나서 책을 쓰거나 책을 읽으면서 사례를 수집하고 7시에 아침을 먹고 출근을 합니다. 컨설팅 일은 일주일에 3~4일만 하고 남은 시간은 책을 읽거나 강연 준비를 합니다. 주부이기에 집안일도 시간계획을 철저히 해서 진행합니다.

1인 기업을 하는 이유가 무엇인가요? 바로 가족과 즐겁고 행복한 시간을 갖기 위해서 아닌가요? 우리 삶의 목적은 '행복'입니다. 그 행복을 위해서 시작한 1인 창업이 오히려 발목을 잡아서 시간을 잡아먹는다면 직장을 나온 이유가 안 되겠지요? 1인 기업을 하기위해서는 기준을 정해놓아야 합니다. 저는 일주일에 5일을 절대 넘기지 않으려고 했고 임신 했을 때는 3일로 줄였고 육아를 하는 지금은 2~3일만 일합니다. 직장에 몸담고 있는 지금 우선순위를 정해서 일하는 연습을 해야 합니다. 그래야 회사를 나와서도 습관대로 일할 수 있습니다.

1인 기업가는 말 그대로 혼자서 하는 일이기 때문에 조직이라는 보호망이 없습니다. 하지만 그렇기에 더 자유롭습니다. 책임져야할 직원도 없고 나만 컨트롤 하면 되기 때문입니다. 모든 일을 나 혼자서 할 수는 없습니다. 회사는 체계적으로 조직되어 있기 때문에 분야별 일만 하면 되지만 1인 기업가는 모든 일을 해내야 합니다. 계약부터 홍보, 관리, 세금관리까지 할 일이 너무나도 많습니다. 하지만 이 일을 전부다 해야 할 필요는 없습니다. 내가 하지 못하는 일은 맡기면 됩니다. 세금은 세무서에 맡기고 홍보자료나 블로그 꾸미기 등은 그래픽 능력이 없다면 디자이너에게 맡기면 됩니다. 1인 창업을 제대로 누리기위해서는 내가 가장 잘하는 일에 집중하고 나머지는 외주를 주거나 파트너와 나누어 하면 됩니다. 그렇게 아껴둔 에너지는 핵심적인 일에 모두 쏟아 부어야 합니다.

1인 기업은 단점도 있지만 그 단점이 무색할 만큼 장점이 너무나도 큽니다. 내가 어떻게 활용하느냐에 따라 그 단점 또한 장점이 되기도 합니다. 장점이 더 많은 1인 기업으로 즐겁고 행복하게 삽시다.

인터뷰 질문 13 1인 창업의 수순과 기간은?

우선 먼저 내가 하고 싶은 일을 찾아야 합니다. 내가 가장 사랑하는 일을 찾고, 그 일을 어떻게 사업으로 연장시킬 것인지를 생각해야합니다. 사업자를 내는 것은 요즘 굉장히 간단한 일이기 때문에 가장 공을 들이고 시간을 들여야 하는 부분은 평생 내가 하고 싶은 일을 찾는 것 입니다.

그 일을 찾으면 회사이름과 로고를 만들고 사업자를 내고 명함을 만들면 됩니다. 사업자를 내는 것은 돈이 드는 일이 아니고, 로고는 로고 만드는 업체에 맡겨도 되고 내가 할 수 있다면 내가 만들면 됩니다. 1인 기업은 시간과의 싸움이기 때문에 최대한 내 에너지를 아끼고 나는 다른 일에 몰두할 수 있도록 해야 합니다. 이름과 로고를 만들고 사업자 등록을 하는데 1~2주 정도면 충분합니다. 명함이 만들어졌다면 이제 본격적으로 시작하면 됩니다. 첫 시작을 어떻게 해야 할지 모르겠다면 먼저 블로그나 SNS를 활용하면 좋습니다.

저는 먼저 블로그를 활용했습니다. 블로그에 꾸준히 양질의 자료를 올렸습니다. 처음부터 너무 상업적으로 나가면 신뢰를 줄 수 없기 때문에 홍보보다는 좋은 정보를 제공하는 것에 중점을 두었습니다. 책을 읽고 리뷰를 올리고, 건강보험과 병원 시스템 구축에 대한 나만의 칼럼을 쓰고 많은 사람들이 궁금해 하는 것을 Q&A 형식으로 올렸습니다. 이렇게 블로그를 통해 꾸준히 글을 쓰니 6개월 정도 되자 블로그를 통해 강의와 컨설팅 의뢰가 들어오기 시작했습니다. 블로그뿐만 아니라 블로그 글을 그대로 공유해서 페이스북과 내 카페에도 올리면서 꾸준히 강의활동과 집필로 나를 알렸습니다.

지금은 집주소로 사업자를 내고 병원에 직접 컨설팅과 교육을 나가고 강의는 강의장을 대관해서 진행하고 있지만 처음에는 1인 소호사무실을 활용했습니다. 소호사무실 내부의 세미나실을 활용해서 강의를 하고 1:1 면담을 하면서 시작했습니다. 그 당시 영어나 컴퓨터쪽 강의하는 사람들이 세미나실을 활용해서 강의하기도 했습니다. 내 활동 주무대가 어디인지 먼저 파악하고 강의장을 대관할 것인지 소호사무실을 활용할 것인지를 선택하면 됩니다.

제가 시작한 것처럼 '내가 먼저 할 수 있는 일이 무엇인가?'를 생각하세요. 첫 시작은 두렵지만 일단 한번 시작하면 꼬리에 꼬리를 물고 연결이 되기 마련입니다. 블로그가 아닌 카페로 시작해도 좋습니다. 카페는 공동의 주제 아래 모이기 때문에 더 쉽게 모을 수 있고 블로그보다는 폐쇄적이기 때문에 끈끈한 유대감을 형성할 수 있다.

처음 사업을 시작하면 안정적으로 돈이 들어오지는 않습니다. 그렇기 때문에 1인 창업한다고 바로 직장을 나오거나 해서는 안 됩니다. 내가 직장을 그만둬도 충분히 먹고 살 수 있을 만큼 창업으로 벌수 있을 때 직장을 그만두어야 합니다. 그때까지는 보험처럼 가지고 있으면서 창업에 직장을 활용해야 합니다.

일단 시작하고 하면서 실패하고 그 실패를 다듬고 방향을 수정하면서 찾아가면 됩니다. 중요한 것은 '지금 당장 시작하는 것'입니다.

인터뷰 질문 14 사업가로서의 철학과 앞으로의 계획 및 어떤 사업가로 기억되길 원하시나요?

'늘 배움의 자세로 일하자'가 제 철학입니다. 내가 알고 있는 것이 전부가 아니고 잘못된 길을 가고 있다면 경로를 바꿀 수도 있고 새로운 것을 받아들여 시스템을 만들 수 있습니다. 항상 열린 자세로 사업을 하는 것이 성공의 열쇠입니다.

현재 육아중이고 앞으로 둘째 계획도 있습니다. 육아와 일 두 마리 토끼를 잡기 위해 온라인 스터디 콘텐츠를 강화하고 컨설팅과 강의는 지금처럼 일주일에 2일정도 할 계획입니다. 향후 5년 안에 컨설턴트 과정을 오픈해 본격적으로 컨설턴트를 양성해 그들이 1인 창업으로 성공할 수 있도록 도울 계획도 있습니다. 제 회사에 소속되어 활동하면서 배울 수 있는 기회를 주고, 그들이 1인 사업가로 성공할 수 있도록 노하우를 알려드릴 예정입니다.

저는 제 회사 이름 그대로 'Change Young' 새롭게 바꾸는 일에 탁월한 사업가로 기억되고 싶습니다. 또한 세상에 선한 영향력을 주는 교육기업가로 알려지고 싶습니다. 더 많은 평범한 사람들이 1인 기업가로 인생 2막을 열어갈 수 있도록 도울 것 입니다. 이전의 모습을 바꾸어 새롭게 탄생하도록 돕는 병원내부 전문컨설틴트 이선영입니다.

● 참고문헌 ●

구본형 《익숙한 것과의 결별》 을유문화사 2007

권동희 《당신은 드림워커입니까》 위닝북스 2013

김미경 《언니의 독설》 21세기북스 2011

김병만 《꿈이 있는 거북이는 지치지 않습니다》 실크로드 2011

김영식 《10미터만 더 뛰어봐!》 중앙북스 2008

김우선 《어떻게 나를 차별화할 것인가》 위닝북스 2015

김정운 《노는 만큼 성공한다》 21세기북스 2011

김지윤 《달콤 살벌한 연애 상담소》 포이에마 2013

김태광 《북유럽 스타일 스칸디 육아법》공저 위닝북스 2013

김희영 《기획의 기술》 갈라북스 2014

랜들존스 《잘 벌고 잘 쓰는 법》 부키 2010

리처드 브랜슨 《내가 상상하면 현실이 된다》 리더스북 2007

박명숙 《꿈에게 기회를 주지 않는다면 꿈도 당신에게 기회를 주지 않는다》 시너지북 2014

박세인 《블로그 투잡됩니다》 타래 2015

박신영 《삽질정신》 다산북스 2008

박용후 《관점을 디자인 하라》 프롬북스 2013

브랜든 버처드 《메신저가 되라》 리더스북 2012

사이먼 사이넥 《나는 왜 이 일을 하는가》 타임비즈 2013

서자영, 김수진, 장세영 《뷰티 파워블로거 그녀들이 쓰다》 깊은 솔 2015

손미나 《스페인, 너는 자유다》 웅진지식하우스 2006

스티븐 리브킨 《기획천재의 idea 기술》공저 김앤김북스 2007

신태순 《나는 1주일에 4시간 일하고 1000만원 번다》 라온북 2015

안세연 《두려워하지마 닥치면 다해》 매일경제신문사 2013

안시내 《악당은 아니지만 지구정복》 처음북스 2015

앤서니라빈스 《거인의 힘 무한능력》, 《네 안에 잠든 거인을 깨워라》 씨앗을 뿌리는 사람 2008

엠제이 드마코 《부의 추월차선》 토트 2013

오종현 《블로그 컨설팅》 e비즈북스 2014

이내화 《주말 104일의 혁명》 21세기북스 2004, 《생존을 가장 잘하는 직장인 되기》
휴먼큐브 2013

이승용 《버킷리스트2》공저 시너지북 2014, 《청춘의 끝에서 만난 것들》공저 위닝북스 2013

이승환 《히든 챔피언》 앱북스 2014

이지성 《리딩으로 리드하라》 문학동네 2010, 《꿈꾸는 다락방》 국일미디어 2008

이화자 《부모의 관점을 디자인하라》 노란우산 2015, 《엄마는 아이의 미래다》 청조사 2014

임원화 《하루 10분 독서의 힘》 미다스북스 2014

정다연 《몸짱 다이어트》 서울문화사 2004

정은길 《여자의 습관》 다산북스 2013

조예은 《서른살, 독하게 도도하게》 새로운 제안 2015

주호민 네이버 웹툰 《무한동력》

허노 네이버 웹툰 《죽음에 관하여》

OECD '2013년 교수 학습 국제조사' 2013

부동산 114 '전국 아파트의 전세시세와 통계청의 지난해 도시근로자 가구 소득' 조사결과 2014

비주얼다이브 '2014년 상반기 취업자의 산업 및 직업별특성' 조사결과 2014

세상 모든 지식과 경험은 책이 될 수 있습니다.
책은 가장 좋은 기록 매체이자 정보의 가치를 높이는 효과적인 도구입니다.

갈라북스는 다양한 생각과 정보가 담긴 여러분의 소중한 원고와 아이디어를 기다립니다.

– 출간 분야: 경제 · 경영/ 인문 · 사회 / 자기계발
– 원고 접수: galabooks@naver.com